COLLECTION OPUS

LIRE, C'EST VIVRE

GISÈLE GELBERT

LIRE, C'EST VIVRE

COMPRENDRE ET TRAITER LES TROUBLES
DE LA PAROLE, DE LA LECTURE ET DE L'ÉCRITURE

*Préface de
Caroline Eliacheff*

© ÉDITIONS ODILE JACOB, 1994, 1996
ISSN : 1258-3030
ISBN : 2-7381-0355-3
(ISBN : 2-7381-0230-1, 1re publication)

La loi du 11 mars 1957 interdit les copies ou reproductions destinées à une utilisation collective. Toute représentation ou reproduction intégrale ou partielle faite par quelque procédé que ce soit, sans le consentement de l'auteur ou de ses ayants cause, est illicite et constitue une contrefaçon sanctionnée par les articles 425 et suivants du Code pénal.

*à tous les parents
qui m'ont fait confiance*

*à Gustave Guillaume,
à Richard*

« Le moi est haïssable. »
PASCAL, *Pensées*.

Préface

Des chercheurs, il en existe beaucoup. Certains trouvent, d'autres non. François Jacob [1] a admirablement décrit le vertige du chercheur en train de faire une découverte. Gisèle Gelbert l'a certainement ressenti car elle aussi a trouvé. Ce livre est l'histoire d'une découverte s'inscrivant dans un parcours individuel original. Cette découverte − appelons-la celle des troubles de type aphasique − a des conséquences thérapeutiques et sociales immenses : permettre à des enfants, des adolescents et des adultes illettrés d'apprendre à lire et à écrire.

Il ne s'agit nullement d'une nouvelle méthode d'apprentissage : Gisèle Gelbert n'est ni pédagogue, ni orthophoniste. En associant sa formation médicale de neurologue, la linguistique, la pratique personnelle des rééducations des troubles de la parole, de la lecture et de l'écriture, Gisèle Gelbert a construit un schéma des fonctions linguistiques, d'abord sommaire, puis de plus en plus complexe. Ce schéma permet de comprendre comment un individu normal parle, écoute, comprend, lit ou écrit, ce qui n'est déjà pas rien. Mais, en décortiquant chaque acte linguistique, Gisèle Gelbert peut localiser très précisément chaque trouble observé dans l'expression écrite et orale. Elle s'en sert également pour élaborer

---

1. JACOB (F.), *La Statue intérieure*, Éditions Odile Jacob, 1987.

des exercices rééducatifs adaptés à chaque localisation de l'anomalie observée cliniquement, ce qui ouvre des possibilités thérapeutiques qui n'existaient pas.

Le sujet est difficile : qui pourrait imaginer que des troubles touchant des fonctions aussi complexes que le langage écrit ou oral trouvent une explication simple ? Le livre est donc difficile. Mais lorsqu'un chercheur s'exprime avec passion, logique et rigueur sur un sujet aussi passionnant, l'effort pour le suivre est mille fois récompensé.

À notre époque, les « chercheurs isolés », non intégrés dans des laboratoires de recherche, sont une espèce en voie de disparition. Si Gisèle Gelbert cherche − et trouve − c'est parce que toute son intelligence s'est mise au service non de la recherche mais de la thérapeutique : dans son langage, « normaliser » n'a aucune connotation normative. Normaliser veut dire restituer à un individu qui en est dépourvu les instruments nécessaires pour parler, lire et écrire. En se définissant comme « neurologue de terrain », Gisèle Gelbert ne veut pas dire que ses collègues seraient des neurologues de laboratoire. Mais en prenant la peine de pratiquer elle-même le travail aphasiologique avec ses patients, ce qu'aucun neurologue ne fait (pas plus que les orthopédistes ne pratiquent les kinésithérapies qu'ils prescrivent), Gisèle Gelbert a fait faire un bond à la théorie, dans une totale liberté d'esprit. Même en France, l'illettrisme reste un problème de société. Les troubles de type aphasique − c'est le nom de cette découverte − n'ont rien à voir avec l'origine sociale des personnes qui en sont porteuses.

Son « instrument », qu'elle appelle le schéma des fonctions linguistiques, lui permet aussi d'aborder des énigmes linguistiques et d'y apporter sa contribution : qu'est-ce que l'écriture en miroir ? Pourquoi les Phéniciens écrivaient-ils de droite à gauche et les Grecs de gauche à droite ?

Ce livre est aussi l'histoire d'une rencontre : travaillant comme psychanalyste dans un centre médico-psychologique, j'ai rencontré nombre d'enfants pour lesquels je ne pouvais

PRÉFACE

rien... même pas me mettre en cause en tant que thérapeute car, manifestement, ces enfants étaient intelligents et se situaient bien en dehors des troubles réactionnels à leurs échecs scolaires souvent massifs et inexplicables. Rien dans les épreuves qu'ils avaient traversées, ni dans leur construction psychique n'expliquait qu'ils ne puissent apprendre à lire et à écrire. Ces enfants avaient une particularité qui mobilisait toute mon énergie : ils *voulaient apprendre*, aucun échec ne les décourageait longtemps, ce qui me renvoyait de façon désespérante à mon impuissance. Aussi ai-je entrepris moi aussi de chercher... la ou les personnes qui pourraient aider ces enfants. C'est en désespoir de cause que, sur l'indication d'une de mes amies orthophoniste, j'ai pris rendez-vous avec Gisèle Gelbert. À l'époque, elle ne s'occupait que d'adultes plutôt âgés ! Je lui ai présenté le dossier d'un enfant, Simon, que vous allez retrouver. Ce rendez-vous a été déterminant pour Simon qui a pu apprendre à lire et à écrire, pour Gisèle Gelbert qui se consacre depuis aux enfants, et pour moi-même.

En raison même de leur dynamisme, ces recherches sont loin d'être achevées, mais il est temps qu'elles soient portées à la connaissance du public et des spécialistes. Le moment est venu pour que Gisèle Gelbert fasse école.

Caroline Eliacheff

Avant-propos

Ce livre est un javelot. Une arme.

Forgée pour vaincre, brandie pour viser la cible, mise au point, affinée, améliorée. Son maniement, enseigné comme un art martial.

Ce livre est une chevauchée, arme au poing. Fuyant le Roi des Aulnes, galopant pour mener à bon port cet enfant en péril. Javelot au poing et maigres armes dans les fontes des selles – juste le nécessaire en campagne, nous ferons plus ample provision à la halte au campement –, lourdes malles laissées à l'abri.

Le temps n'est plus aux allégories. Cependant, cette chevauchée, javelot au poing, enfant pantelant dans les bras, poursuivi et presque rattrapé par le Roi des Aulnes, raconte bien notre entreprise.

Vous verrez que ce « raid » vaut toutes les métaphores, toutes les simulations informatiques et que nos carnets sont bien des carnets de laboratoire, rapportant des expériences au jour le jour, étape par étape. Expériences bien particulières car incluses dans un enjeu thérapeutique : ne rien se permettre – en pratique ou en théorie – qui ne soit thérapeutique ; prouver par la guérison – osons le mot – l'efficacité de l'arme thérapeutique, la justesse de l'analyse et de ses fondements théoriques.

Contre quel mal partons-nous en guerre, de quel danger

voulons-nous sauver cet enfant ? Ce mal est la maladie du langage et cet enfant, un « non-lecteur ». Est-ce si grave ? C'est d'une urgence extrême, ne perdons pas de temps...

Cette entreprise n'est pas seulement l'histoire d'une approche thérapeutique – si efficace soit-elle –, elle ne raconte pas les seules figures de la bataille, la stratégie, les chemins de la victoire, elle dit aussi et surtout la théorie devenue pratique et la pratique engendrant la théorie, va-et-vient constant permettant la validation d'hypothèses nouvelles.

Notre bagage sera maigre, maigre et simple, car sur le terrain il n'est besoin que du strict nécessaire ; pas de compilations, références, citations, rappels – d'autres que nous le font avec bonheur. Le combat terminé – et gagné –, nous déploierons les cartes et explorerons autour des terres gagnées, les régions limitrophes.

La dynamique de notre entreprise, si elle a pu nous faire craindre de perdre l'auréole de la science aux mains propres – et c'est sans doute déjà fait –, nous a cependant permis de démonter des mécanismes insoupçonnés, jusqu'à parler de « cerveau bien écrit, cerveau mal écrit ». Cette formule lapidaire ouvre bien des horizons. Pour nous, elle est à prendre au pied de la lettre... et c'est ce que nous allons vous montrer !

Lecteur, laissez-vous emmener au cœur de cette bataille, dont nous sortirons vainqueurs et avec un riche butin... qu'il faut maintenant partager !

Chapitre 1

L'enfant non-lecteur

Où l'on découvre qu'il existe des enfants, des adolescents et même des adultes qui, bien qu'ayant été scolarisés, ne peuvent ni lire, ni écrire, ni parfois même parler. Leurs anomalies ressemblent à celles que l'on observe chez les personnes âgées ayant présenté un accident vasculaire cérébral. Jusqu'à présent, cette comparaison n'avait jamais été faite et personne n'avait trouvé comment les traiter.

Ils s'appellent Simon, Kevin, Sandrine, Jérémie, Aurélien et Hervé. Ils ont neuf ou douze ans, ils auront dix-huit, vingt, quarante et peut-être quatre-vingt-dix ans... Ils sont malades du langage, alors qu'ils n'ont eu aucune maladie, aucun accident : *ils ne peuvent absolument pas lire.* Ils épellent ou déchiffrent parfois quelques mots qu'ils ne comprennent pas ; *ils ne peuvent absolument pas transcrire sous dictée, ni même souvent écrire spontanément ;* ils produisent quelques lettres qui ne forment aucun mot reconnaissable ou dessinent des sortes de guirlandes même si on leur demande de copier un modèle ; certains *parlent à peine ou présentent un retard massif de parole et de langage.* Il existe donc des enfants « non-lecteurs » mais aussi des enfants

18   LIRE, C'EST VIVRE

« non-transcripteurs », « non-parleurs » ou « très mauvais parleurs [1] ». Ces enfants sont venus me consulter pour apprendre à lire, adressés par leur famille ou par des confrères. Le but de ce livre est de montrer comment l'on peut comprendre les mécanismes neurolinguistiques sous-jacents à ce désordre et surtout comment, enfin, on peut traiter ces enfants.

Guérir un « non-lecteur » ou un « non-transcripteur » veut dire lui faire acquérir ce que tout enfant apprend à l'école vers l'âge de six ans lorsqu'il n'a pas de difficultés spécifiques : le déchiffrage et l'accès au sens ainsi que la possibilité d'écrire ce que l'on entend (correspondance son/graphie).

Lorsque vous aurez vu les productions écrites de ces enfants (faute de pouvoir les entendre parler) et suivi notre plongée dans cette spéléologie linguistique pleine de « monstres », vous comprendrez que pour ces enfants, « savoir lire » n'a rien à voir avec « lire couramment », être « bon lecteur » ou comprendre parfaitement le texte lu ou encore « désirer » lire ; nous sommes là dans un tout autre paysage où ce qui manque partiellement ou totalement c'est *l'instrument* qui sert à lire et à écrire.

Plusieurs portes sont à ouvrir, plusieurs clés à tourner. Une des premières clés est celle-ci : pour nous, ces enfants sont porteurs de « *troubles de type aphasique* », c'est-à-dire que leur fonctionnement neurolinguistique est le même que celui des patients aphasiques adultes et sera donc soumis au même abord rééducatif et thérapeutique.

Que de questions sous ces quelques mots ! Qu'est-ce que

---

1. Ces troubles ont déjà été décrits par J. Berges et coll. mais à aucun moment les auteurs n'indiquent l'origine des troubles, ni les moyens de les traiter. Leur description peut néanmoins servir de référence : « Ces enfants " non-lecteurs " n'atteignent au mieux qu'un niveau sous-syllabique, déchiffrent à grand-peine en recourant à des procédés personnels souvent générateurs d'erreurs surprenantes ou parfois " devinent ". De niveau intellectuel normal, sans carences socio-culturelles, familiales ni scolaires, sans signes patents actuels de structure psychotique ni d'organicité, ils ne peuvent pour autant être considérés comme constituant un groupe qui, à l'exception d'une déficience, serait " banal " ». (Berges J. et coll., Impossibilités de lecture chez des enfants de neuf ans et plus, *Comm. au onzième Congrès international de l'Enfant et de l'Adolescent et des Professions associées*, 21-25 juillet 1986, Paris.)

l'aphasie ? Comment se représenter ce fonctionnement pathologique ? Comment le rééduque-t-on ? Pourquoi ce terme
atténuant « *de type* » ? Comment peut-on rapprocher un adulte
– souvent âgé et malade – d'un enfant normal ?

Nous y répondrons, mais sachez que, de clé en clé, de
porte en porte, nous avons progressé : Simon, Aurélien et
bien d'autres parviennent à lire et à transcrire ; Sandrine
ne fait plus de « guirlandes » et arrive à copier ; Hervé parle
mieux, lit un peu, commence à écrire ; Jérémie écrit, pédale,
descend normalement du trottoir... (vous comprendrez plus
loin comment l'on peut expliquer ces performances psychomotrices dont les parents nous parlent souvent en cours de
travail aphasiologique).

Qu'est-ce que l'aphasie ?

L'aphasie est la façon très particulière de parler, lire et
écrire des malades, adultes le plus souvent, qui ont subi des
lésions au niveau d'une zone du cerveau spécialisée dans le
langage (à gauche pour un droitier) – le plus souvent par
obstruction d'une artère. L'image la plus connue est celle
d'une personne de plus de soixante ans, soudainement para-
lysée du côté droit, ne pouvant plus parler. Tantôt elle ne
parle plus du tout, restant totalement figée, comme inacces-
sible sans même utiliser de gestes pour se faire comprendre ;
tantôt elle ne peut dire que « oui, oui » sans donner de sens
à ce mot ou bien elle n'utilise que des mots « privilégiés »
comme « femelle » ou « fenêtre » en lieu et place de toute
réponse, sans avoir conscience de cette incongruité. Lorsqu'on
lui demande de décrire une image ou de nommer un objet,
on peut obtenir les propos suivants : « *Un chose de Gervais
qui vient en explosion sur un fond de nature* » (pour une
publicité de yaourt), ou « *un aspect qui vient compléter l'autre
mais qui ne satisfait pas, je n'arrive pas à trouver* », pour
dire « capuchon de stylo ».

La définition de l'aphasie a été primitivement élaborée autour d'une désorganisation du langage, spécifique, chez l'adulte. La description initiale de Broca en 1861, « plaçant dans les lobes antérieurs du cerveau la faculté du langage articulé », est la première observation anatomo-clinique d'aphasie. La découverte de Broca sera de montrer qu'une *lésion* circonscrite de la partie postérieure de la troisième circonvolution frontale, peut être à l'origine d'un trouble du langage, à condition qu'elle soit située dans l'hémisphère gauche (hémisphère dominant chez le droitier). D'autres localisations ont été ensuite répertoriées. Selon le siège de la lésion, on distingue, pour les localisations prérolandiques et centrales, des *aphasies de type Broca* (production pauvre, troubles de l'articulation, compréhension relativement conservée) et pour une localisation rétrorolandique des *aphasies de type Wernicke* (fluence normale voire trop abondante – logorrhéique –, transformations majeures des mots dans leur composition phonétique – paraphasies phonémiques – ou des substitutions de mots de façon incongrue – paraphasies sémantiques –, pouvant donner un « jargon » avec impossibilité totale à reconstituer ce qui devait être dit, et troubles de la compréhension ; certaines formes peuvent voir une prédominance des altérations sur le plan de l'écrit).

Ces lésions sont actuellement mises en évidence par des examens permettant de visualiser le cerveau, comme la tomodensitométrie (TDM) ou la résonance magnétique (IRM) donnant une image radiologique du cerveau.

Citons les aphasies « paroxystiques », que ce soit lors de poussées de sclérose en plaque, dans le cadre d'une épilepsie ou au cours de l'évolution d'une encéphalite ou encore lors d'accidents vasculaires transitoires : les lésions ne seront pas retrouvées lors des examens, mais les troubles n'en sont pas moins présents.

L'aphasie est donc un trouble du langage acquis, de sémiologie verbale spécifique (même si les tableaux sont variés) en rapport avec une lésion circonscrite de l'hémisphère dominant (gauche chez le droitier).

Habituellement, le neurologue qui diagnostique une aphasie chez un de ses patients (dans le contexte d'une hospitalisation pour un accident vasculaire cérébral ayant pu entraîner une hémiplégie, droite le plus souvent, avec ou sans coma) va agir sur deux plans : sur le plan diagnostique, il s'aide de l'examen clinique avec l'étude soigneuse des modalités de survenue et de moyens d'investigation complémentaires (principalement imagerie neuroradiologique, étude hémodynamique des artères cérébrales, tomographie d'émission à positron − étude couplée du métabolisme et du débit sanguin cérébral). Sur le plan thérapeutique, il recherche une cause curable (problème cardiaque, sténose carotidienne, désordre métabolique, etc.) et prescrit un traitement. Pour l'aphasie, c'est-à-dire le trouble linguistique, après en avoir défini le type, il adresse son patient à une orthophoniste spécialisée qui va assurer la rééducation.

Les aphasiologues, eux, étudient de façon plus précise les caractéristiques des transformations linguistiques, vérifient les corrélations anatomo-cliniques, suivent l'évolution des troubles, voire mettent en place des stratégies thérapeutiques codifiées. Le plus souvent, ils travaillent sur des « corpus », c'est-à-dire des recueils de données faits par les orthophonistes selon des directions définies à l'avance. Il est tout à fait exceptionnel qu'ils assurent eux-mêmes la rééducation même s'ils la suivent de près.

Ayant, par les hasards de la vie, suivi une formation « à l'envers », en commençant par étudier la linguistique, puis l'orthophonie, puis la médecine générale et enfin la neurologie et l'aphasiologie, je suis devenue « neurologue de terrain, de labeur » d'abord avec les personnes âgées avant de m'occuper d'enfants ! En rééduquant moi-même mes patients aphasiques, en observant jour après jour les modifications de la pathologie du langage et les effets de ma rééducation, j'ai décidé, contrairement à toutes les habitudes, de centrer ma recherche neurolinguistique sur le travail rééducatif. Toute ma pensée théorique, toute ma réflexion sur la nature de l'aphasie et les caractéristiques des différents tableaux cliniques seront axées sur la restauration neurolinguistique

LIRE, C'EST VIVRE

par le travail aphasiologique. Cela implique que rééducation et réflexion soient menées à partir de fondements théoriques permettant de se représenter le fonctionnement normal du langage pour analyser et expliquer les fonctionnements pathologiques. Un « modèle » du fonctionnement pathologique se trouvera ainsi face au modèle normal. Connaissant les mécanismes de la désintégration du langage, l'enjeu sera d'agir sur eux. Il est donc indispensable de décrire ce « modèle » de la structure des fonctions linguistiques, tel que je l'ai élaboré à partir de la théorie linguistique de Gustave Guillaume [2]. On pourrait ouvrir ici des chapitres concernant la linguistique, le problème de la représentation mentale, celui du modèle en termes d'informatique ou de l'enjeu en termes de simulation. Je ne le ferai pas car ma pratique du *traitement* de ces troubles m'a permis de réfléchir *autrement* [3].

Mais avant de traiter, encore faut-il observer et décrire. Voyons ensemble comment se présentaient ces enfants venus pour « apprendre à lire » et ce que le traitement leur a apporté.

Simon a onze ans. Il est yougoslave et séjournera alternativement dans son pays et en France jusqu'à six ans, âge où il entre en classe et où seront décelées les premières anomalies. Il consulte au centre médico-psychologique de son secteur et sera pris en charge pendant près de cinq ans par une orthophoniste et une psychanalyste. Cependant, il n'apprendra ni à lire ni à écrire : il est non-lecteur et non-transcripteur. Pour lire, il épelle fidèlement les lettres et fait les gestes de la méthode phonético-gestuelle Borel-

---

2. Guillaume G., *Leçons de linguistique de Gustave Guillaume*, Roch Valin éd., Québec, Presses de l'université Laval et Paris, Klincksieck, 1971 et suivantes.
3. Avant de décrire l'instrument et d'appliquer cette grille explicative aux principales formes d'aphasie, le lecteur intéressé pourra lire en annexe (p. 283) une courte analyse critique de certaines propositions aphasiologiques, nous amenant à formuler des contre-propositions et caractérisant la tendance générale de toute notre recherche.

L'ENFANT NON-LECTEUR

Maisonny[4]; il ne comprend pas ce qu'il lit, pas plus qu'il ne reconnaît dans un texte simple le mot qu'on lui demande de retrouver. La dictée est celle du document 1.

Document 1. Première dictée de Simon.

Après soixante séances de rééducation aphasiologique, le mécanisme de la lecture est en place ; après cent vingt séances, à raison de deux séances par semaine, soit un suivi d'environ dix-huit mois, Simon a un statut de lecteur et de transcripteur : il arrive à lire à haute voix de façon aisée, rapide, un texte de complexité moyenne (un conte) et à en donner un récit fidèle après lecture ; la lecture muette est satisfaisante, sans différence significative ; il peut lire quasi parfaitement un texte médical spécialisé (manuel de rhumatologie) comportant des mots de structure complexe, n'ayant justement aucun sens pour lui car il en ignore le vocabulaire ; pour l'écrit, les documents 2 et 3 visualisent la dictée en fin de séance et ses possibilités d'écrire spontanément. Avant le travail aphasiologique, il manifestait en riant une impuissance totale à écrire quoi que ce soit, ne saisissant pas la signification linguistique de l'écriture spontanée (écrire ce que l'on pense).

Que s'est-il passé ? Simon a pratiqué un « travail aphasiologique », abord rééducatif adapté à la correction des « troubles de type aphasique » responsables des anomalies de ses activités linguistiques.

Le travail aphasiologique se pratique au cours d'une à deux séances d'une demi-heure par semaine (ou quelquefois, lorsque

---

4. La méthode de lecture Borel-Maisonny est à base phonétique, elle insiste sur la distinction des consonnes successivement entendues et, pour créer l'association « signe-écrit », se sert de gestes symboliques – représentatifs d'une forme, ou d'une image articulatoire, ou encore de l'idée d'écoulement (d'après *Bulletin de la Société Alfred Binet*, n° 386 et 387, XII 1948 – III 1949).

LIRE, C'EST VIVRE

*allez chercher les œufs - dit
la fermière et donnez
l'herbe aux ~~lapins~~
lapins*

Document 2. **Dictée de Simon en fin de séance.**

*il il y a un garçon c'est sa première fois
qui part a la campane et il prend un
train et son oncle qui s'en a là ce qu'on
~~son oncle~~ qui dit tu voit la vache qui
mange*

Document 3. **Texte spontané de Simon**

l'enfant habite très loin, par séries de quatre séances par semaine), ne nécessitant qu'un crayon, du papier, un syllabaire et un magnétophone. L'enfant est assis à mes côtés et nous ne faisons que des activités linguistiques – lecture sous différentes modalités, copie, dictée. Je demande à l'enfant d'être « passif » et « tout est fait à sa place ». Il regarde, écoute – voire quelquefois chez le jeune enfant, entend, tout simplement.

Simon est le premier enfant à qui j'ai tenté d'appliquer ce que j'avais élaboré avec les adultes. Son cas sera repris en détail avec le schéma des fonctions linguistiques.

Aurélien est entré normalement au Cours préparatoire à six ans où il a fait un très bon premier trimestre en lecture. Cependant, au retour des vacances de Noël, il a « tout oublié » et en fin d'année, il n'a fait aucun progrès ; il est pris en charge, pendant l'été, par un enseignant spécialisé très motivé, mais les résultats ne sont pas en rapport avec l'effort et le soutien pédagogique ; il redouble son Cours préparatoire. On assistera, de la même façon, à un démarrage satisfaisant, puis à la stagnation. Malgré les différents abords pédagogiques très bien menés, il ne pourra ni lire ni écrire. À huit ans, il possède à peine la correspondance son/graphie et ne peut pas déchiffrer ; la dictée est un jargon stéréotypé : quelques lettres se suivent mais on ne peut reconnaître aucun mot. Après environ quarante séances de travail aphasiologique, il deviendra un lecteur et un transcripteur. Les documents 4 et 5 correspondent à une dictée en début puis en fin de travail aphasiologique.

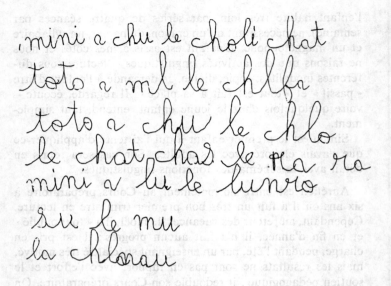

Document 4. Dictée d'Aurélien en début de travail aphasiologique.

Jacques a vingt ans ; après un parcours malheureusement classique, d'externat médico-pédagogique en institut médico-professionnel, il se retrouve dans sa famille, totalement isolé, inhibé, incapable non seulement de lire ou d'écrire mais encore d'une quelconque autonomie : il ne sort pas seul, ne s'oriente ni dans le temps, ni dans l'espace, ne peut rien mémoriser. Ce tableau ne traduit pas seulement les difficultés d'insertion d'un illettré dans une civilisation de l'écrit. Un dysfonctionnement linguistique profond peut entraîner, à lui seul, une sorte de « sidération » des fonctions cognitives et de l'affectivité.

Jacques « lit » en épelant faussement les lettres, de façon stéréotypée, à voix forte, sans intonation ; sa production écrite est un jargon (document 6). Actuellement, il lit et transcrit.

À dix-huit ans, Yves a suivi le même cursus que Jacques

*il répare le file sur le poto a coje
de la nege
l'eo sévapor et le séle se ce dépoje on le mé dans
un ugoné
- En brue chode et la fumé coule du cratér du volcan*

Document 5. Dictée d'Aurélien en fin de travail aphasiologique.

*l'd en moi tomorn. un mealda ? ma... pome
palo méoté mari patée csone pers ma
h.oho mu. neanse dre hivee runse vedns.
viriule. scenhe scente*

Document 6. Dictée de Jacques : « Le sel a plus d'un tour dans son sac. Sais-tu tout ce à quoi il peut servir ? Il aide à faire lever la pâte des gâteaux et le boulanger en met toujours dans son pain... »

28 LIRE, C'EST VIVRE

et se trouve dans une impasse totale, ne pouvant pas faire le CAP de cuisinier souhaité car il ne sait pas lire (il ne peut même pas servir au restaurant, car il est incapable de lire les menus – même en essayant de les « fixer » de mémoire). Quand on lui propose un texte à lire, il se met à parler, inventant de toutes pièces avec assurance. Il n'est ni arrogant ni fumiste. Simplement Yves ne sait pas que « lire » consiste à déchiffrer le texte qui lui est présenté. Pour lui, le texte n'a aucun rôle précis dans l'activité qu'on lui demande. Sa transcription est un jargon complet (on ne peut reconnaître aucun mot de la langue) mais il est à son aise en écrivant et ne se préoccupe absolument pas du résultat (document 7). Actuellement, il lit et il transcrit (document 8).

Document 7. Première dictée de Yves.

la fumée sore de la cheminée de la. centrale

Document 8. Dictée de Yves après travail aphasiologique.

Christiane, âgée de quinze ans, présente un comportement linguistique très particulier : elle lit à peu près bien mais en dictée, elle produit un jargon total, extrêmement fluide, très riche ; elle est tout à fait incapable de relire ce qu'elle a écrit (c'est-à-dire incapable de déchiffrer le jargon transcrit) alors qu'elle peut lire un texte écrit par quelqu'un d'autre ; elle ne manifeste aucun étonnement devant ce qu'elle a écrit et essaye de restituer le texte de mémoire. Précisons qu'il ne s'agit nullement d'un comportement lié à un problème d'ordre affectif ; le mode de résolution de cette anomalie répondant parfaitement à notre abord rééducatif purement neurolinguistique, en apporte la preuve et confirme le diagnostic de « cécité verbale à sa propre production » (document 9) : tout se passe comme si elle ne « voyait » pas ce qu'elle avait elle-même écrit.

Actuellement elle lit mieux, mais surtout n'écrit plus en « jargon » : sa dictée est phonétiquement fidèle (document 10).

Sandrine associe une fente palatine* (opérée) à un syndrome pseudo-bulbaire* [5], ce qui la rend, à douze ans, quasi totalement inintelligible lorsqu'elle parle ; elle ne sait pas lire et ne peut écrire sous dictée, ni même en copie ; son écriture est une « guirlande » (document 11). Le travail aphasiologique n'a pu être mené à son terme pour des raisons familiales, mais elle a pu tracer des lettres en les copiant. La première « utilisation » de cette possibilité de faire du sens avec de l'écrit s'est traduite par la production du mot

---

5. Les astérisques renvoient au glossaire qui définit en fin de volume les mots concernés.

il one maron une hore toupou panthe. pour un
sous lanne. comme les mésous, il cone tou l's.
lonsu dire une contone a il pare longone de l'oul laller.
suo pour tou cl est cone tore pous por onme
louelen. qui se cone tou le sohe tore tore tonou
mele homme qui loue fora eae louene pous
cou sons soue le tore tam l'om sa
mamor. le pose. toue le tore ou logou. le
coue tout le soie poue la som contore.
loue pour stose louie dose ston cul eae l'au
il une con piee ou poue

Document 9. Première dictée de Christiane : « Un homme dut un jour partir pour un assez long voyage. Comme il avait peur des voleurs, il mit tout son argent dans une cruche. Il l'apporta à son voisin et lui dit : " Peux-tu garder cette cruche jusqu'à mon retour ? " – " Qu'y a-t-il dedans ? " demanda le voisin.
– " Rien que des pépins de melon ", répondit l'homme qui était méfiant et ne voulait pas que le voisin soulève le couvercle et vole son argent. Le temps passa. Lorsque l'homme revint de voyage, il courut aussitôt chez son voisin pour réclamer sa cruche. Mais lorsqu'il souleva le couvercle en rentrant chez lui, il n'y avait que des pépins de melon. »

L'ENFANT NON-LECTEUR

[texte manuscrit]

Document 10. Dictée de Christiane en cours de traitement.

[texte manuscrit]

Document 10bis. Dictée de Christiane à un stade plus avancé.

Document 11. Écriture en guirlande chez Sandrine.

« maman » alors que le mot « joli » était proposé comme modèle (document 12).

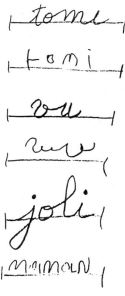

Document 12. Production par Sandrine du mot « maman » sur la base du mot « joli ».

Kevin, quinze ans, illustre le grave danger de délinquance qui pèse sur un adolescent non-lecteur issu d'un milieu défavorisé ; sa lecture consiste en une amorce de déchiffrage, un démarrage timide laissant la place à des mots bien articulés mais ne ressemblant à aucun mot de la langue, totalement incompréhensibles et très hésitants ; la dictée est un jargon total, pouvant se prolonger sur plusieurs lignes (document 13). Des problèmes institutionnels et un environnement familial très perturbé n'ont pas permis de poursuivre un travail aphasiologique qui était de bon pronostic ; ceci

LIRE, C'EST VIVRE

Document 13. Dictée de Kévin : « Il faut le retrouver. Menons une enquête. Que chacun prenne une photo de Pouf.... »

nous donne un aperçu de l'impact social de ce type de handicap et de l'importance, sinon de l'urgence, de le traiter.

Hervé a douze ans ; non seulement il ne lit ni n'écrit mais il parle à peine, totalement inhibé et dépressif. En dépit d'une bonne audition et d'une absence de déficit des organes bucco-phonatoires, il ne dit que quelques mots ; l'articulation est mauvaise, la grammaire absente. La répercussion des troubles de type aphasique sur l'articulation de la parole elle-même est ici manifeste ; ces cas sont peu fréquents et si, jusqu'à six, voire sept ou huit ans, on peut encore parler de retard de parole, il n'est plus possible par la suite de retenir ce diagnostic. Actuellement, Hervé arrive difficilement à lire et à écrire (écrivant mieux qu'il ne lit, ce qui est atypique) mais progresse (documents 14 et 15). Il a surtout changé radicalement de comportement.

Document 14. Première dictée de Hervé.

Enfin Jérémie, neuf ans, totalement incapable de lire et d'écrire, présente aussi un retard psychomoteur important ; il parle avec peu de mots et sans grammaire. Il écrit des ébauches de guirlande ou des petits gribouillis épars (document 16). Après vingt-huit séances, il arrive à copier, son langage est quasiment normal, il peut écrire sous dictée (document 17) et sa motricité s'est, de façon inattendue pour ce cas mais retrouvée depuis chez beaucoup d'enfants, améliorée (il a pu d'abord pédaler sur un vélo d'appartement et descendre un escalier en alternant les deux pieds et actuellement il fait du vélo tout seul).

36 LIRE, C'EST VIVRE

Document 15. **Dictée de Hervé en cours de traitement aphasiologique.**

L'ENFANT NON-LECTEUR

Document 16. Ébauches de guirlande et de gribouillis épars de la main de Jérémie.

Document 17. Dictée de Jérémie en cours de traitement.

Chapitre 2

Un instrument : le schéma
des fonctions linguistiques

Où l'on découvre qu'il existe des « situations linguistiques » : la parole spontanée, l'écoute et la compréhension, la répétition, la lecture muette et à voix haute, la copie, la dictée et le texte spontané. Pour mieux analyser ces situations, Gisèle Gelbert a élaboré un schéma qu'il est conseillé de suivre comme un jeu de piste : laissez-vous mener et vous arriverez au but.

C'est en rééduquant des aphasiques adultes que j'ai peu à peu élaboré un schéma représentant la structure de nos fonctions linguistiques. Comme je vais y faire référence très souvent, il est nécessaire de vous le présenter en détail, même s'il vous paraît un peu hermétique au premier abord.

Voici les quelques principes linguistiques, issus des théories de Gustave Guillaume, sur lesquels repose la première ébauche du schéma. *Pour Gustave Guillaume, le langage est un « système de préalabilités ».* Il distingue des préalabilités successives, allant de visibilités en dicibilités :

— la visibilité perceptive est la réception des messages sensoriels ; plus simplement, c'est ce qui se voit et s'entend ;

— la visibilité mentale est l'ensemble des images présentes à la conscience et ne recevant pas de forme verbale ; c'est ce que l'on peut se représenter dans la tête, sans le formuler en mots, sans le dire ;

– la dicibilité orale donnera le discours et sera le premier acte d'expression verbale ; il s'agit là de dire avec des mots ce que l'on se représentait dans la tête ;

– la dicibilité scripturale est la transcription graphique du « dit » ; c'est écrire ce qui vient d'être dit ;

– une nouvelle dicibilité orale, à partir de la dicibilité scripturale, dont elle est la reconversion sous forme orale ; c'est lire ce qui vient d'être écrit.

Si l'on envisage le langage de cette façon, on peut se représenter la fonction linguistique comme constituée d'éléments fixes (les compartiments) et de voies de circulation (les circuits). Les compartiments sont au nombre de trois. Le compartiment « *externe* » est le siège du sensoriel : on entend (proposé oral), on parle (réalisation phonatoire), on écrit (graphisme). Ce compartiment externe est le point de départ des afférences (ce qui entre) et le lieu d'arrivée des efférences (ce qui sort). Le compartiment « *moyen* » est le siège des « représentations mentales » (terme pris ici dans son acception la plus simple), lieu d'arrivée des afférences, point de départ des efférences. Le compartiment « *interne* », le plus à gauche, est le siège du sémantisme, du signifié, du conceptuel.

Pour comprendre comment fonctionne ce schéma (document 18), envisageons successivement la partie supérieure et la partie inférieure – un petit effort au départ et le reste suivra.

Partie supérieure du schéma

Le proposé oral (ce que dit un interlocuteur, soit pour être compris, soit pour être répété) entre dans le compartiment moyen par le *circuit afférent n° 1* et pénètre dans la *représentation mentale orale,* où il est soumis à une « recherche

LES FONCTIONS LINGUISTIQUES 41

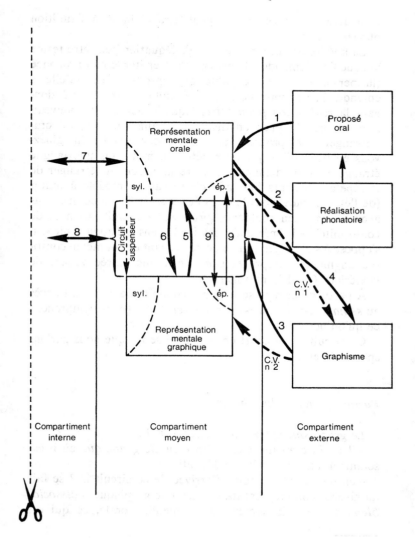

Document 18. Schéma des fonctions linguistiques
(à détacher selon le pointillé pour suivre la démonstration).

d'adéquation » [1] ; ce circuit peut être assimilé à l'audition phonématique.

La fidélité de cette recherche d'adéquation peut être testée lorsque l'on demande à la personne de répéter le mot prononcé (la personne est-elle capable de reproduire ce qu'elle a entendu ?) ; ce mot répété va emprunter le *circuit n° 2*, donnant la *réalisation phonatoire*, laquelle devient un nouveau proposé oral propre ; on distinguera ainsi un proposé oral « étranger » ou « propre » ; pour mieux comprendre, imaginez-vous en train d'essayer de répéter un mot dans une langue étrangère : vous demandez à votre interlocuteur étranger de le répéter plusieurs fois, afin d'être sûr du modèle à imiter (de l'étalon) puis, vous le dites et vous vérifiez si ce que vous avez dit est bien conforme (processus d'identification et de conformité). « Propre » n'a pas ici le sens « d'appartenir », il s'oppose à « étranger » : une entrée venant de soi-même constitue un modèle propre et s'oppose à une entrée venant de l'extérieur (modèle étranger).

À partir de la représentation mentale orale, il y aura accès au *sémantisme* (au sens) par le *circuit n° 7* (nous comprenons ce qu'on nous dit).

Ce circuit se parcourt en sens inverse lorsque nous parlons spontanément.

Partie inférieure du schéma

Le graphisme entre par le *circuit n° 3* :
– il pénètre en *représentation mentale graphique* où il est soumis à une recherche d'adéquation ;
– on notera que le point d'arrivée de ce circuit n° 3 se fait au niveau d'une représentation mentale graphique *indissociablement* liée à la représentation mentale orale, ce qui est

---

1. Processus de confrontation, d'identification et de conformité d'une entrée, orale ou graphique, à une référence, à un modèle, à un étalon mis en place auparavant.

LES FONCTIONS LINGUISTIQUES

symbolisé par une accolade ; ceci vient du fait que la représentation mentale graphique se crée toujours *après* la représentation mentale orale et en reste indissociable, ce qui est indiqué par le *circuit circulaire interne (circuits nᵒˢ 5 et 6)* ;
   – c'est cet ensemble qui conduit au *sens* par le *circuit nᵒ 8* ;
   – l'acte graphique (écriture) empruntera le *circuit nᵒ 4*.

Voici à présent comment se parcourent les circuits dans différentes situations linguistiques :
   – *la parole spontanée* : sens, circuit nᵒ 7, représentation mentale orale, circuit nᵒ 2, réalisation phonatoire ;
   – *l'écoute et la compréhension* : proposé oral, circuit nᵒ 1, représentation mentale orale, circuit nᵒ 7, sémantisme ;
   – *la répétition* : proposé oral, représentation mentale orale, circuit nᵒ 2, réalisation phonatoire ;
   – *la lecture muette* : graphisme, circuit nᵒ 3, représentation mentale graphique, circuit nᵒ 8, sémantisme ; le circuit nᵒ 5 est automatiquement mis en marche, avec son retour par le circuit nᵒ 6, cet ensemble traduisant la liaison inévitable des deux représentations mentales ;
   – *la lecture à voix haute* : graphisme, circuit nᵒ 3, représentation mentale graphique, circuit nᵒ 8, sémantisme – et dans le même temps, circuit nᵒ 5, représentation mentale orale, circuit nᵒ 2, réalisation phonatoire ;
   – *la copie* : graphisme, circuit nᵒ 3, représentation mentale graphique, circuit nᵒ 4, graphisme – de même, se parcourent automatiquement le circuit nᵒ 8 avec l'accès au sens et le circuit nᵒ 5 ;
   – *la dictée* : proposé oral, circuit nᵒ 1, représentation mentale orale, circuit nᵒ 6, représentation mentale graphique, circuit nᵒ 4, graphisme ;
   – *le texte spontané* : sens, circuit nᵒ 8, représentation mentale graphique, circuit nᵒ 4, graphisme [2].

---

2. La réalisation phonatoire devient toujours un nouveau proposé oral « propre » et non plus « étranger », ceci de façon automatique, non consciente ; de même les circuits nᵒ 5 et nᵒ 6 entrent toujours en action de façon automatique, en dehors des situations de lecture à voix haute et de dictée.

44 LIRE, C'EST VIVRE

C'est en élaborant ce schéma des fonctions linguistiques que j'ai pu comprendre et analyser les modalités de la rééducation d'un adulte aphasique, Monsieur Ho. Mais grâce à ce patient, de nouveaux circuits ont été découverts ce qui montre bien l'intrication entre théorie et clinique.

Monsieur Ho, âgé de soixante-cinq ans, a présenté environ un an plus tôt une hémiplégie droite avec aphasie, en rapport avec un accident ischémique sylvien gauche. La paralysie de la jambe a diminué mais le bras reste inutilisable. L'aphasie est surtout caractérisée par la réduction très importante de la parole et de la communication atteignant aussi bien la mimique que tous les moyens accessoires (gestuelle, utilisation ou désignation d'objets, dessins, modulations expressives d'une émission vocale).

Monsieur Ho est quasi mutique, ne prononçant spontanément que quelques syllabes (« la, la, la »), modulées de façon à peine expressive. Sur ce fond de syllabes mal prononcées, quelques mots parfaitement identifiables, bien articulés, surviennent de temps à autres, mais totalement hors de propos : « femelle » et « fenêtre ».

Monsieur Ho semble pouvoir lire son journal et exécuter quelques consignes, mais il ne peut reconnaître aucun mot dans un texte, ni même des lettres sur un alphabet. Quand on lui demande de lire à voix haute, il est impossible de reconnaître le moindre mot ; Monsieur Ho ne paraît pas avoir conscience de ce « jargon » qui lui tient lieu de lecture.

Il n'écrit pas spontanément mais lorsqu'on l'y incite, il écrit assez mal avec la main gauche. En plus de la maladresse bien compréhensible d'un droitier utilisant sa main gauche, on remarque que de très nombreuses lettres ne sont pas identifiables. À l'épreuve de dictée, on ne reconnaît ni les lettres ni les mots : il ne s'en rend absolument pas compte, persuadé de bien écrire ; la copie est possible, dépendante de la typographie (seulement possible sur une cursive) et présente de très nombreux changements de lettres. Cette aphasie peut être décrite comme étant globale ou totale, à prédominance

LES FONCTIONS LINGUISTIQUES

Broca, car les éléments majeurs sont la réduction de sa production et la dysarthrie (difficulté articulatoire).

Un comportement linguistique spontané de Monsieur Ho a attiré mon attention :

Premier temps :

Une série de noms concrets (la structure phonétique et les champs sémantiques respectifs n'entrant pas en jeu) de type : « château, arbre, livre, bonnet, verre, auto » sera proposée de différentes façons. Ces mots lui sont d'abord *dits* et il pourra très bien *désigner les images* correspondantes sur une revue, puis ces mots lui seront proposés *par écrit,* chacun séparément et en silence, il pourra aussi très bien *désigner les images* correspondantes sur la revue.

Deuxième temps :

Ces mots sont *dits et écrits* devant lui avant de lui être présentés en liste. Je lui demande de façon très banale, de *désigner* sur cette liste *un des mots que je lui dis.* Bien qu'il puisse à nouveau désigner correctement *l'image* illustrant le mot, il est tout à fait incapable de désigner *le mot* sur la liste écrite et les erreurs sont grossières.

Troisième temps :

Je lui dis et lui répète le mot « *arbre* » puis je lui demande de le désigner sur la liste. Monsieur Ho désigne le mot « *château* » ; je lui demande de le copier et Monsieur Ho écrit « *arbre* » ; je redemande de désigner le mot « *arbre* » sur la liste et il se trompe à nouveau, désignant « *château* ».

Cet exercice a été un déclic pour Monsieur Ho et pour moi-même : d'une part, ce comportement discordant a été fugace (à la séance suivante il ne s'est pas reproduit), d'autre part, il a permis à Monsieur Ho de lever un déficit en « *tout ou rien* » car, à partir de cette séance, Monsieur Ho a été capable de reconnaître sur une liste *les mots* proposés oralement (bien entendu avec un certain temps de latence, la nécessité d'une proposition incitative et quelques défaillances) ce qu'il était incapable de faire.

46 LIRE, C'EST VIVRE

Que s'est-il passé ? Nous allons décrire à nouveau le déroulement de ces séances et avancer une explication.

D'une part (au troisième temps), la main de Monsieur Ho a écrit « seule », alors que « consciemment » il désignait un mot (château) qui n'était pas celui que je lui avais dit (arbre) ; sa main transcrivait quasi « automatiquement » de façon correcte ; le mot s'était formé sous sa plume comme dicté intérieurement, indépendamment de sa volonté et de sa commande. D'autre part, ceci a été fugace. Enfin ce comportement semble avoir rétabli le fonctionnement normal dans la structure que nous avons décrite, à savoir : le proposé oral, le circuit n° 1, la représentation mentale orale avec recherche d'adéquation, le circuit n° 6, la représentation mentale graphique avec recherche d'adéquation et l'issue par le circuit n° 4, que ce soit pour la désignation ou pour la transcription ; le circuit interne n° 6 a donc été rétabli et Monsieur Ho est devenu capable de reconnaître sur une liste un mot proposé oralement.

Pour en arriver là, Monsieur Ho s'est mis dans la situation où un proposé oral et la représentation mentale orale qu'il suscite *créent directement une forme graphique, où le graphisme est au bout de la main ou de ce que j'appelle le geste effecteur externe.*

Dans cette situation, les circuits n° 5 et n° 6 ne sont pas du tout sollicités. On peut imaginer que ce mode de fonctionnement était celui qui prévalait aux temps historiques de la création de l'écriture : ainsi une représentation mentale orale, jusque-là seule existante dans le compartiment moyen, *crée* une forme qui va se matérialiser graphiquement. Cette forme n'existait qu'à « l'extérieur » et a sans doute été empruntée à un modèle mais, une fois qu'un sujet a créé une « graphie », elle entre dans le compartiment moyen pour s'intégrer en tant que représentation mentale graphique.

Cette *création du graphisme* ne pouvait être que fugace, puisque cédant aussitôt la place à l'installation de la représentation mentale graphique ; cette durée de vie limitée rap-

LES FONCTIONS LINGUISTIQUES

pelle bien l'utilisation unique et rapide par Monsieur Ho du parcours allant de la représentation mentale orale directement au graphisme. En dehors du caractère rapide et fugace de ce parcours unique, est apparu son caractère « obligatoire » : il fallait que ce parcours fût suivi au moins une fois pour qu'un verrou soit levé et une activité linguistique précise soit possible.

Nous avons ainsi postulé l'existence d'un *circuit virtuel*, trace d'un circuit originel, phylogénétique, par lequel la représentation mentale orale crée le graphisme, celui-ci étant au bout du *geste effecteur externe*. Cette trace virtuelle ne doit pas être effacée. La nécessité de reparcourir ce circuit virtuel, comme l'a fait spontanément Monsieur Ho et comme nous le ferons faire à nos patients par la suite, témoigne de sa fragilité (car son atteinte est fréquente en pathologie) et de son importance.

Après avoir postulé l'existence de ce circuit, nous avons imaginé un exercice le mettant en œuvre en pensant que, si Monsieur Ho avait trouvé spontanément le moyen de corriger un de ses déficits linguistiques en parcourant de lui-même un circuit, nous pourrions sans doute, en le faisant parcourir artificiellement à un autre patient, lever un déficit similaire.

L'exercice privilégié nº1 a répondu à cet espoir pour une autre patiente. Madame Lecocq, âgée de soixante-neuf ans, a présenté à la suite d'un accident vasculaire cérébral une hémiplégie droite, totalement régressive, et une aphasie de Wernicke. Elle s'exprime suffisamment pour être comprise, mais avec beaucoup d'incorrections et cherche souvent ses mots ; elle lit très mal, ce qui a entraîné un véritable syndrome dépressif – car elle a dû renoncer à assurer la gestion de son entreprise familiale. À l'examen, la lecture donne des changements de la structure phonétique des mots ou des substitutions de mots, aboutissant rapidement à un jargon total ou à des interprétations ; la reconnaissance de mots dans le texte est impossible. Elle ne se plaint d'aucune gêne en écrivant, bien que l'on mette en évidence de graves altérations : que

48 LIRE, C'EST VIVRE

ce soit en dictée, en copie ou en texte spontané, la réalisation graphique donne des mots incompréhensibles et mal tracés.

Exercice privilégié n° 1

Sollicitant simplement l'attention de notre patiente, et en silence, j'écris devant elle une phrase : en cursive large, en répartissant les mots sur trois ou quatre lignes. Cette segmentation n'obéit à aucune règle particulière.

Puis, avec comme consigne unique, stricte, mais très incitative : « Je vous dicte », je lui demande d'écrire en dictée sur la même feuille, sous le modèle précédemment disposé devant elle, sans aucun autre commentaire que la désignation de l'endroit où elle doit écrire et la reprise de la consigne « Je vous dicte ».

Je « dicte » ainsi dans le désordre les différents mots de la phrase, en m'efforçant de suivre sa transcription – de modeler ce que je dis sur la progression de sa transcription ; il ne s'agit donc pas d'une dictée normale, tant par la façon de dicter que par le maintien du modèle.

Alors que jusque-là cette patiente était incapable de copier un mot (hormis une copie lettre après lettre à mes côtés, faite avec une grande répugnance), elle se met à « copier » tout à fait correctement.

Cependant, elle ne se rend absolument pas compte qu'il s'agit d'une activité de copie, elle écrit en « pseudo-dictée » et après avoir terminé, elle découvre avec surprise qu'elle a écrit « la même chose » que ce qui était devant ses yeux. On peut parler d'une « copie ignorée » ou d'une « pseudo-dictée » ou encore d'une « fausse-copie/fausse-dictée ».

Cet exercice privilégié est la réplique du comportement spontané de Monsieur Ho. Celui-ci avait parcouru un circuit allant de la représentation mentale orale au graphisme, créant le graphisme sans passer par la représentation mentale graphique ; son crayon avait en quelque sorte « corrigé » la désignation erronée. Ici, à partir d'une représentation mentale orale (suscitée par notre proposé oral de dictée), il y a une *création suggérée* du graphisme (par l'offre d'un modèle), en *escamotant* la représentation mentale graphique. Cet escamotage n'est pas tout à fait artificiel puisqu'il reproduit des processus pathologiques, en particulier des « surdité verbale/ cécité verbale à bascule », c'est-à-dire des épisodes où un patient semble tantôt ne pas « entendre » ce qui est dit, tantôt ne pas « voir » ce qui est écrit.

L'exercice réalise une *relance* ou *hypersaisie du geste graphique effecteur externe* (celui imaginé lors de la création de l'écriture ou pratiqué par Monsieur Ho), par *hypersaisie du résultat* (le modèle laissé sous les yeux). Expliquons-nous : imaginons Monsieur Ho dans la position d'un homme qui n'a pas connu l'écriture (au choix, un homme « historique » ou un « analphabète »...) et qui inventerait les lettres lui permettant d'écrire le mot qu'on vient de lui proposer ; comme il n'a pas une imagination aussi fertile que celle de l'homme qui a « découvert » l'écriture et qu'aucun pédagogue n'est venu à son secours, il utilise ce que nous avons laissé devant lui comme si de rien n'était (comme un écolier copierait sur un document laissé par mégarde devant ses yeux lors d'un examen). On redonne ainsi à la main qui va écrire *(geste graphique effecteur externe)* l'importance majeure qu'elle avait lorsqu'elle a écrit « pour la première fois » *(relance ou hypersaisie)*. Le rôle du modèle est capital *(hypersaisie du résultat)* car guidant la main qui va le reproduire, il permet pour la première fois de transcrire correctement un mot dit oralement.

De cette façon, on force la virtualité du circuit virtuel n°1 ce qui le rend à nouveau fonctionnel. C'est seulement dans la mesure où le graphisme a été créé par un geste effecteur sans entrer par le circuit afférent n° 3 – avec recherche d'adéquation dans la représentation mentale graphique – que le mot a pu être copié correctement.

Si l'on poursuit le raisonnement, on doit admettre que tout se passe comme si le compartiment moyen ne contenait que la représentation mentale orale : si le circuit n° 3 n'a pas été utilisé, un autre circuit, ne mettant pas en jeu la représentation mentale graphique, doit exister. De fait, un *deuxième circuit virtuel* est la suite logique du premier : à l'origine, il y aurait création de la représentation mentale graphique au bout du *geste effecteur interne,* le graphisme entrant pour la première fois dans le compartiment moyen et y inscrivant la représentation mentale graphique. Ce circuit virtuel n° 2 serait donc afférent ; il serait l'entrée en compartiment moyen du graphisme, créé en compartiment externe par la représentation mentale orale. Il installerait les représentations mentales graphiques primordiales.

Cet enchaînement se parcourt ainsi : circuit virtuel n° 1 créant le graphisme premier en date, entrée de ce graphisme par le circuit virtuel n° 2 en compartiment moyen et création des représentations mentales graphiques primordiales.

En pratique, à la différence de Monsieur Ho, il n'y a pas eu de « déclic » pour Madame Lecocq : après l'exercice n° 1, les résultats ne sont ni parfaits, ni constants. Ceci s'explique par l'existence présumée d'un deuxième verrou au niveau du circuit virtuel n° 2 qui était normal chez Monsieur Ho. Pour Madame Lecocq, lever l'obstacle sur le premier circuit virtuel par la pratique de l'exercice privilégié n° 1 ne suffisait pas, il permettait seulement l'abord du deuxième circuit virtuel.

L'« *exercice privilégié n° 2* » tentera de remettre cette patiente en *situation originelle* comme lors de la création de la représentation mentale graphique en compartiment moyen. Le but de cet exercice sera de faire naître une représentation mentale graphique de bonne qualité, en empruntant un circuit originel et virtuel.

Exercice privilégié n° 2

Dans un premier temps je dis une phrase, elle la répète parfaitement et arrive fort bien à la retenir (une des conditions pour pouvoir pratiquer cet exercice est d'avoir une bonne mémoire orale).

Dans un deuxième temps, lorsque je suis sûre de la présence

LES FONCTIONS LINGUISTIQUES

d'une représentation mentale orale précise et stable, je lui demande de me la dicter et j'écris très ostensiblement devant elle, en l'incitant à me regarder écrire sous sa dictée, m'efforçant de lui faire adapter sa dictée à l'allure de ma transcription.

Il s'agit d'une « auto-dictée » par personne interposée comme si le patient se dictait à lui-même. Il y a « création forcée » de la représentation mentale graphique par une « hypersaisie « du résultat (je lui impose ce que j'écris).

La patiente est mise en « situation originelle », comme lors de la création de la représentation mentale graphique : après la « création » du graphisme au bout du geste effecteur externe, la représentation mentale graphique s'est créée par ré-entrée du graphisme et inscription en représentation mentale.

Cet exercice, succédant au premier, a permis à la patiente de transcrire sous sa propre dictée, de consolider la copie et de normaliser sa lecture (déchiffrage et accès au sens).

Auparavant, l'écriture était inutilisable car elle avait perdu son lien originel avec le double geste effecteur externe et interne, schématisé par les circuits virtuels n°1 et n°2. L'incapacité de cette patiente à fixer un mot et à l'écrire ne témoignait pas d'un trouble de mémoire mais d'une « non-existence » de sa représentation mentale graphique, en raison de l'effacement du circuit originel qui l'avait créée.

Grâce à deux autres patients aphasiques, notre tableau va se compléter avec la mise en place des deux secteurs « *épellation* » et « *syllabe* ». Nous aurons alors l'instrument qui nous a permis de traiter (dans tous les sens du mot : analyse et thérapeutique) la pathologie du langage et de passer de la gériatrie à la pédiatrie...

Monsieur Gane, âgé de soixante-dix-sept ans, a présenté à la suite d'un accident vasculaire cérébral une hémiparésie droite résolutive en quelques heures et une aphasie persistante. Il s'agit d'une aphasie de Wernicke avec une production courante et abondante mais constituée d'un jargon mixte, phonémique et sémantique, avec tentatives constantes d'autocorrection (les mots sont totalement transformés et méconnaissables : soit ils sont remplacés par d'autres mots tout à fait incongrus dans le contexte, soit ils sont déformés avec des changements de sons ; il en est conscient et essaye en vain de se corriger). La lecture globale est conservée, la reconnaissance des mots dans un texte est normale ; la lecture à voix haute donne, après des essais d'épellation ou de syllabation, des transformations (paralexies) si importantes que les mots ne sont plus identifiables (jargon total) ; la dictée est impossible, quelques tentatives infructueuses sont vite abandonnées. L'impossibilité de lire à haute voix le gêne considérablement. Voici l'exercice mis en œuvre et qui autorisera *in fine* (après d'autres approches) le déchiffrage à haute voix :

Exercice

J'écris un texte en silence devant lui, puis je le segmente en syllabes à l'aide d'un crayon, toujours sans parler, enfin je lui demande de me le dicter ; ma transcription sous sa dictée l'incite indirectement à syllaber car je ralentis pour le forcer à syllaber : j'obtiens ainsi un déchiffrage à haute voix parfait.

Qu'ai-je fait ? Cet exercice met en évidence et confirme ce que j'avais pressenti pour d'autres patients : l'importance de la « disposition à syllaber » et *la potentialité d'écrit qui est dans l'oral*. La lecture à laquelle j'ai forcé Monsieur Gane est celle d'un texte « pré-mâché, pré-parlé », texte dans lequel a été « mis de l'oral ».

Précisons de manière simple deux notions capitales : *la disposition à syllaber* et *la potentialité d'écrit portée par l'oral*.

L'aptitude à la syllabation est une disposition naturelle de l'homme : un enfant ou un illettré peuvent syllaber sans peine, il suffit de commencer à le faire et de demander de poursuivre. Cette aptitude permet de fragmenter la chaîne parlée et d'en faire l'analyse. On peut imaginer qu'au temps de la création

LES FONCTIONS LINGUISTIQUES 53

de l'écriture, la conjonction de deux démarches s'est faite. L'analyse de la chaîne parlée au niveau de la syllabe (la plus petite unité isolable spontanément) a mis en évidence des sons dont la substitution l'un par l'autre pouvait entraîner des changements de sens (mât, rat, pas, las, cas, chat, etc.). Cet isolement des « phonèmes » est le premier « acte phonologique ». Puis, il s'est avéré indispensable de pérenniser cette analyse et de la transmettre : la potentialité d'écrit qui est dans l'oral s'est exprimée via la création de l'écrit.

Comment figurer la syllabation et la potentialité d'écrit dans l'oral sur le schéma des fonctions linguistiques ? La *disposition à syllaber* est figurée en coin dans la représentation mentale orale (document 19). La *potentialité d'écrit dans l'oral* est représentée par un circuit dit *suspenseur*, prenant naissance dans ce secteur syllabe en oral et auquel est appendu, en pointillés, c'est-à-dire en potentialité, un autre secteur syllabe qui est un « appel d'écrit ». Pourquoi ?

La première lettre jamais écrite, empruntée sans doute à une forme existante, se situe, nous l'avons déjà vu, au bout du geste effecteur externe, figuré sur le tableau par le circuit virtuel n° 1, créant pour la première fois un graphème issu du phonème (une lettre représentant un son), isolé et identifié dans le système phonologique décrit plus haut. Ce graphème à peine créé va entrer dans le compartiment moyen. Appelé, c'est-à-dire inclus en syllabe, il va « réaliser » la potentialité d'écrit de la syllabe et contribuer à délimiter l'espace de la représentation mentale graphique : la possibilité d'épeler, c'est-à-dire « d'appeler » les graphèmes, se traduit par le « dressement » de l'alphabet qui se dépose dans une enclave épellation ; cette entrée se fait par le circuit virtuel n° 2. Une fois délimitée, la représentation mentale graphique se lie de façon indissociable à la représentation mentale orale – ensemble indissociable mais parfaitement hiérarchisé ; cette liaison se fait par les circuits n° 5 et n° 6.

La disposition du cerveau à syllaber est représentée par la plate-forme syllabe en représentation mentale orale et *la*

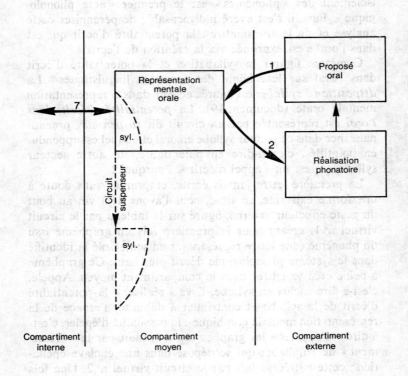

Document 19. La disposition à syllaber.

LES FONCTIONS LINGUISTIQUES

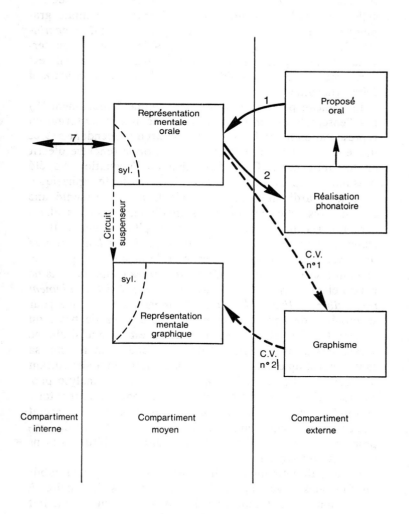

Document 20. La réalisation du potentiel d'écrit dans l'oral.

56 LIRE, C'EST VIVRE

prédisposition à l'écrit, par un circuit suspenseur – le secteur syllabe appendu préfigurant la représentation mentale graphique, jusque-là non délimitée et représentant une *potentialité d'écrit.* Dans la syllabation, disposition naturelle du cerveau, réside la potentialité de l'écrit ; nous dirons qu'elle est étroitement liée à *la prédisposition du cerveau humain à l'écrit* (document 20).

Le tableau peut maintenant être complété (document 18) par l'ensemble *épellation* qui comprend une plate-forme en représentation mentale graphique, le circuit ascendant n° 9 et une enclave en représentation mentale orale (enclave d'écrit en territoire oral). Cette figuration de l'épellation n'a été possible qu'après l'observation d'une patiente aphasique. Madame Tardi, âgée de quatre-vingts ans, a présenté une aphasie sans déficit moteur à la suite d'un accident vasculaire cérébral (lésion ischémique pariéto-occipitale gauche). Il est frappant d'observer sa *possibilité d'épeler un long proposé oral* avec une étonnante virtuosité et de façon quasi parfaite, alors que sa *parole spontanée est déformée* (faite de mots ne ressemblant à rien de connu) *et qu'il lui est totalement impossible de lire et d'écrire.* Résumons en disant que pour se protéger de l'effet inhibiteur de toute la partie basse du tableau (de l'écrit), elle la supprime : c'est comme si elle ne savait plus ni lire ni écrire. Elle va cependant manifester sa santé linguistique en utilisant au maximum l'effet structurant de l'écrit sur l'oral (écrire un mot en facilite l'analyse phonétique), c'est-à-dire cette parcelle de graphisme en territoire oral qu'est l'épellation. Cette épellation est issue d'un circuit ancien en ontogénie (circuit n° 9), établi au moment de l'apprentissage mais inutilisé dans les conditions habituelles (sans toutefois être virtuel).

Si l'on suit cette analyse, il paraît évident que pour rétablir ses fonctions linguistiques, il ne convient pas de l'inciter à épeler, mais il faut supprimer les conditions qui lui ont fait recourir à ce « béquillage », c'est-à-dire normaliser la partie basse du tableau et lui enlever son pouvoir inhibiteur.

Chapitre 3

De l'adulte à l'enfant

*Où l'on découvre qu'en adressant un enfant à une
neuro-linguiste s'occupant de personnes âgées, on
peut la faire changer d'orientation...*

J'ai rencontré Simon [1] à un moment de ma recherche où
le schéma simple s'était étoffé, où se laissaient deviner les
perspectives structurelles de chaque secteur et où les circuits
se trouvaient être de vraies courroies de transmission actives
(sans pour autant vouloir faire de corrélations avec les réseaux
ou les circuits neuronaux). Ce schéma prenait vie puisqu'il
permettait de situer avec précision des comportements linguistiques que l'on pouvait modifier, ce dont témoignaient les
résultats obtenus.

Petit à petit, l'idée s'imposait que cette structure des
fonctions linguistiques, élaborée à partir de productions pathologiques, devait être celle du langage « normal » en français
et sans doute dans les langues indo-européennes, l'hypothèse
« universelle » n'étant pas pour autant exclue. Il s'agirait d'une
structure générale, norme de référence ; dans ce cas, elle
devrait être retrouvée chez l'enfant, compte tenu d'un processus d'installation et de maturation neuro-affective.

Grâce à Simon, sans l'ombre d'une hésitation devant la

---

1. Cf. chapitre 1, p. 22 et suiv.

58   LIRE, C'EST VIVRE

gravité de la situation et la pression amicale du psychanalyste, j'ai franchi le pas et suis entrée dans la bataille – gagnée, comme vous le verrez...

Rappelons que Simon est venu pour la première fois à onze ans, après une rééducation orthophonique bien menée pendant cinq ans, tandis qu'il tentait d'apprendre à lire par la méthode Borel-Maisonny, phonético-gestuelle. Grâce au docteur Caroline Eliacheff, pédopsychiatre psychanalyste, et à son équipe du centre médico-psychologique d'Issy-les-Moulineaux, tous les éléments de son histoire étaient accessibles.

Nous l'avons vu s'escrimant à déchiffrer « phonème après phonème » produisant un « son », associé à un geste, s'y reprenant plusieurs fois, toujours en parfaite correspondance son/graphie/geste, mais n'arrivant pas à « accrocher » (ainsi qu'il le disait), c'est-à-dire à déchiffrer la moindre syllabe. Si la parole spontanée tout en restant intelligible était dysarthrique (imprécision articulatoire et faiblesse vocale le rendant souvent inaudible), avec des altérations de type « retard de parole », en répétition elle se normalisait. Il était assez surprenant de constater qu'il pouvait épeler un long texte écrit, alors qu'il était totalement incapable de le déchiffrer à voix haute ou même d'accéder au sens directement (par une « lecture muette ») ou encore de reconnaître dans le texte les mots proposés oralement. De plus, il ne comprenait pas ce qui était écrit, même si on disposait ostensiblement devant lui une image correspondant au mot qu'il devait lire.

Simon était un enfant « non-lecteur », c'est-à-dire intelligent, sans handicap sensoriel, sans troubles psycho-affectifs, sans problème socio-culturel majeur et qui, malgré des abords pédagogique, orthophonique et psychothérapique bien menés depuis l'âge de six ans, n'était parvenu ni à lire, ni à écrire.

L'hypothèse diagnostique conditionnant toute la conduite thérapeutique ultérieure, était la suivante : Simon présentait des troubles de type aphasique (qui seront définis plus loin) ayant obéré profondément l'apprentissage de la parole et du langage et interdit tout apprentissage de la lecture et de l'écriture par les méthodes habituelles, pédagogiques ou orthophoniques.

L'analyse « aphasiologique » a permis de situer le dysfonctionnement sur le schéma, de l'expliquer et surtout de le réduire : Simon a pu lire et transcrire dans des délais raisonnables (six mois pour installer le mécanisme, un an pour le consolider – l'entretien ultérieur de la lecture étant un problème d'une autre nature).

Dans le cadre des troubles de type aphasique, l'examen de cet enfant permet d'avancer que le déficit premier est *une surdité verbale** *à sa propre production.* Chez l'aphasique adulte, on emploie le terme de « surdité verbale » lorsque la personne ne comprend pas ce qu'on lui dit. La surdité verbale, *non-accès au sens par l'oral,* accepte ou n'accepte pas une répétition correcte (le patient peut ou non répéter ce qu'on lui dit). Chez l'enfant aphasique, selon que le déficit apparaît avant ou juste pendant l'apprentissage de la parole, les critères de la définition se modifient : le non-accès au sens par l'oral sera retenu, mais le critère répétition ne pourra être retenu si l'enfant n'a jamais parlé ou mal parlé.

Pour préciser ce qu'est une « surdité verbale à sa propre production » chez un enfant de onze ans, il est nécessaire de reprendre la structure des fonctions linguistiques au moment de l'apprentissage de la parole chez l'enfant :

Première étape : dans le compartiment moyen se trouve la potentialité à parler du cerveau humain, schématisée par une représentation mentale orale tracée en traits discontinus ; on y trouve, comme pour l'adulte, la disposition à syllaber et la prédisposition à l'écrit. Ce seront, à l'évidence, des facteurs de maturation neurologiques, physiologiques, psycho-affectifs et sociaux, qui délimiteront réellement la représentation mentale orale, ses afférences et ses efférences, permettant alors de remplacer les pointillés par des traits continus (documents 19 (p. 54) et 20 (p. 55)).

Deuxième étape : le « proposé oral », c'est-à-dire les paroles que l'enfant entend donneront naissance à un « modèle interne », qui sera leur réplique dans la représentation mentale orale. Les paroles que l'enfant dira proviendront de cette réplique interne : ces réalisations phonatoires se produiront par approches successives, régulées et corrigées par un circuit rétroactif. Ce « modèle interne » est, à l'évidence, la convergence de multiples afférences et nous simplifions à l'extrême de façon délibérée. Si toutes les conditions sont réunies (maturation neurologique, sollicitations extérieures de bonne qualité, etc.), l'installation de la parole nécessite un modèle interne fixé en représentation mentale orale et une confrontation de ce que l'enfant émet avec ce modèle. Une défaillance de l'un ou l'autre de ces deux volets entraîne une « surdité verbale à son propre proposé », c'est-à-dire qu'il « n'entend pas » ce qu'il dit lui-même.

Troisième étape : lors de l'apprentissage du langage, deux opérations se produisent à peu près simultanément : d'une part, l'accès au sens et d'autre part, une « répétition » telle que nous l'avons définie, c'est-à-dire une « répétition première » dans l'histoire de l'individu, en ontogénie, avec modèle interne et confrontation ; le contrôle de la fidélité se fera par adaptations et essais successifs de prononciation, pour obtenir une représentation mentale orale des sons proposés (autorégulation par feed-back).

Ce travail de confrontation ne peut se faire que par le biais de la syllabe, seul moyen spontané de fragmenter la chaîne parlée ; les premières productions du bébé ne deviendront « utilisables » dans le jeu des confrontations à ce que dit la mère et au modèle interne que lorsqu'ils seront intégrés dans une syllabe (cette « médiation » par la syllabe n'étant évidemment pas consciente).

Chez Simon, la représentation mentale orale est suffisante pour autoriser l'accès au sens, mais insuffisante pour que la parole soit normale. Or, il s'agit d'un enfant et, ainsi que nous venons de le dire, sa parole spontanée est une répétition « première ». Cette possibilité constitutionnelle de fixation/confrontation étant fondée sur la disposition à syllaber, on

DE L'ADULTE À L'ENFANT 61

peut avancer l'hypothèse que le déficit spécifique est *une anomalie de la disposition à syllaber.*

Chez l'enfant disposant de ces structures de base, on doit trouver des traces des deux circuits virtuels, puisque nous avons vu la nécessité de les reparcourir en pathologie lors des exercices « privilégiés [2] ». Le fonctionnement de ce système au cours de l'apprentissage de l'écrit chez l'enfant (ou l'adulte analphabète) est le même que celui décrit lors de la création de l'écriture en phylogénèse, à une différence près : c'est le pédagogue qui fait parcourir à l'enfant ces circuits virtuels.

Voici ce qui se passe quand on veut apprendre à un enfant à écrire une voyelle après qu'il l'a répétée. Prenons la voyelle « a » : entrée du proposé oral en représentation mentale orale (dans le compartiment moyen), par le circuit n° 1, avec recherche d'adéquation, puis issue par le circuit n° 2 pour répéter, avec contrôle par autorégulation – le nouveau proposé oral « propre » étant confronté avec la trace mnésique du modèle en représentation mentale orale ; une présentation simultanée du graphisme correspondant à la voyelle « a » dite oralement, fait parcourir le circuit virtuel n° 1. À la suite, le circuit virtuel n° 2 va être parcouru, « réalisant » la représentation mentale graphique, déjà virtuellement existante à partir du secteur syllabe appendu au circuit suspenseur.

C'est ainsi qu'avec l'aide du pédagogue, l'enfant va parcourir ces circuits phylogéniques une seule fois et à un seul moment ; par la suite, ils deviendront « non fonctionnels » ; en effet, sitôt la représentation mentale graphique installée, se met en route le circuit intérieur n° 5, des liens s'établissent, intimes, indissociables entre représentations mentales orale et graphique, qui vont se compléter par la mise en action du circuit n° 6 lors des exercices d'écriture.

---

2. Cf. chapitre 2. Le premier circuit virtuel relie directement la représentation mentale orale au graphisme, créant le graphisme au bout du geste effecteur externe ; l'exercice privilégié n° 1 est la création suggérée du graphisme avec escamotage de la représentation mentale graphique. Le deuxième circuit virtuel relie directement le graphisme à la représentation mentale graphique.

LIRE, C'EST VIVRE

Le secteur épellation en territoire oral se constituera dès que les phonèmes auront été isolés ; le point de départ est la plate-forme épellation en représentation mentale graphique, le circuit n° 9 montant pour constituer une enclave graphique en territoire oral, dont le rôle est de structurer l'oral.

Deux comportements linguistiques de Simon m'ont m'orientée lors des premières séances de rééducation. Ils seront utilisés pour apprécier l'impact de la rééducation, pour préciser la nature du déficit premier et le localiser sur le schéma, pour en démonter et en saisir le fonctionnement afin d'ajuster une stratégie rééducative.

Premier comportement linguistique : Simon peut épeler un texte alors qu'il est incapable de le déchiffrer (que ce soit pour lire à haute voix ou pour en comprendre le sens) ; il est incapable de reconnaître dans le texte un mot proposé oralement ; il est incapable d'épeler ce qu'on lui dit ou de reconstituer un mot épelé. Sa lecture se réduit à épeler et à faire les gestes utilisés dans la méthode phonético-gestuelle.

L'anomalie spécifique de Simon ne réside pas dans le contraste entre une bonne épellation et une incapacité totale à déchiffrer, mais dans le fait qu'il *épelle* alors qu'on lui demande de *lire*. En épelant alors que la consigne n'est pas d'épeler mais de lire, aussi paradoxal que cela puisse paraître, ce sont les *phonèmes* qu'il s'efforce de rendre, les lettres étant « ignorées » dans leur statut de *graphèmes*. Pour lui, la graphie correspond au phonème, c'est-à-dire qu'il utilise un signe écrit (une lettre) pour donner une forme au son isolé dans la chaîne orale grâce à la syllabation. Il a pu ainsi « dresser » un alphabet oral, c'est-à-dire faire l'inventaire des différents sons tirés de la syllabe en les « appelant » grâce à une voyelle. Normalement l'enfant ne s'arrête pas là : la lettre devient vraiment *graphème* lorsqu'elle parcourt le circuit virtuel n° 2 et entre en compartiment moyen, inscrivant les premières représentations mentales graphiques.

Cet inventaire des sons à l'oral (cet alphabet oral) va

transiter par les circuits virtuels n° 1 et n° 2 et créer la représentation mentale écrite. Chaque son et chaque lettre qui lui correspond viendra dresser l'alphabet en compartiment moyen (« à l'intérieur ») : c'est le secteur épellation. Comme lors de la création de l'écriture, la liaison entre les deux représentations mentales, orale et écrite, partira de ce secteur avant que ne s'installe définitivement le circuit n° 5.

Le deuxième comportement linguistique s'observe dans une situation rééducative particulière : un texte simple, imprimé avec une typographie aérée, est proposé ; je le lis à haute voix et l'enregistre au magnétophone tout en suivant du crayon le déroulement de la lecture en lui demandant simplement de regarder et d'écouter ; puis nous écoutons ensemble l'enregistrement en suivant de façon synchrone avec le crayon le déroulement de la lecture – je lui demande seulement de regarder et de suivre le crayon. Une fois cet exercice terminé, je lui dis : « Tu vois, tu as lu avec moi », et lui de répondre aussitôt : « Oh, non ! je n'ai pas lu, j'ai entendu ! »

Ainsi, il n'utilise en rien le texte, malgré une forte incitation (texte lu pour lui et suivi du crayon à deux reprises – lecture entraînée, lecture forcée, remobilisation) – malgré sa familiarité avec l'écrit et la lecture, ses bonnes possibilités mnésiques, auditives et visuelles, malgré son intelligence, sa vivacité et son envie de savoir lire et écrire. Que peuvent signifier ces deux comportements linguistiques et en quoi peuvent-ils orienter la stratégie de la rééducation ? Gardons en tête que Simon a été scolarisé et qu'un entraînement de qualité a été fait au niveau de la « conscience phonétique ». Les effets de cet apprentissage se mesurent aux bons résultats de la répétition et de l'épellation : il possède la correspondance son/graphie, les lettres sont distinguées et reconnues comme se rapportant à un « phonème » dont il a l'image auditive et qu'il reproduit en l'accompagnant du geste enseigné. Il paraît avoir à sa disposition tout ce qui est nécessaire pour lire et pourtant, comme il dit, il n'arrive pas à « accrocher ». Cette expression ne recouvre pas seulement un problème « d'assemblage »,

64 LIRE, C'EST VIVRE

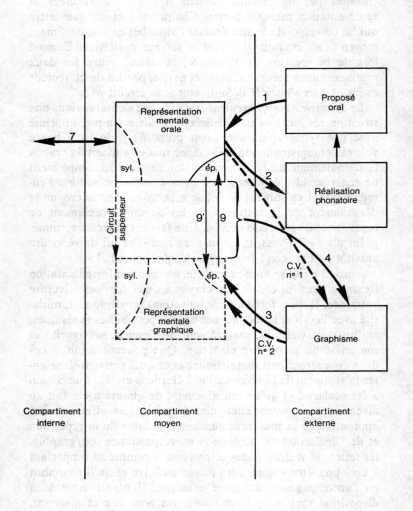

Document 21. Schéma des fonctions linguistiques de Simon.

DE L'ADULTE À L'ENFANT 65

étape normale de l'activité de déchiffrage, quelquefois difficile à franchir chez des enfants présentant un retard mental ou des déficits perceptifs ou sensoriels. Il ne comprend pas le mot écrit, qu'il ne déchiffre donc pas mais qu'il peut épeler. Plaçons la sémiologie verbale de Simon, telle que nous venons de la décrire sur le schéma (document 21).

Pour la partie supérieure, orale :

– en répétition : proposé oral, circuit n° 1, représentation mentale orale, circuit n° 7, sémantisme et, dans le même temps, circuit n° 2, réalisation phonatoire ;
– en parole spontanée : sémantisme, circuit n° 7, représentation mentale orale, circuit n° 2, réalisation phonatoire.
La partie inférieure graphique existe puisqu'il y a eu un apprentissage de l'écrit, même s'il n'a pas pu arriver jusqu'à la lecture, et elle comportera :
– le circuit virtuel n° 1, créant le graphisme au bout du geste effecteur externe ;
– le circuit virtuel n° 2, créant la représentation mentale graphique, sans préjuger de son lieu d'arrivée ;
– le seul circuit ascendant qui puisse relier représentation mentale graphique et représentation mentale orale est le circuit n° 9, issu de la plate-forme épellation et montant vers l'enclave épellation (« territoire d'écrit en oral ») ;
– *il n'y a pas d'installation des circuits n° 5 et n° 6 ;*
– *le circuit n° 8 ne peut pas se constituer* (il n'y a pas d'accès au sens par l'écrit), ceci résultant de la liaison anormale des représentations, liaison partielle et bancale se traduisant par une accolade d'un seul côté, en rapport avec les circuits n° 9 et n° 9′ ; le sémantisme ne peut être atteint que par le circuit n° 7.
Le fonctionnement pathologique du secteur épellation chez Simon est ainsi démonté : la seule liaison entre les deux représentations mentales (orale et graphique) se fait par

LIRE, C'EST VIVRE

l'épellation, elle lui permet de dire les phonèmes et de les transcrire, mais elle ne lui permet pas de les « lier », c'est-à-dire d'en faire des syllabes, les plus petits signes linguistiques servant de signifiant au signifié. Pour Simon, déchiffrer c'est dire les lettres, il fera ainsi œuvre « phonétique » et non « phonologique » ou linguistique.

Cette structure avec absence des circuits nº 5, nº 6 et nº 8 pourrait traduire le type de cécité verbale « première », propre à l'enfant non-lecteur, différente de la cécité verbale de l'aphasique adulte ; les circuits sollicités n'ont pu se constituer ; l'installation normale du tableau ne peut se faire, alors que chez l'adulte aphasique, les circuits sont tous présents mais défaillants, bloqués ou inhibés.

En étudiant les comportements de patients aphasiques adultes, on peut évoquer la notion de « préalables » (qui sera expliquée en détail au chapitre suivant) : préalable mnésique, préalable visuel et préalable gestuel ; lorsque ces préalables sont atteints, cela ne veut pas dire que le patient présente des troubles de mémoire, des troubles de la commande des muscles des yeux ou du champ visuel, des troubles du projet mental des mouvements avant de les réaliser, mais de la « non-saisie », de l'ignorance des « potentialités de représentation » de la mémoire, des mouvements des globes oculaires dans le champ visuel et du geste. Un déficit au niveau de ces préalables constitue un véritable verrou, à lever avant de pouvoir atteindre le langage proprement dit.

Dans le cas présent, nous parlerons d'un déficit au niveau d'un autre préalable, le *préalable phonétique* : prise de conscience ou saisie des potentialités de représentation des phonèmes. Pour Simon, *lire c'est dire des phonèmes**, ce n'est pas dire des mots ; il exprime ceci en disant : « Je ne sais pas accrocher », ce qui veut dire : « Je ne sais pas que des sons servent à faire des syllabes, c'est-à-dire à faire les plus petits signes linguistiques servant de signifiant au signifié. »

Il aura fallu sept séances pour analyser ces comportements linguistiques et mettre en forme cette hypothèse sur le mode de fonctionnement de sa production pathologique. Le travail aphasiologique qui suivra sera fondé sur cette première analyse. Il sera principalement constitué de divers exercices de syllabation visant à consolider la plate-forme syllabe dans la représentation mentale orale. Autour de la vingtième séance, d'autres comportements linguistiques pourront être observés permettant de compléter et de poursuivre l'analyse.

Contrairement à ce qui est habituellement préconisé pour la conduite des rééducations d'aphasiques, nous n'utiliserons pas « ce qui reste », ce qui a été préservé ou qui est encore de bonne qualité : l'épellation ne sert à rien dans notre stratégie rééducative. Le « secteur épellation » fonctionne bien, mais de façon totalement autonome : il ne permet d'accéder ni à la lecture ni à l'écriture.

À ce stade du travail, on observe déjà des modifications qui sont des signes de la pertinence de la stratégie : Simon suit normalement quand je lis un texte, parfois segmenté en syllabes (ceci est contrôlé par les arrêts impromptus) ; lors de l'écoute de notre enregistrement avec le texte sous les yeux, il a une « attitude lexique » normale, il suit du doigt de façon synchrone et essaie spontanément de « répéter » en même temps (en fait, il dit cette fois lui-même qu'il « lit » et non pas qu'il « répète »). Il commencera à lire, c'est-à-dire à déchiffrer vers la vingtième séance.

Trois comportements seront alors relevés en dictée et soumis à analyse pour permettre de progresser dans la compréhension d'autres mécanismes pathologiques.

Première dictée : il s'agit d'une dictée « première », c'est-à-dire sans présentation préalable du texte ; la phrase entière est dite trois fois, puis dictée mot après mot, de façon normale (c'est-à-dire ni syllabée, ni déroulée, ni ralentie).

68 LIRE, C'EST VIVRE

petit mors vor r mave
g un ponram

Document 22.

Texte dicté
« le petit ours voudrait nager comme un poisson »

Résultat (document 22)
(après une transcription très laborieuse)
« petit mors vor r mave g un ponsom »

Il arrive à déchiffrer fidèlement ce qu'il a écrit, sans s'étonner de la différence avec le proposé, ni de l'absence de sens.

Deuxième dictée : il s'agit d'un texte déjà « travaillé », c'est-à-dire écrit devant lui, lu, copié, dicté avec modèle laissé, avant de procéder à une dictée « normale ».

Texte dicté
« les petites souris connaissent Ramona »

Résultat
« les petites souris roumessent Ranona »

Il se relit
« les petites souris connaissent Ramona »

Troisième dictée : il s'agit d'une dictée faite dans les mêmes conditions que la précédente, c'est-à-dire « travaillée ».

Texte dicté
« elles l'ont quelquefois aperçu de loin »

Résultat
« elles l'ont quelquefois aperçu de loin »

Il se relit
« elles l'ont quelquefois aperçu disparu »

DE L'ADULTE À L'ENFANT

Quels sont les processus qui sous-tendent ces résultats ? Réfléchissons et analysons.

La première dictée est celle d'un texte nouveau, simplement répété plusieurs fois avant d'être dicté. Elle suppose un effort important de transcription ; le sens est secondaire à la fonction de transcription, ce qui explique que pour arriver à déchiffrer, Simon ne sera ni porté ni aidé par le sens (pourtant à sa disposition puisqu'il n'a aucune difficulté à retenir de mémoire et qu'il vient d'entendre la phrase dictée). Il déchiffre fidèlement ce qu'il a écrit, il est arrivé à « lire », mais le résultat de ce déchiffrage sera une production « jargonnée », c'est-à-dire dépourvue de tout sens. Cela ne le gêne aucunement, il ne procède à aucune modification et n'a aucune hésitation.

Pour la deuxième dictée, il s'agit d'un texte « travaillé » ; deux éléments se sont ajoutés, favorisant un rendu fidèle : le sens, bien investi, et la fixation dans la mémoire (et leurs interférences). Cependant, par rapport à la situation précédente, il y a un élément en moins : l'absence de focalisation sur l'activité de transcription. Il ne tient aucun compte de sa transcription erronée du mot « *roumessent* » qu'il rétablit en « *connaissent* » : on parle alors de cécité verbale à ce qu'il a écrit, alors que sa mémoire est fidèle au sens.

La troisième dictée bénéficie comme la précédente du sens et de la fixation mnésique avec absence de focalisation sur la transcription, mais le fonctionnement se fera sur un mode différent. Le sens et la mémoire l'emportent, mais de façon défectueuse : il relit une forme fixée, comportant un sens, mais une forme « déplacée », différente de ce qu'il a écrit (il a écrit « de loin » et relit « disparu »). Ceci n'est pas sans rappeler l'émergence dans les dictées des premières séances de mots identifiables mais sans aucun rapport avec les proposés.

Confrontons les productions de la deuxième et de la troisième dictées. On peut expliquer l'erreur de lecture de la deuxième dictée par la prévalence de la fixation mnésique sur la cohérence du sens. Cette hypothèse ne peut être retenue

70 LIRE, C'EST VIVRE

pour l'erreur de lecture de la troisième dictée car le texte est distordu dans sa signification alors que la mémoire était là pour entraîner une lecture correcte.

Il faut aussi opposer les productions de ces deuxième et troisième dictées à celles de la première : celle-ci se prêtait au déchiffrage fidèle alors que pour les autres il y a « cécité verbale » (il ne comprend pas le sens de ce qu'il a écrit). Était-ce en raison de l'absence de sens (transcription tout à fait aberrante et sans lien avec le proposé, vrai jargon) et dans l'affirmative, pouvait-il le savoir avant de déchiffrer ?

De ces observations et des réflexions qu'elles entraînent retenons surtout : *l'aptitude* de Simon, à ce stade, à déchiffrer correctement des logatomes (syllabes associées en mots dépourvus de sens) ; *son incapacité totale* à écrire spontané-ment (il se met à rire, ouvre les bras dans un geste d'impuis-sance amusée et dit « C'est pas possible ») ; *l'altération des résultats* en mémorisation de l'écrit lorsque je dis à voix haute le texte que j'écris au fur et à mesure à ses côtés et que je lui propose de retenir pour l'écrire ensuite sans modèle – dans ce cas il y a accès au sens par l'oral.

Nous pourrions dire que, dès qu'il y a activité de langage proprement dite, c'est-à-dire adéquation d'un son avec un graphisme pour donner un sens, la lecture et l'écriture sont soit impossibles, soit profondément altérées.

Grâce à cet éclairage, l'articulation primordiale entre le signifiant et le signifié au sein du signe linguistique paraît résider au niveau *des rapports du sens avec la syllabe*. Rappelons, s'il en est besoin, qu'en fonction de notre objectif qui est thérapeutique, il est impératif de trouver des moyens de répondre aux problèmes soulevés. Si les résultats sont bons, les hypothèses sont retenues et permettent d'aller plus avant.

Pour Simon, un proposé oral est un proposé linguistique authentique puisqu'il le comprend et qu'il peut parler (même mal) : ce qu'il entend (et ce qu'il dit) a un sens. En revanche, s'il doit écrire, spontanément ou sous dictée, ou s'il doit lire, il ne trouve à sa disposition qu'un *matériau graphique inerte*, issu d'un rapport établi entre un phonème et un graphème mais sans statut de signe linguistique. Si on lui demande de lire un texte, il applique aussitôt la correspondance de la lettre avec le son, comme on le lui a appris, mais ne se doute pas un instant qu'on lui demande de dire du « sens », que ce qui est écrit veut dire quelque chose et que cette activité d'épellation qu'il pratique fort bien peut aboutir à une compréhension de ce qui est écrit.

La « surdité verbale à sa propre production » mise par hypothèse à la base de la pathologie présentée par Simon, est surtout le résultat d'un déficit de la confrontation du proposé oral au modèle interne, en rapport avec une anomalie de la syllabe. Le rôle décisif du bon fonctionnement de cette disposition à syllaber conditionne à la fois la possibilité de parler et celle de faire l'apprentissage de l'écrit. Ce sont les exercices divers de syllabation (divers mais précis) qui ont permis à Simon de déchiffrer correctement un texte simple à une allure normale en comprenant ce qu'il lit, de déchiffrer correctement et assez rapidement un texte médical complexe dont il ne peut comprendre le sens.

La bonne qualité de l'épellation n'a pas permis l'installation de la lecture ; ceci veut dire que l'écrit n'a pas pu améliorer la structuration de l'oral, alors que c'est un effet attendu et utilisé en rééducation orthophonique classique.

Alors que vers la quarantième séance, la lecture est bien installée, nous allons rencontrer des difficultés et être obligés de réviser certains aspects de notre analyse. Ceci est significatif de notre démarche : l'apparente liberté dans les hypothèses est contre-balancée par la soumission aux résultats.

Nous avons rapporté plus haut [3] le cas d'un adulte aphasique chez qui la segmentation d'un texte en syllabes avait permis la lecture à voix haute (il pouvait comprendre l'écrit mais persistait à ne pas pouvoir déchiffrer à voix haute). Nous disions avoir mis de l'oral dans l'écrit, avoir « préparlé » l'écrit.

---

3. Cf. chapitre 2.

LIRE, C'EST VIVRE

Décomposer l'écrit en syllabes, c'est rappeler que l'écrit a pu exister parce que l'homme pouvait syllaber, seule possibilité de décomposer la chaîne parlée. C'est dans cette syllabe qu'a pu être isolé un son, pérennisé en « phonème », représenté graphiquement par un « graphème ». *Chez l'adulte, il s'agissait de faire surinvestir, reparcourir ou dégager des actions d'inhibition ou de blocage, une structure qui était normale avant l'accident vasculaire cérébral. Or, chez l'enfant « non-parleur » ou « mauvais-parleur » et « non-lecteur », il n'en est rien : cette structure ne s'est jamais normalement constituée.*

Voici l'enchaînement des exercices de la quarantième séance, qui n'a pas donné les résultats attendus, c'est-à-dire qui n'a pas autorisé la lecture comme pour l'adulte :

– copie silencieuse à côté de moi, au fur et à mesure, de mots présentés en syllabes ;

– puis la consigne étant : « Tu regardes », j'écris silencieusement sous ses yeux un texte entier, puis je le segmente en syllabes, toujours silencieusement ;

– je lui donne ensuite comme consigne de copier ce texte sur la même feuille, en silence, ligne sous ligne et syllabe sous syllabe ;

– j'enregistre ce même texte, syllabé, par segment de phrase, chaque segment étant répété, syllabé, par deux fois ; ensuite, retirant le texte écrit, je lui fais entendre l'enregistrement et lui demande de répéter en même temps ; enfin, après chaque répétition syllabée sur l'enregistrement d'un bref segment de phrase, je lui en demande une restitution de mémoire ;

– je procède de la même façon mais cette fois en laissant ostensiblement le texte devant ses yeux ; ainsi sans consigne explicite, je l'incite à lire ;

– le texte laissé devant lui, je procède à une « dictée » un peu syllabée de ce texte ;

– je propose des segments écrits devant lui, à ses côtés, puis cachés, et il doit les reproduire de mémoire : les résultats sont moins bons que lors des séances précédentes hors du cadre de cet enchaînement ;

– on pratique l'exercice « privilégié n° 1 » : des segments de ce même texte sont présentés sur la partie haute de la page, sur trois ou quatre lignes, puis je lui dis « Je te dicte » et il doit écrire sur la même page au-dessous du texte présenté ; les segments sont proposés dans le désordre et j'accompagne de façon tout à fait synchrone sa transcription ;

– enfin je procède à une dictée normale de ce texte puis à sa lecture : les résultats sont tout à fait médiocres, alors que ce texte a été longuement et de diverses façons entendu, compris, vu, mémorisé en oral et en écrit, écrit et dit par lui-même (à ce stade du travail aphasiologique, il était tout à fait capable de lire et d'écrire une dictée correcte en fin de séance).

Au cours de tous ces exercices, jusqu'à l'exercice « privilégié », j'ai tenté comme pour l'aphasique adulte, de mettre « de l'oral dans l'écrit », et en répétant les mots, de mobiliser ses circuits n° 5 et n° 6 (circuits allant de la représentation mentale graphique à la représentation mentale orale et vice versa). La copie en syllabes sous le texte lui-même segmenté en syllabes est une entrée en « secteur syllabe » dans la représentation mentale graphique, ce qui devrait consolider cette enclave et le point de départ du circuit n° 5. Le mauvais résultat montre que cette façon de procéder ne semble pas du tout mobiliser ce circuit... L'erreur est manifeste !

Le raisonnement supposait la normalité des circuits n° 5 et n° 6, alors qu'avant toute rééducation leur existence même pouvait être mise en doute chez cet enfant : sur le schéma, les deux représentations mentales orale et graphique n'étaient reliées que par les circuits n° 9 et n° 9′ en épellation (leurs points de départ et d'arrivée n'étant pas non plus normaux).

Si le circuit suspenseur n'est pas normal, c'est-à-dire si la disposition du cerveau à syllaber n'est pas normale, le reste ne sert à rien, même si on tente de le mobiliser ou de le consolider. Les exercices de syllabation en oral consolident la

74 LIRE, C'EST VIVRE

partie haute, mais tant qu'ils n'ont pas suffi à normaliser le circuit suspenseur, il est impossible d'avoir une mise en route du circuit n° 6 (descendant de la représentation mentale orale à la représentation mentale écrite) et de mettre de l'oral dans l'écrit. Il faut d'abord consolider l'appendice (secteur au bout du circuit suspenseur et situé en écrit), non pas en tant qu'enclave écrite, mais en tant que dépendant de la plate-forme orale.

Ma nouvelle stratégie sera de *détacher le plus possible l'écrit de l'oral* : étant donné que tout rapprochement actuel de l'écrit et de l'oral ne peut utiliser le circuit circulaire interne normal n°s 5/6 et met en route le circuit « épellation » n°s 9/9′, je renoncerai à toute liaison des deux représentations mentales orale et graphique par les circuits du compartiment moyen. Ainsi je ne demanderai aucune copie de mots présentés en syllabes, ni de texte segmenté en syllabes, aucune lecture indirecte avec une répétition syllabée (c'est-à-dire avec le texte laissé sans consigne devant ses yeux) ; je me borne à lui demander de copier à mes côtés ou de reproduire de mémoire des mots ou des segments de phrase proposés en silence (texte non vu et non lu auparavant). Pour obtenir l'entrée normale du proposé graphique, par le circuit n° 3, en territoire syllabe de la représentation mentale graphique et non en secteur épellation, je procède ainsi : je fais devant lui la lecture syllabée d'un texte dont je marque au fur et à mesure la segmentation en syllabes, en lui demandant seulement d'écouter et de suivre des yeux. Ensuite j'enregistre de courtes phrases, dites entières puis syllabées en marquant les syllabes d'un frappé du crayon sur la table (hors du texte), en lui demandant d'écouter : je consolide ainsi la plate-forme syllabe, la disposition à syllaber en représentation mentale orale, point de départ de l'ensemble. La seule relation que j'établirai entre écrit et oral se fera par l'exercice « privilégié », c'est-à-dire en « escamotant » le compartiment moyen et ses circuits n°s 5/6 et n°s 9/9′ et en utilisant les circuits virtuels n° 1 et n° 2.

La pratique de ce nouvel enchaînement donnera les résultats attendus en fin de séance : lecture et dictée seront tout à fait satisfaisantes.

Simon n'est jamais sollicité à participer activement à la rééducation ; une certaine passivité est même indispensable ; il doit accepter de suivre les consignes, ni plus, ni moins. Je n'utilise jamais les processus classiques d'apprentissage impliquant la participation active de l'enfant et une progression par une approche échec/réussite, utilisant la mémoire activée par la répétition, ni les transferts d'apprentissage. Cette façon de pratiquer fait toute la différence avec des séances ordinaires d'entraînement à la lecture pour un enfant qui lit mais avec de mauvaises performances, souvent qualifié de « mauvais lecteur ». L'objectif, une fois le fonctionnement normal de la structure rétabli, sera de le maintenir et de le consolider. Il pourra se réaliser en normalisant au maximum le secteur syllabe [4].

Décrivons brièvement les exercices-clés qui permettent de mieux comprendre la nature du travail linguistique :

J'enregistre au magnétophone de courtes phrases, dites normalement à deux reprises, puis une troisième fois en les syllabant avec accompagnement d'un frappé du crayon (il ne s'agit nullement d'offrir un rythme d'accompagnement ou de « faire du rythme », mais de marquer la syllabe, non en sa réalisation mais en sa structure intime). Simon peut soit écouter simplement les trois propositions et taper en même temps que la syllabation frappée de la troisième version, soit par la suite répéter la phrase de mémoire tout en frappant les syllabes. Ce faisant, je développe la disposition à syllaber, permettant de fragmenter la chaîne parlée en ses plus petits éléments et j'affermis le point de départ obligatoire de l'installation de l'écrit. Il s'agit d'un des

---

4. Dans la représentation mentale orale il s'agit de la disposition à syllaber, dans la représentation mentale graphique il s'agit de la marque de cet « appel à l'écrit », de la prédisposition à l'écrit, avec en plus le rapport chronologique et hiérarchique spécifique entre les deux représentations mentales.

76 LIRE, C'EST VIVRE

éléments les plus importants des fondations de l'édifice linguistique.

Je lui présente ensuite un texte que je segmente en syllabes tout en le disant, puis je l'enregistre syllabé et l'écris devant lui, sous ma propre dictée (enregistrée) en faisant ressortir les syllabes entre deux barres de segmentation. Je peux par la suite lui demander d'écrire sous ce modèle, en même temps qu'il entend mon enregistrement syllabé (« fausse dictée/ fausse copie » syllabées) ; nous avons ainsi parcouru le circuit suspenseur et mis de l'oral dans l'écrit. On marque ainsi la prééminence de l'oral sur l'écrit. L'écrit n'est possible que parce qu'il contient de l'oral et ce lien ne peut être rompu ou altéré sans graves dommages, nous l'avons vu.

Après ces exercices, la dépendance et la hiérarchie des deux représentations mentales étant bien marquées, l'oral pourra alors utiliser le déroulement spatial de l'écrit et s'y mouler [5]. J'enregistre en « déroulant » le mot en ses enchaînements articulatoires, de façon tout à fait synchrone à la transcription, faite en même temps, puis j'écris au-dessous du modèle sous cette dictée enregistrée, enfin je fais une transcription du même type en dehors de tout modèle écrit (directement à partir de l'enregistrement). *Je pratique tous ces exercices moi-même, devant lui, en lui demandant simplement de regarder et d'écouter.* Dans un deuxième temps seulement je lui demande de transcrire lui-même en dictée synchrone, sous le modèle, puis en dehors du modèle.

À l'aide de ces exercices – présentés de façon simplifiée – après cent vingt séances (d'abord deux fois par semaine, à raison d'une demi-heure par séance, puis une fois par semaine), Simon lit et écrit.

Il lit : il arrive à lire un texte de complexité moyenne (un conte par exemple), il en donne après lecture un récit fidèle ;

---

5. Si l'on écrit au fur et à mesure ce que l'on dit, il est possible d'imaginer les phonèmes utilisant la transcription des lettres correspondantes, pour s'inscrire en elles dans l'espace de la feuille de papier.

sa lecture à voix haute est aisée et assez rapide ; la lecture muette est bonne, il comprend ce qu'il lit ; il peut aussi lire de façon tout à fait satisfaisante un texte médical complexe (ouvrage de rhumatologie). Il ne s'agit pas de savoir s'il fera un « bon » ou un « mauvais » lecteur, s'il aimera lire ou pratiquera un métier nécessitant un usage intensif de la langue écrite ; ces problèmes sont de nature psychologique et pédagogique et hors de mon champ d'action. Mon travail consiste à lui donner un instrument dont il ne disposait pas et dont il fera ensuite l'usage qu'il voudra ou qu'il pourra ; Simon est passé du statut de « *non-lecteur* » au statut de « *lecteur* » ; un entretien de la lecture est évidemment indispensable, l'école et l'environnement prenant le relais.

Il écrit : il peut écrire spontanément de façon assez soutenue et pratiquer des dictées (documents 23 et 24).

On retrouve le décalage évident observé lors de l'apprentissage normal : la fidélité de la transcription, sur le plan phonétique ou orthographique à proprement parler, s'installe secondairement (surtout dans les classes supérieures au Cours préparatoire) ; les productions de Simon ne sont pas parfaites mais il ne s'agit plus d'un « jargon » (au sens aphasiologique du terme) puisque le texte peut être reconstitué ; les erreurs sont « analysables » sur le plan phonétique et orthographique : nous nous rapprochons d'une transcription phonétique comportant des erreurs de type dysorthographique. La normalisation de cette production dépendra encore à ce stade de la consolidation des circuits puis de l'enseignement scolaire et des habitudes (lecture plus ou moins intensive, indispensable pour la fixation orthographique).

Sur le plan de la parole spontanée, Simon est transformé et s'exprime de façon fluide et informative. L'agrammatisme qui persiste ne nous paraît pas témoigner d'une atteinte du langage mais plutôt de la persistance d'anomalies des circuits. En témoigne l'existence d'un double registre articulatoire en lecture : lorsqu'il déchiffre et comprend en même temps, son articulation est très précise, son timbre clair, à

il était une fois un
homme qui avait grand
faim. il alla dans une
auberge et commanda
une soupière pleine
de soupe qu'il avala
à la dernière
cuillerée

Document 23. Dictée de Simon.

DE L'ADULTE À L'ENFANT

Document 24. Texte spontané de Simon : « J'étais à côté de la porte, quelqu'un qu'a poussé la porte et je reçus sur ma figure et sur ma figure est le bleu, ça gonflait, c'est très gros, après j'ai mis la glace. »

peine nasonné ; par contre lorsqu'il « anticipe » – c'est-à-dire qu'il est allé directement au sens et qu'il a « dit » le sens –, il a une articulation très floue, faible, nasonnée, souvent totalement inintelligible. Cette « surdité verbale interne », ce déficit lors du passage du sémantisme à la représentation mentale orale par le circuit n° 7, paraît responsable, pour une part, des anomalies apparentes du « langage ». On comprendra aisément que nous ne retenons pas du tout la nécessité d'une bonne utilisation de l'anticipation pour faire un « vrai lecteur » ; nous verrons à quel point elle peut même être nocive dans certaines structures pathologiques.

Sur le plan scolaire, Simon, qui était en classe de perfectionnement lors de sa prise en charge, deux ans plus tôt, est entré en 5e dans une section d'éducation spécialisée des collèges ; les enseignants sont satisfaits de ses progrès en expression spontanée et en lecture.

La « guérison » de Simon a confirmé que le fonctionnement normal du langage était celui figuré sur le schéma, *pour l'adulte comme pour l'enfant,* et que le dysfonctionnement de cet enfant était le même que chez les aphasiques adultes.

Pour rester schématique, on peut penser que la zone du langage, atteinte dans les aphasies, est celle-là même qui se met en place chez l'enfant (dès la période fœtale) pour assurer la fonction du langage, caractéristique de l'homme.

Que faire alors de la notion de « lésion » ? Cette structure de l'encéphale qui, lorsqu'elle est le siège d'une lésion, entraîne la désintégration aphasique, ne devrait-elle pas présenter chez l'enfant quelques anomalies similaires ? Certes le courant neurologique actuel ne met plus l'accent sur la corrélation anatomo-clinique stricte, mais le mode de raisonnement reste le même – indispensable en neurochirurgie en particulier pour la chirurgie de l'épilepsie – mais stérile en neuropsychologie. Une affection rare mais grave, touchant le langage chez l'enfant sans lésions cérébrales décelables,

DE L'ADULTE À L'ENFANT   81

le syndrome de Landau-Kleffner [6] va nous aider à franchir un autre pas pour dire que ces « non-lecteurs » présentent *des troubles de type aphasique.*

Sur un plan plus théorique, Simon nous a fait comprendre l'importance de la syllabe mais aussi de cette curieuse « *disposition à syllaber* » probablement à l'origine d'une « *prédisposition à l'écrit* » du cerveau humain, *indépendamment de la réalisation de l'écrit.* Cette notion n'a rien de commun avec celle d'une « civilisation de l'écrit ». La pathologie est distincte du handicap de celui qui ne sait pas lire et ne peut décrypter notre monde écrit. Il s'agit d'une notion s'approchant davantage de la génétique, concernant la fonction du langage qui serait inscrite dans le cerveau – notion banale pour l'oral mais tout à fait inhabituelle pour l'écrit : on pourrait alors parler de *cerveau bien écrit/cerveau mal écrit.* Ceci n'est qu'une première approche, inquiète et hésitante à ce stade.

Retournons à présent chez l'adulte – nous vous avions prévenu de ces allers-retours ! – pour aborder la question si troublante des « *préalables* »...

---

6. Cf. chapitre 5.

Chapitre 4

Œil, bouche, geste :
la notion de préalables

*Où l'on découvre que certains ne savent pas que
la mémoire sert à retenir, l'œil à regarder, le geste
à représenter ou que la bouche sert à parler...*

Le terme de *préalable* veut bien dire qu'il s'agit d'un
amont, d'une condition d'ouverture, d'une sorte de verrou
dont la levée conditionne l'ouverture de tout le système
linguistique. Cette notion s'est imposée, chez des aphasiques
adultes, dans des situations cliniques où la « saisie », la « prise
de conscience » des potentialités de représentation incluses
dans des fonctions neuropsychologiques, motrices, bucco-phonatoires, était profondément défaillante. Avec Simon et tous
les autres enfants non-lecteurs, la justesse et l'importance de
cette notion ont pu être confirmées et complétées par un
inventaire élargi d'autres préalables, d'autant que des résultats
témoignant de l'impact d'une action thérapeutique à ce niveau
ont été obtenus.

Il s'agit de fonctions lourdes d'un potentiel de représentations impliquées dans la construction de tout le fonctionnement psychique et cognitif : la mémoire, le geste, l'oculo-
motricité explorant le champ visuel, les organes bucco-
phonatoires articulant et émettant des sons, la main écrivant
des lettres. Les préalables ont trait à l'inscription du vécu
dans la mémoire, aux possibilités de désignation et de message

84 LIRE, C'EST VIVRE

portées par le regard, à l'imitation, la suggestion, la reproduction que l'on peut faire par les gestes de la main, à l'émission par les organes bucco-phonatoires de sons qui serviront à faire du sens, les phonèmes* pleins de leur potentiel d'écrit, à la réalisation par la main du signifiant écrit, du graphème*, qui réalise le potentiel d'écrit du phonème – signe linguistique complet et total et non symbole [1].

Deux patients aphasiques adultes vont nous faire pénétrer *la nature, la structure et les manifestations de ces troubles des préalables ainsi que l'importance décisive de leur normalisation.*

Monsieur Port, âgé de quatre-vingt-quatre ans, a présenté un accident vasculaire cérébral brutal avec hémiplégie droite et aphasie. La récupération sera totale sur le plan moteur. La rééducation du langage sera entreprise environ un an plus tard. L'aphasie (de type Wernicke) a persisté, très invalidante ; il ne peut ni se faire comprendre, ni lire alors qu'il était bibliothécaire. Il parle de façon fluente, sans troubles de la voix, du débit ou de l'articulation, mais il émet un jargon mixte, phonémique (changements de tous les sons des mots, les rendant incompréhensibles, comme s'ils appartenaient à une langue étrangère) et sémantique (les mots que l'on attend sont remplacés par d'autres mots sans aucun rapport avec le sens de la phrase) : il est totalement inintelligible et ne s'en rend pas compte (il est anosognosique). Il a le comportement et la mimique spontanée de quelqu'un qui converse tout à fait normalement ; il ne se reprend pas, ne cherche pas ses mots, se croit compris et ne cherche pas à s'en assurer, il se satisfait de toutes les réponses et de tous les comportements de son interlocuteur. Sa gestuelle spontanée est tout à fait normale et il n'a aucun comportement aberrant.

---

1. Dans notre schéma, le seul élément « symbolique » est l'accolade unissant de façon indissociable les deux représentations mentales, orale et graphique ; tous les autres éléments sont des figurations de mouvements linguistiques qui génèrent le langage.

ŒIL, BOUCHE, GESTE : LA NOTION DE PRÉALABLES 85

Si la compréhension est globalement conservée lorsque le contexte l'y aide, il existe néanmoins de gros troubles de la compréhension orale, dans la mesure où il ne comprend pas les consignes. Dans un premier temps, il ne comprend pas qu'il s'agit d'une consigne et répète ce qu'on vient de lui dire (en écholalie) ; puis, lorsqu'il a compris qu'il s'agissait d'une consigne, il fait n'importe quoi sans aucun contrôle et sans se préoccuper de ma réaction. Il présente une surdité verbale majeure*, en donnant à l'expression son acception la plus simple, c'est-à-dire « non-accès au sens par la voie orale » (ce qu'on lui dit n'a pas de sens pour lui).

La répétition est impossible et donne le même jargon total que lorsqu'il parle spontanément ; il n'est pas aidé par la lecture labiale. Seuls quelques fragments un peu longs et porteurs de sens, proposés à une répétition rapide, sont bien rendus.

L'épellation à voix haute d'un proposé oral est correcte, mais il ne peut reconstituer un mot épelé. La lecture est possible : la reconnaissance de mots dans un texte est correcte, le déchiffrage est conservé mais avec des confusions de sons et des transformations (paralexies) ; par contre, il y a une cécité verbale majeure, c'est-à-dire un non-accès au sens par l'écrit (ce qu'il lit ne veut rien dire pour lui).

En écriture, la production spontanée est nulle ; la copie est possible, mais avec des paragraphies (confusions de lettres et transformations) et une dysgraphie* modérée (maladresse du tracé de l'écriture) ; la dictée est possible mais dépend de sa mémorisation et de la qualité de sa propre répétition, car il s'aide en répétant et en épelant. S'il arrive à éviter les nombreuses persévérations (ne pas pouvoir passer à un autre mot, répéter le précédent) et à répéter correctement, alors il épelle correctement et la transcription est possible ; il y a néanmoins une surdité verbale totale, car il n'accède pas au sens par ce qu'on lui dit, même s'il arrive à l'écrire.

Il n'y a pas d'apraxie constructive* (gêne à reproduire un volume graphiquement, par exemple faire le dessin d'un cube),

86 LIRE, C'EST VIVRE

mais il y a des apraxies gestuelles*. La reproduction de positions des doigts ou des mains est satisfaisante ; la reproduction de nos gestes ou de nos mimes est approximative mais acceptable ; en revanche, l'exécution de gestes symboliques ou de mimes d'utilisation d'objets est impossible (faire le geste de manger ou se coiffer par exemple) et surtout donne lieu à *un même geste univoque, indifférencié, à type de mouvement de va-et-vient d'une scie, ou une prono-supination* [2] comme pour faire les marionnettes ou enfin un mouvement de piston dans le sens vertical.

Ces gestes, toujours identiques pour exprimer des choses différentes, signent pour nous cette pathologie du préalable gestuel qui consiste en une « non-conscience » des potentialités de représentation de la main. En cas d'apraxie*, le comportement est différent : si on demande au patient de faire le geste de se coiffer sans peigne, il ne saura pas comment s'y prendre, ou se passera la main sur la joue, ou tapera sur sa tête : il ne sait pas comment il faut faire, il cherche à se rappeler comment on utilise la main pour faire semblant de se coiffer.

Lorsque le préalable gestuel est atteint, le patient ne cherche pas le geste à faire car il n'a pas compris qu'avec sa main il peut faire ce geste, il ne sait pas qu'il peut faire le geste de se coiffer ; si on l'incite néanmoins à utiliser sa main, il fait n'importe quoi. Le patient dispose d'un organe sensoriel (les yeux), moteur (la main) et d'une fonction supérieure (la mémoire), qu'il sait faire fonctionner, mais dont il « ignore » les possibilités d'utilisation pour la « représentation mentale » ; il peut mobiliser ses yeux sur ordre et parcourir le champ visuel, mais il ne « sait » pas qu'il peut utiliser cette fonction pour désigner. Il est inutile de lui expliquer le déroulement des mouvements du bras ou de la main nécessaires à l'imitation de l'action de se coiffer ou de manger ; il faut lui faire « saisir » qu'il peut utiliser son membre supérieur pour représenter sym-

---

2. La prono-supination est un mouvement de l'avant-bras permettant de mettre la paume de la main alternativement vers le sol ou vers le haut.

boliquement cette action. Ainsi, on lui demandera de fixer des yeux un objet ou un autre dans la pièce pour lui faire saisir qu'il y a quelque chose à comprendre concernant cet objet ; on lui demandera de retenir les événements survenus lors d'une séance et de les raconter à la séance suivante, pour qu'il sache « qu'ils sont à fixer » et qu'il doit ainsi utiliser sa mémoire.

Nous allons voir comment cette pathologie spécifique du geste s'inscrit dans le fonctionnement linguistique, comment elle peut l'inhiber totalement et comment en agissant à son niveau, tel un verrou que l'on fait sauter, on peut « agir » sur le langage. Il faut donc décrire brièvement les premières étapes de la rééducation (qui sera interrompue au bout de dix séances par un décès brutal...) et l'analyse qui en découle.

Premiers exercices

Je pratique d'abord l'exercice privilégié n° 1 tel qu'il a déjà été décrit, c'est-à-dire une copie ignorée ou pseudo-dictée. J'écris une phrase devant lui, puis je lui propose une dictée de cette même phrase en lui demandant d'écrire sous le modèle proposé en donnant pour toute consigne et de façon très incitative « Je vous dicte ». Il remplit la tâche sans sourciller devant la situation de copie alors que l'on annonce une dictée, mais répète autre chose et écrit une phrase tout à fait différente, jargonnée et sans correspondance entre sa version orale et sa version écrite. Si j'insiste pour avoir une répétition fidèle, la transcription est correcte.

Je pratique ensuite une épreuve de pseudo-répétition/lecture ignorée : la consigne est « Répétez », un texte écrit lui est présenté et je lui propose de répéter ce texte que je lui lis, sans formuler le fait que je lis et en insistant au contraire sur la consigne de répétition ; pendant la lecture j'accompagne du crayon le déchiffrage.

La répétition a été associée à la dictée puis à la lecture. Lorsque le sens du mot proposé est bien appréhendé, il semble que la répétition soit possible. Nous procédons à des exercices où l'on désigne l'objet que l'on va dénommer avant de le dire et de faire répéter ; les résultats sont satisfaisants, mais il lui arrive aussi très souvent de bien répéter et de ne pas du tout comprendre le sens du mot. On peut parler de surdité verbale, c'est-à-dire de non-accès au sens par l'oral.

La surdité verbale dans sa manifestation la plus élémentaire se présente sous deux aspects : il répète bien ou mal mais dans les deux cas, il ne comprend pas le sens du mot. Voyons, par comparaison, ses performances en lecture : je lui propose une liste écrite de mots concrets correspondant à des objets ou des détails figurant sur une photo publicitaire, par exemple les mots *lunettes, front* (sur le visage d'un personnage), *cravate, barque*, etc.

Je dis le mot « lunettes » puis je lui demande de désigner l'objet sur la photo : il montre tout à fait autre chose ; je lui demande de retrouver le mot sur la liste : il le désigne correctement. Le mot « front » lui est proposé de la même façon : il le retrouve sur la liste écrite et le copie correctement, il le répète bien, mais sur la photo il désigne la cravate.

À la quatrième séance, nous avons obtenu une sorte de « prise de conscience » de ses difficultés, une sorte de brisure de son ignorance de ces anomalies ; il s'étonne de l'aspect contradictoire des réponses qu'il donne et dit : « Ah ! c'est drôle ! ». Cette modification importante de son comportement est pour nous une preuve que les exercices pratiqués ont eu un impact sur le déficit et que l'analyse peut être poursuivie dans la même voie. Il pourrait s'agir d'une articulation dysharmonieuse entre le sens et les représentations mentales orale et graphique.

La reprise d'un exercice du même type avec une autre liste de mots *(rame, parfum, bateau, mer, bonnet)* va remettre en évidence les mêmes éléments : la répétition est possible, la reconnaissance du mot écrit est possible, la lecture du mot écrit aussi et malgré cela l'accès au sens n'est possible ni par l'oral, ni par l'écrit (surdité verbale et cécité verbale).

ŒIL, BOUCHE, GESTE : LA NOTION DE PRÉALABLES

La pratique de cet exercice va nous permettre de retenir des critères, empiriques certes, mais fiables, pour apprécier le degré de compréhension. D'une part, l'expression de ses yeux permet de distinguer « une lueur d'intelligence », une « présence » montrant qu'il a saisi ; un air vague ou égaré nous fera savoir qu'il ne fixe pas et ces réactions nous seront précieuses pour l'orientation des exercices ; d'autre part, il répétera un mot avec une « charge » différente selon qu'il le comprend ou pas. La modulation de cet exercice selon ses réactions et l'obtention des résultats recherchés, nous feront avancer une hypothèse explicative.

Voici l'histoire du mot « parfum ». Je lui présente une publicité pour un parfum, avec au premier plan un flacon d'une marque connue ; le décor comporte un lac et une barque où rament des jeunes gens. Je lui dis le mot « parfum » et lui demande de le répéter, ce qu'il fait correctement. Par contre, à sa mimique, à l'expression vague de ses yeux, je perçois qu'il ne comprend pas le sens du mot. Je lui demande de désigner l'objet sur la photo : il désigne la mer, sur une autre page. Je dresse une liste écrite des mots cités précédemment et lui demande de retrouver « parfum » sur cette liste. Il ne comprend d'abord pas la consigne puis montre successivement chaque mot et le lit (correctement) au passage. J'insiste sur la consigne : « Montrez un seul mot, montrez parfum » ; il désigne le mot « rame ». Je lui demande de lire ce mot : il lit correctement « rame », j'attire son attention sur la discordance entre le mot recherché et le mot lu, il finit par s'en étonner et je l'aide à retrouver le mot « parfum ». Je retourne à la photo : il désigne toujours autre chose que le flacon de parfum ; je retourne au mot écrit, qu'il reconnaît spontanément ; après des allers-retours successifs j'arrive à lui faire désigner le « parfum » sur l'image. Le but n'était pas d'arriver à ce résultat correct mais de comprendre ce fonctionnement déficitaire et le cheminement qu'il implique.

Après ces premiers résultats et devant ces blocages des

accès habituels au sens, nous allons rechercher puis mettre en évidence une voie d'abord praticable.

Voici deux autres séquences et l'histoire des mots « rame » et « bouteille ». Sans aucun support visuel imagé, je dis le mot « rame » et lui demande de le répéter, ce qu'il fait correctement. Mais l'expression de ses yeux et l'intonation de sa répétition me font savoir qu'il n'en a pas compris le sens. Je lui demande ce que l'on peut faire avec cet objet, il reste sans réaction et sans réponse. Je lui montre la photo publicitaire précédente et lui demande de montrer l'objet : les désignations sont erronées. C'est alors que je mime et fais le geste de ramer : ses yeux s'allument, il dit « Oui ! » et répète « la rame » de façon « signifiante » ; je retourne à la photo et il désigne correctement les rames. Cependant, il ne peut le retrouver sur la liste des mots écrits : tout en l'y cherchant il le répète sans arrêt, sans paraître le comprendre.

Je dis « bouteille » sans aucun support visuel et lui demande de le répéter, ce qu'il fait correctement. Je lui demande de mimer l'action de s'en servir, il en est incapable et reproduit en persévération un geste que j'ai fait quelques instants auparavant. Je fais alors le geste de verser un liquide avec une bouteille, ses yeux s'allument, il dit « Oui ! », il désigne correctement sur la photo, écrit spontanément et reconnaît le mot sur la liste, avec une bonne activité de recherche.

Voici donc surgir le geste qui suggère, évoque, reproduit le mot en son contenu sémantique. Par le geste nous avons eu un accès direct au sens (ce qui est confirmé par la désignation de l'objet) puis bonne mise en place de la représentation mentale graphique et rétablissement du circuit de l'ensemble des représentations vers le sens.

Comment comprendre ces résultats ? S'agit-il ici d'un circuit allant du geste ou de la mimique directement au sens, au sémantisme ? Il semble que dans nos langues, chez l'adulte et en dehors de toute pathologie sensorielle, ce circuit d'accès direct au sens par le geste n'existe pas en dehors de situations à grand potentiel affectif où le geste est un accompagnement

(« c'est affreux, c'est bon, j'ai peur ! », etc.). Dans tous les autres cas, la compréhension se fait par le biais des représentations mentales orale et graphique.

Il semble qu'ici le fonctionnement déficitaire soit un blocage sur le circuit n° 7, allant de la représentation mentale orale au sens. En effet, ce circuit existe, de façon autonome, avant l'apprentissage de l'écrit ; il est difficile de préciser comment il se modifie lorsque se constitue la représentation mentale graphique et que s'installe le circuit n° 8 allant des deux représentations réunies vers le sens. Un blocage isolé à ce niveau est cependant possible ; peut-être qu'après la mise en place du circuit n° 8, ce premier circuit ne serait plus tout à fait fonctionnel ou resterait virtuel ? Il s'agirait alors d'une virtualité ontogénique, en opposition avec la virtualité phylogénique des deux circuits précédemment décrits. Ce circuit allant vers le sens, premier en date, serait « mis en réserve ». Quant à un circuit allant directement de la représentation mentale graphique au sens, il paraît inexistant que ce soit dans les conditions normales ou pathologiques.

Après avoir décrit le circuit allant du proposé oral au sens, à la lumière de faits cliniques montrant qu'à partir d'un proposé oral, même bien répété, Monsieur Port ne peut le comprendre et si, de surcroît, il ne peut comprendre ce qui est écrit, nous essaierons d'en déduire une démarche thérapeutique. Rappelons que l'écrit est « déchiffré », lu, c'est-à-dire « dit » (à voix haute ou dans la tête), donc que l'on remonte à la représentation mentale orale par le circuit n° 5, ce qui nous ramène à la pathologie du secteur oral.

Notre stratégie thérapeutique a été la suivante : aller droit au sens par le geste afin que Monsieur Port puisse accéder au sens ; dans un deuxième temps, nous ferons investir le sens au maximum, nous assurant de sa précision et de sa rétention. Enfin dans un troisième temps, nous remettrons en place, à rebours, les représentations mentales orale et graphique et leurs liaisons normales, entre elles et vers le sens.

J'ai ainsi élaboré, sur le plan pratique, un enchaînement

précis : je désigne un objet, je mime soit une évocation de sa forme, soit son utilisation, puis je dis le mot correspondant et lui demande de le répéter ; je m'assure qu'il le comprend.

Une aggravation soudaine est venue traduire un « désarroi » total dans l'arrangement des circuits pathologiques, qui fonctionnaient à leur façon et au mieux de leurs possibilités (il s'agissait d'une sorte de « béquillage »). Aggravation soudaine mais fugace, dans la mesure où Monsieur Port a rapidement retrouvé ses performances antérieures. Elle témoignait, de fait, de la justesse de l'impact rééducatif : j'avais au moins visé juste au niveau du déficit, sinon encore corrigé totalement la production pathologique.

Décrivons cette aggravation : lui proposant oralement une série de mots à répéter, j'essaye d'améliorer sa répétition qui est jargonnée, en écrivant devant lui et en lui demandant de répéter tout en lisant. Alors que d'habitude il lit bien et améliore ainsi sa répétition, cette fois le jargon s'accentue donnant ce type de résultats : « verre » est lu « j'écoute la pendule », « rondelle » est lue « je coupe une valise », « chalumeau » est lu « je pense que ce sont des enlèves ».

La production du geste pathologique univoque chez ce patient a traduit, comme en bout de chaîne, cette altération des liaisons normales entre le sens et les représentations mentales orale et graphique. Il ne s'agit pas de troubles apraxiques atteignant la genèse du geste lui-même, dans le cadre de désordres neuropsychologiques (souvent associés à certaines aphasies), mais d'un déficit en rapport direct avec le déficit linguistique et même le conditionnant pour une part : c'est le propre du préalable gestuel – verrou dont la levée nécessite un abord spécifique.

*Ainsi le **préalable gestuel** se situe en amont de l'apraxie ; il ne s'agit pas d'une mauvaise représentation du geste à faire ou à imiter, mais d'une « non-saisie » du potentiel de représentation de la main – c'est-à-dire savoir que la main peut être utilisée pour représenter quelque chose ; cette anomalie se diagnostique à partir du comportement tout à fait* *caractéristique du patient dont on teste les praxies gestuelles et qui produit un geste univoque stéréotypé – geste de scier du bois, ou de prono-supination, ou d'élévation et abaissement du bras, sans s'en apercevoir.*

Madame Sire, âgée de soixante-quinze ans, présente des anomalies des préalables visuel, gestuel et bucco-phonatoire, ce qui nous permettra de compléter la description précédente. Un accident vasculaire cérébral [3] a entraîné brutalement une hémiplégie droite sévère avec aphasie totale. Le premier examen est pratiqué un mois après l'accident. Elle est consciente, vigilante, mais ne parle pas spontanément et quand on l'y incite, elle émet une sorte de sifflement accompagné d'un hochement de tête stéréotypé. Elle n'a aucune communication extra-verbale efficace, ni par la mimique, ni par les gestes, ni par le regard. Elle sourit, hoche la tête, manifeste une certaine véhémence, roule les yeux, souffle, en réponse à toutes les sollicitations ou pour exprimer ses besoins ou ses désirs. Signalons qu'elle était illettrée, mais vivait néanmoins dans un milieu cultivé. La seule production verbale, un jargon de quelques syllabes stéréotypées et mal prononcées, n'a pu être obtenue qu'en lui faisant suivre des yeux un texte imprimé (il ne semble pas s'agir uniquement d'un phénomène d'attention car je n'ai pas pu obtenir les mêmes résultats en lui faisant suivre des yeux des figures ou des images).

L'analyse de cette situation peut être rapportée aux anomalies suivantes :

– malgré une compréhension globale conservée, elle ne comprend pas les consignes, ne peut désigner un objet dénommé : on peut parler d'une surdité verbale (pas d'accès au sens par l'oral) ;

– elle ne fixe pas l'objet qu'on lui demande de fixer, que

---

3. L'atteinte vasculaire est une thrombose sylvienne profonde, d'origine embolique probable, en rapport avec une plaque athéromateuse carotidienne gauche – elle avait subi deux ans auparavant une endartériectomie carotidienne droite pour la même raison.

ce soit par consigne verbale ou par incitation mimique et présentation renforcée ; de même, il ne lui est pas possible de suivre du regard un objet ; ceci alors qu'il n'y a aucune anomalie objective de l'oculo-motricité ni syndrome de Balint* ; il existe donc un trouble particulier des mouvements des yeux ;

— elle produit un geste univoque pour désigner, imiter, répondre aux incitations, manifester ses désirs ou ses besoins, communiquer avec ses proches ; il existe donc un trouble du geste ;

— enfin elle ne se rend compte de rien (anosognosie complète).

Ces perturbations ne nous paraissent pas être des troubles spécifiques du langage, de l'oculo-motricité ou des praxies. Elles nous semblent relever plutôt d'une atteinte « globale » qui, en quelque sorte, sous-tendrait l'activité linguistique (et peut-être intellectuelle), un dysfonctionnement des « préalables au langage ».

Nous tenterons de confirmer la justesse de cette hypothèse en obtenant une correction des déficits à la suite d'une normalisation du fonctionnement de ces préalables. Les préalables en cause seraient ici le préalable visuel, le préalable gestuel et le préalable bucco-phonatoire.

Le geste est l'utilisation de la main sans instrument, pour un usage autre que la manipulation. Il ne s'agit pas d'une atteinte des praxies (image mentale du mouvement à faire), d'une incapacité à représenter avec la main, mais une non-saisie de la potentialité de représentation de la main. Cette incapacité de notre patiente à utiliser sa main pour autre chose que les actes manipulatoires de la vie quotidienne peut être rapprochée de ce que l'on observe au niveau de la bouche. En effet, il y a une « non-saisie », « non-actualisation » de cette potentialité de représentation par la bouche qu'est la parole — l'articulation de phonèmes : elle ne fait que souffler et siffler lorsqu'elle veut parler.

Le déficit au niveau de ces préalables empêche tout accès au langage. L'amélioration, ne serait-ce qu'en langage inté-

OEIL, BOUCHE, GESTE : LA NOTION DE PRÉALABLES 95

rieur, sera supposée satisfaisante lorsque la patiente cherchera à communiquer en mimant efficacement ce qu'elle veut dire.

Madame Sire va suivre un travail aphasiologique une fois par semaine. Par ailleurs, elle progresse sur le plan moteur au niveau de la jambe, mais il n'y a aucune récupération au niveau du bras droit. Elle n'a toujours aucune mimique spontanée, en dehors d'un hochement de tête souriant, univoque, ni aucun mime gestuel du bras ou de la main gauche ; c'est dans son regard que nous guetterons la compréhension de la consigne, la recherche active, l'attention, le questionnement.

Les premiers exercices consisteront à faire suivre des yeux une revue, puis un crayon ou le doigt. On utilisera ce procédé pour obtenir une recherche des yeux en lui demandant d'abord de désigner du regard un objet de son choix dans la salle, ensuite de fixer des yeux un objet, sur ordre verbal. Je m'assure qu'elle comprend ce que je lui dis en dénommant et désignant les objets auparavant. On procède progressivement, demandant d'abord de fixer à la demande un objet présenté parmi d'autres devant elle, puis de fixer à la demande un objet dans la salle. Un couplage se fera ensuite avec la désignation du doigt. Il y aura certaines difficultés pour obtenir la « saisie » de l'utilisation de l'index et de son équivalence à la désignation du regard (passage progressif de la désignation d'un objet dans un ensemble proche délimité, puis dans la salle ; exploration au doigt plus facile sur une photo que dans la salle ; nécessité d'un temps de latence) : l'installation de ces préalables et leur pérennité demanderont beaucoup de temps et il lui arrivera encore de temps en temps de ne pas savoir utiliser son doigt pour désigner un objet ou de ne pas pouvoir fixer des yeux à la demande.

Simultanément des essais de parole sont tentés. La seule façon de la faire parler est de lui faire répéter des mots enregistrés sur cassette, de façon itérative. Elle est très attentive et répète soit sur notre proposé, soit entre deux proposés. La production est un jargon phonémique* avec un trouble d'articulation mais avec une certaine fidélité pour ce qui est de la constitution syllabique du mot et de l'intonation. Tous les autres essais de répétition, en s'aidant de notre mimique, en guidant la sienne, sont infructueux. Il ne s'agit pas d'une impossibilité à reproduire avec les organes phonatoires les mouvements nécessaires à la parole – il se serait alors agi d'une apraxie bucco-phonatoire –, mais d'une « non-saisie » de ce qu'on lui demande de faire avec la bouche et de ce que l'on veut obtenir – des phonèmes en syllabes, c'est-à-dire du sens. Il nous faudra trouver comment l'inciter, non pas à « contrôler » sa bouche, mais à en utiliser la potentialité de représentation, la potentialité linguistique.

Les gestes de manipulation d'objets et de reproduction d'un mime d'utilisation d'objet, sans objet (imiter le geste de tourner la sauce, de boire à une source), l'imitation de postures proposées par l'examinateur, l'imitation des attitudes et des postures de personnages sur une photo, tout cela est bien compris et correctement réalisé.

Par contre, la réalisation directe ou l'imitation des gestes symboliques (salut militaire, pied-de-nez, au revoir, sortez), le mime de l'utilisation d'objets manipulés devant elle (objets réels : sortir des pièces d'un porte-monnaie et le refermer, téléphoner ; ces manipulations sont faites devant elle, puis je lui demande de les mimer sans les objets) est impossible et surtout donne lieu à la production du geste « univoque ».

Madame Sire n'a encore trouvé aucun moyen pour exprimer ses désirs, ses besoins, ou pour communiquer de façon précise avec son entourage. Elle est toujours souriante, porte la tête un peu penchée sur le côté droit et hoche la tête pour acquiescer ou refuser, avec un geste du bras gauche de va-et-vient, d'avant en arrière, accompagné d'une expression de grande véhémence des yeux et du visage et d'une production vocale sifflée, plus ou moins modulée, quelquefois précédée d'une émission vocalique. Rien ne peut être décrypté dans cet ensemble et un interlocuteur étranger pourrait la prendre pour une démente.

Étant donné les mauvais résultats lors des essais de reproduction en mime d'une manipulation d'objet faite devant elle, j'entreprends d'explorer une série de mimes d'actions sans manipulation réelle d'objets (manger, appuyer sur l'interrupteur pour allumer le plafonnier, tirer le rideau, couper du pain, boire, ouvrir la porte et sortir, etc.). Ces exercices sont pratiqués en imitation immédiate, puis de mémoire en montrant l'objet, puis de mémoire et sur commande orale seule, puis selon son propre choix. Les premières réalisations donnent le geste univoque de va-et-vient, comme un mouvement de scie, accompagné du hochement de tête et de l'émission orale stéréotypée. Puis, au fur et à mesure des améliorations, avec néanmoins comme un temps de « lecture » pour « déchiffrer » la charge de représentation de la main (je tiens sa main avant de la laisser s'en servir), l'imitation des gestes sans signification particulière devient possible.

Je propose ensuite oralement une série d'actions à mimer, les répète plusieurs fois (lire, écrire, boire, manger, distribuer les cartes, regarder la télévision), l'incite à choisir une de ces actions proposées et de la mimer. Cette liste est enregistrée mot à mot de façon répétitive, et lui est proposée ainsi : au fur et à mesure qu'elle exécute les mimes, je précise : c'est fait. Il faut lui tenir la main, sinon elle part « seule », « sans message » et fait n'importe quoi ; je sais, à l'expression de son regard, ce qu'elle a choisi de mimer et ce n'est qu'à ce moment-là que je laisse aller sa main ; le résultat est alors tout à fait correct : elle suit parfaitement l'enregistrement et mime spontanément au passage ce qu'elle entend.

On commence à obtenir une mimique et une expression gestuelle de communication « normales » et je l'incite à utiliser la mimique et la main pour répondre de façon précise aux questions posées au lieu d'utiliser le hochement de tête, le sifflement et le mouvement du bras univoque : ainsi à la question « Avez-vous votre manteau sur vous ? », elle se retourne, le cherche des yeux et le désigne du doigt ; ou à la question « Sommes-nous plusieurs dans cette salle ? » elle fait « Non » de la main et nous désigne toutes deux.

Au niveau bucco-phonatoire, les mouvements sur imitation ou sur ordre sont tout à fait impossibles : on obtient une production univoque, soufflée et sifflée, scandée en général sur une voyelle, en deux syllabes itératives. Je décide de n'aborder la bouche que par des « gestes hors représentation », c'est-à-dire sans rapport avec la parole (boire, manger, essuyer la bouche, mettre du rouge à lèvres, souffler une allumette, envoyer un baiser, retrousser les lèvres pour se brosser les dents). Pour ces derniers exercices, j'utilise des consignes verbales ordonnant et décomposant les mouvements à faire et à ne pas faire au niveau de la bouche. C'est le potentiel de représentation de la bouche, son potentiel de parole, dont elle n'a pas fait la saisie. Par ces exercices de contrôle de la bouche sur des mobilisations sans rapport avec la parole, je pense arriver à la faire parler comme malgré elle, glissant en quelque sorte le phonème dans la forme de l'appareil bucco-phonatoire nécessaire à son émission, forme qui aura été contrôlée en premier, indépendamment du son à articuler. Sur ce plan, il ne sera pas possible de vérifier le bien-fondé de l'analyse car la rééducation ne sera pas poursuivie assez longtemps – mais j'aurai l'occasion de le vérifier avec d'autres patients.

Six mois après le début du travail, Madame Sire produit pour la première fois une mimique de communication tout à fait efficace et quasiment normale : elle manifeste dès son arrivée le désir de communiquer, elle a supprimé les hochements de tête et le sifflement, utilise une mimique et des gestes adaptés et peut se faire comprendre. C'était le but fixé témoignant de l'efficacité de mon abord au niveau des préalables. Voici comment les choses se sont passées.

Madame Sire m'attend et quand j'arrive elle feuillette un journal. Elle essaye aussitôt de me parler, montre qu'elle a quelque chose à communiquer, ce qu'elle n'avait jamais fait auparavant.

ŒIL, BOUCHE, GESTE : LA NOTION DE PRÉALABLES 99

D'un geste elle désigne l'extérieur de l'hôpital, puis prend ma blouse et la secoue ; elle désigne ensuite le porte-document que je tiens à la main, accompagne ce geste d'un geste de dénégation et d'inutilité en faisant signe de le poser par terre. Lorsque je propose des interprétations, pour essayer de la comprendre, il lui est difficile de marquer avec précision l'acquiescement ou la dénégation, elle se contente de recommencer son mime. Je lui demande si elle m'a rencontrée dans la rue ou si elle m'a vu passer dans les galeries ? Son visage est peu expressif et, s'il se modifie lorsque je l'ai bien comprise, il reste ininterprétable en cas d'erreur.

C'est lorsque sa fille, médecin, entre dans la salle en disant « Ma mère a beaucoup insisté pour que je vienne vous voir », que je décrypte le tout : ma blouse qu'elle secouait représentait la fille médecin ; le geste désignant l'extérieur rappelait que sa fille qui l'avait accompagnée dans la salle d'attente était ressortie ; le geste de dénégation tout en désignant mon porte-document voulait dire « Posez votre porte-document par terre et ne partez pas sans avoir vu ma fille ».

J'ai ainsi conduit Madame Sire jusqu'à une communication mimique et gestuelle quasi normale : chez elle, elle s'exprime de mieux en mieux et peut faire comprendre ses besoins. Cette étape était essentielle avant tout abord du langage : seule la levée des déficits au niveau des préalables visuel et gestuel permet un abord des moyens de communication et laisse présumer que l'on aurait pu aussi accéder au langage.

Avec ce cas, nous n'entrons pas, comme avec le précédent, dans les rapports intimes entre le langage et cette saisie du potentiel de représentation de la main. Mais la levée du préalable gestuel et visuel (faite en restituant à ces deux fonctions leur potentiel de représentation) a permis l'installation d'une communication normale. Le travail n'a pas visé directement la communication, mais la normalisation de cette saisie permettant à la fois le fonctionnement normal du langage et de l'ensemble des fonctions intellectuelles et concernant indirectement la communication.

100 LIRE, C'EST VIVRE

Ces deux patients nous ont conduit de l'observation clinique, axée sur l'action thérapeutique (à quels mécanismes linguistiques obéissent ces productions pathologiques et comment faire pour les démonter et les « remonter » sainement ?), à l'hypothèse théorique de la notion de préalable. La définition de cette notion s'est dégagée peu à peu : d'abord une hypothèse, puis une confirmation et la précision de ses contours et enfin l'extension à d'autres champs de nos fonctions neuropsychologiques.

Ayant défini le préalable gestuel en conclusion de l'observation de Monsieur Port, nous allons proposer les définitions simples des autres préalables, en sachant que le préalable graphique et le préalable phonétique nous ont été « fournis » par les observations d'enfants non-lecteurs et que nous irons plus loin dans l'analyse en les situant sur notre deuxième schéma des fonctions linguistiques, celui donnant la structure intime des représentations mentales – mais le moment n'est pas encore venu.

Le préalable mnésique est la non-saisie des potentialités de représentation de la mémoire : à mémoire normale égale, c'est-à-dire en dehors du contexte de la mémoire pathologique (en ses différents aspects : fixation, rétention, évocation, court terme, long terme, faits anciens, faits nouveaux, etc.), la non-saisie de l'utilisation de la mémoire pour servir d'inscription au vécu. Nous l'avions pour la première fois mise en évidence chez des traumatisés du crâne adressés pour des troubles de mémoire, mais qui ne présentaient que cette absence de saisie – ne préjugeant en rien de la qualité de « l'instrument mémoire ». Dans le cadre des troubles de type aphasique chez l'enfant, ce préalable prend une forme un peu différente, se manifestant par une discordance flagrante entre des facultés mnésiques hypertrophiées et leur inutilité pour l'activité linguistique. En exemple, citons cet enfant qui, déchiffrant un texte, ne faisait qu'un effort de rétention : à la demande d'en faire un récit, il répondait « J'ai oublié » ; en fait il ne s'agissait pas de troubles de la compréhension mais il ne savait pas que

ŒIL, BOUCHE, GESTE : LA NOTION DE PRÉALABLES

ce qui était déchiffré était à comprendre et pas seulement à retenir, que la mémoire était à utiliser pour l'inscription du linguistique et non pour un simple fixé en dehors de tout processus de représentation.

Le préalable visuel est la non-saisie du potentiel de représentation de l'exploration du champ visuel par l'œil (en dehors de toute anomalie de l'oculo-motricité, du champ visuel ou de tout syndrome de Balint) ; ceci rend compte de l'aspect figé de certains patients, en particulier chez l'aphasique adulte mutique, présentant une aphasie globale, qui ne suit absolument pas le doigt qui se déplace incitativement devant ses yeux. Dans ces cas, il est inutile d'aborder le langage avant d'avoir levé le préalable visuel. Il s'explore de la même façon chez l'enfant présentant des troubles de type aphasique qui, en dehors de toute atteinte neurologique, et en dehors de toute symptomatologie névrotique, reste de la même façon impavide et non mobilisable, les yeux fixés devant lui alors que l'on déplace le doigt dans son champ visuel.

Le préalable bucco-phonatoire est la non-saisie du potentiel de représentation des organes bucco-phonatoires, c'est-à-dire de leur potentiel linguistique, de leur aptitude à dire des « phonèmes », unités extraites de la syllabe et destinées à faire du sens.

Le préalable phonétique est la non-saisie du fait que les phonèmes sont extraits de la syllabe et qu'ils sont ainsi foncièrement linguistiques ; rappelons que Simon avait parfaitement acquis la correspondance son/graphie mais sa lecture se limitait à une succession de phonèmes accompagnés des gestes de la méthode phonético-gestuelle, incapable de faire la moindre syllabe (incapable « d'accrocher ») ; lire était pour lui « dire des phonèmes » (parler d'épellation n'est qu'une facilité de langage, sa production n'étant pas une vraie épellation).

Le préalable graphique est l'absence de saisie de la possibilité de représentation de la main « écrivante », c'est-à-dire de la possibilité de faire du linguistique en transcrivant des phonèmes. Il est très étonnant de voir en guise d'écriture des productions « en guirlande » alors qu'il n'y a aucune difficulté à reproduire des dessins ou des formes géométriques. Ces guirlandes sont produites quelle que soit la situation linguistique – ce qui les différencie des productions névrotiques (documents 25, 26 et 11).

Illustrons enfin cette notion, peut-être un peu difficile à cerner, par une présentation « hors schéma des fonctions linguistiques » de l'enchaînement de ces différents préalables (document 27) et par quelques productions de « guirlandes ».

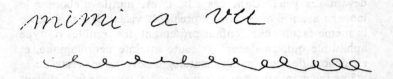

Document 25. Exercice de copie donnant lieu à une guirlande chez un enfant non-lecteur.

Document 26. Exercice de copie aboutissant à une « fausse guirlande », imitation d'écriture, chez un enfant présentant des troubles névrotiques.

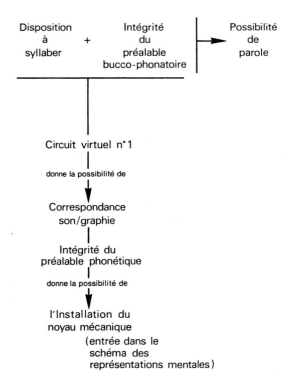

Document 27. Schéma des préalables.

Chapitre 5

L'aphasie sans lésion

*Où l'on apprend que certains enfants peuvent être
atteints d'aphasie sans lésion décelable au cerveau.
Cela permet de définir ce que sont les troubles de
type aphasique.*

Le syndrome de Landau et Kleffner occupe une place importante dans ma démarche théorique et permettra de mieux comprendre ce que j'appelle les troubles de type aphasique.

Il s'agit de l'association chez l'enfant d'une aphasie acquise, de crises d'épilepsie et d'altérations paroxystiques de l'électroencéphalogramme entre les crises, en l'absence d'autres anomalies neurologiques permanentes (c'est-à-dire en l'absence de lésions objectivables par les moyens d'exploration actuellement à notre disposition).

Ce syndrome a été décrit pour la première fois en 1957 par Landau et Kleffner ; depuis cette date, de nombreux cas ont été publiés mais il y en a sans doute beaucoup plus ; le diagnostic est difficile à poser car, dans certains cas, le trouble du langage n'est pas massif et est rattaché à tort à des problèmes psychologiques.

Reprenons les différents éléments de cette définition [1] : il

---

1. Dugas M. et coll., Aphasie « acquise » de l'enfant avec épilepsie (syndrome de Landau et Kleffner. Douze observations personnelles), *Revue neurologique*, 1982, tome 138, n° 10, p. 755-779.

106 LIRE, C'EST VIVRE

s'agit d'un trouble du langage survenant entre dix-huit mois et treize ans, le plus souvent avant sept ans. Il survient chez un enfant indemne jusque-là de toute atteinte neurologique, dont les apprentissages (et en particulier celui du langage) se sont déroulés normalement, et l'audition et le niveau mental sont normaux. Ce trouble survient chez des enfants ayant déjà acquis le langage oral et, selon l'âge, le langage écrit.

Ce trouble du langage est une *aphasie*. On parle d'aphasie acquise par opposition à l'aphasie congénitale qui se manifeste dès les débuts de l'acquisition du langage ; l'aphasie acquise survient chez un enfant ayant déjà fait tout ou partie de l'apprentissage du langage (oral et écrit selon l'âge) et ceci de façon normale ; il y a *désintégration* d'un langage jusque-là tout à fait normal pour un stade de développement donné. Les manifestations d'une aphasie acquise ou congénitale se distinguent des troubles de l'acquisition du langage chez l'enfant. Ceux-ci peuvent être attribués, selon les cas, à un handicap sensoriel, un niveau mental insuffisant, un défaut d'apprentissage, un banal retard de parole ou du langage, des troubles psycho-affectifs allant des troubles caractériels à la désorganisation psychotique.

Rappelons la définition, simple mais suffisante, de l'aphasie : trouble du langage acquis, dont la sémiologie verbale est spécifique (« désintégration » aphasique caractéristique) et en rapport avec une lésion circonscrite de l'hémisphère dominant (gauche chez le droitier).

Dans le syndrome de Landau-Kleffner, malgré l'absence d'un des deux paramètres nécessaires pour caractériser l'aphasie puisqu'on ne peut déceler de lésion, on définit néanmoins la détérioration du langage de ces enfants comme étant une aphasie en se fondant sur les troubles que l'on observe : ils ont une audition normale et entendent ce qui est dit mais ne comprennent rien et souvent ne peuvent pas répéter ; leur parole est mal articulée et on reconnaît difficilement les sons de la langue qui sont très déformés ; les mots sont transformés en des sons intervertis, modifiés, les rendant méconnaissables ou sont remplacés par un autre mot tout à fait incongru. À ce jour, aucune lésion, au sens anatomique du terme, n'a pu être mise en évidence – mais il existe des hypothèses étiopathogéniques faisant appel à des perturbations fonctionnelles de type épileptique. Les manifestations épileptiques sont toujours présentes à l'électroencéphalogramme (EEG) mais les crises d'épilepsie sont inconstantes [2] : elles ne surviennent que dans 70 % des cas, de façon très variable (crises généralisées, absences, crises convulsives unilatérales, crises adversives, crises avec automatismes, crises nocturnes, etc.).

Si l'absence de lésions, au sens anatomique et radiologique du terme, ne conduit pas à éliminer le diagnostic, en revanche, les signes électriques sur les tracés de l'EEG entre les crises sont indispensables pour parler de syndrome de Landau-Kleffner.

L'installation des troubles et l'évolution clinique se font de la façon suivante : les troubles surviennent entre deux ans et demi et neuf ans environ ; la majorité des observations se situe avant – ou juste pendant – l'acquisition du langage écrit ; ils s'installent brutalement (en vingt-quatre heures ou quelques jours), ou progressivement (un mois à un an) ou en deux temps (par vagues successives : installation soudaine, phase d'amélioration rapide, puis rechute brutale). L'élément le plus frappant est la désintégration du langage oral tant dans son expression que dans sa compréhension – ceci contrastant avec la persistance du désir de communiquer, une mimique faciale et gestuelle tout à fait expressive et adaptée, l'utilisation de différents moyens pour compenser la déficience de la parole et se faire comprendre (dessin, manipulation d'objets,

---

2. Les tracés électriques sont variables d'un sujet à l'autre et chez un même sujet. Ils comportent en général des pointes, des pointes-ondes de grande amplitude avec une zone préférentielle temporale ou temporo-occipitale, survenant en décharges brèves ou prolongées ; elles sont parfois bilatérales et synchrones, parfois à prédominance unilatérale. Le tracé de sommeil accentue habituellement ces anomalies – décharges quasi permanentes de pointes-ondes sur des territoires plus étendus. Il est capital de dire que ces décharges paroxystiques sont lues sur les tracés effectués entre les crises, c'est-à-dire en dehors des éventuelles manifestations d'épilepsie clinique.

mise en situation, etc.) ; des troubles du comportement et une grande anxiété peuvent évidemment être réactionnels à cette situation angoissante. Les crises épileptiques sont variables, elles finiraient toujours par cesser, de même que les altérations électriques, par disparaître. Sur le plan du langage, retenons qu'environ un tiers des cas récupère complètement, un tiers garde des séquelles discrètes et un tiers ne récupère pas. Ces enfants ont tous été traités par des anti-épileptiques ; dans certains cas sévères, ils ont été soumis à un traitement par les corticoïdes.

En l'état actuel des recherches, il est impossible de préciser l'importance et l'ordre de survenue des différents éléments du syndrome (troubles du langage, crises d'épilepsie, anomalies paroxystiques du tracé EEG en dehors des crises), et de prévoir l'évolution. Cette absence de systématisation est elle-même caractéristique. Les troubles du comportement (hyperkinésie, colères, agressivité, opposition et rare évolution psychotique) paraissent réactionnels.

Bien sûr, les enfants atteints d'un syndrome de Landau-Kleffner font partie de ces enfants que nous soignons. Ils bénéficient de la même analyse linguistique et de la même stratégie thérapeutique que les enfants non-lecteurs. L'impossibilité de prévoir les rechutes ou les aggravations rend cependant notre pronostic plus réservé car on ne peut méconnaître l'existence d'un processus désintégrateur en cours, même si nous ignorons lequel. Nous ne pouvons rien contre la survenue inopinée de ces phases de désintégration du langage sinon attendre la fin de l'activité de ce facteur pathologique inconnu. Mais ce syndrome entraînant des troubles du langage qualifiés d'aphasie malgré l'absence de lésion décelable va nous permettre de dire que les troubles du langage des enfants non-lecteurs sont des « troubles de type aphasique » bien qu'il n'y ait pas de lésion cérébrale.

L'APHASIE SANS LÉSION

> ### Les troubles de type aphasique
>
> Les troubles de type aphasique sont responsables de l'incapacité totale ou quasi totale de lire, d'écrire ou de parler chez les enfants dits non-lecteurs, non-transcripteurs ou mauvais parleurs, chez les analphabètes « vrais » et chez la plupart des enfants dits « dysphasiques ».
>
> Une démarche aphasiologique, utilisant les théories linguistiques de Gustave Guillaume pour élaborer une théorie explicative, a permis de cerner cette nouvelle entité. Cette analyse autorise la mise en œuvre d'une stratégie thérapeutique qui s'avère particulièrement efficace.
>
> Les dysfonctionnements linguistiques observés chez ces patients sont les mêmes que chez les aphasiques adultes, à ceci près que pour les « troubles de type aphasique » il n'y a pas de lésion cérébrale décelable réputée génératrice d'aphasie. Le syndrome de Landau-Kleffner, aphasie acquise de l'enfant, est une référence comparative précieuse car la nature aphasique des désordres linguistiques est retenue malgré l'absence de lésions objectivables dans le cerveau.

L'observation d'aphasiques adultes nous a fait élaborer la notion de préalable et surtout mettre au point un abord thérapeutique pour lever le verrou que constitue leur atteinte ; les enfants présentant un syndrome de Landau-Kleffner nous ont donné une référence précieuse pour avancer notre définition des troubles de type aphasique ; voyons à présent comment cette notion de préalable va être appliquée et utilisée comme arme thérapeutique chez une adolescente présentant un syndrome de Landau-Kleffner.

Denise est âgée de treize ans lors de la première consultation. Son développement a été normal, tant sur le plan

110 LIRE, C'EST VIVRE

psychomoteur que verbal jusqu'à l'âge de deux ans et six mois, lorsque survient une régression du langage avec des modifications du comportement et des crises d'épilepsie. À l'école maternelle, on suspecte une surdité : le bilan s'avère normal. Dans sa troisième année, elle est hospitalisée à deux reprises en raison de la survenue de très nombreuses crises comitiales, de type varié (crises généralisées, absences) et de perturbations majeures de l'EEG ; elle est soumise à un traitement par corticoïdes, peu efficace. À la sortie, elle est mise sous Dépakine et Alepsal [3]. Une rééducation orthophonique est entreprise en maternelle, puis elle entre dans un hôpital de jour. On pose le diagnostic de syndrome de Landau-Kleffner. Elle est actuellement scolarisée en institut médico-professionnel, suivie en orthophonie avec peu de résultats, n'a plus de psychothérapie et apprend la langue des signes avec sa mère.

La famille nous dit qu'elle ne fait plus de crises comitiales, ne parle pas et ne paraît pas comprendre quand on lui parle ; cependant elle copie bien, elle est intéressée par les livres, a une bonne mémoire visuelle ; son activité physique et son comportement d'ensemble seraient normaux.

Elle se présente avec un sourire figé et placide, elle n'est ni agitée, ni opposante. Le regard et le contact autorisent à éliminer des troubles graves du comportement, mais elle ne paraît pas comprendre le langage et semble être ailleurs (sans qu'il s'agisse d'absences). Pour dire son nom, elle donne une émission vocale rauque, étouffée, avec un souffle nasal, totalement informe, accompagnée de mouvements des lèvres simulant la parole. Ceci sera la seule réponse à toute demande de parler, dans toutes les situations linguistiques proposées pendant l'examen. Il y a certainement une surdité verbale* majeure (elle ne comprend pas ce qu'on dit) mais on est

---

3. L'Alepsal (phénobarbital-gardénal et caféine) et le Dépakine (acide valproïque) sont deux médicaments qui ont des propriétés anticonvulsivantes et que l'on prescrit dans les épilepsies.

surtout frappé par l'anomalie de ce que nous avons décrit comme étant le « préalable visuel » : elle ne « sait » pas que « regarder » peut servir à exprimer.

En effet, sa présentation est celle des aphasiques « mutiques », figés, le regard fixe, regardant droit devant eux. L'épreuve de poursuite oculaire dirigée, permettant d'apprécier l'utilisation de l'oculomotricité en tant qu'instrument de « représentation », montre que le préalable visuel n'est pas levé : elle ne peut suivre l'index des yeux, même sur incitation verbale ou avec claquement des doigts ; elle sourit et regarde fixement devant elle ; on ne peut rien lui faire désigner avec le regard ou avec l'index. Cependant, s'il s'agit de prendre différents objets sur la table, sur commande verbale, elle y arrive assez bien. Je fais quelques essais de stimulation du préalable visuel, avec des exercices de désignation du regard et de l'index, de façon très brève et estompée. Il n'y a pas de troubles du geste : elle peut imiter ou mimer.

Une vingtaine de jours plus tard, la mère rapporte que, pour la première fois depuis le début de la maladie, elle s'est mise à avoir une production verbale, à « jaser » exactement comme un bébé pendant la période de lallation. Alors que Denise était enfermée dans sa chambre et se livrait à ces productions, sa mère a pu l'enregistrer ; de fait j'entends toute une série de vocalises, d'essais sur différents phonèmes, de syllabes avec différentes intonations, exactement comme un enfant qui jase ; elle dirait aussi « maman », ce qu'elle ne faisait pas auparavant. Je la reverrai à deux reprises par la suite, trois mois et six mois plus tard : elle a persisté à se livrer à ces explorations vocales et phonétiques et surtout elle s'est mise à téléphoner à sa mère (j'ai entendu un enregistrement) en produisant une émission vocale informe mais très intonative et soutenue – ce qu'elle n'avait jamais fait. Malheureusement la rééducation n'a pas pu être poursuivie en raison de l'éloignement et des difficultés d'organisation matérielle.

112 LIRE, C'EST VIVRE

Ainsi les quelques incursions thérapeutiques, visant le préalable visuel dont nous avions diagnostiqué la perturbation, ont suffi pour lever ce verrou et libérer l'accès au langage même perturbé.

Chapitre 6

L'instrument s'affine

Où l'on découvre que la formation de nos fonctions linguistiques est encore plus compliquée qu'il n'y paraissait. Ce chapitre est ardu : il faut le lire calmement, en suivant les planches, sans chercher à tout comprendre tout de suite, en se laissant porter par le raisonnement. On aura la satisfaction de comprendre l'incompréhensible.

Avançons ! Taillons à droite et à gauche dans les fourrés de ces productions curieuses, bizarres, défiant toute logique apparente, évoquant plutôt au premier abord des troubles psychiques graves. Elle a quinze ans, elle lit un texte imprimé mais ne peut lire ce qu'elle a écrit en dictée (un vrai jargon). Il a seize ans, parle normalement, comprend le langage, semble n'avoir aucun problème, lit assez bien... et cependant il est quasi « analphabète », non scolarisé car imperméable à toute tentative pédagogique : il est incapable de transcrire, ne comprend rien de ce qu'il vient de déchiffrer en lecture, dit « J'ai oublié » – même pour quelques lignes. Elle a soixante-dix ans, elle est aphasique, ne peut ni lire ni écrire, mais épelle parfaitement un proposé oral. Il a douze ans, il lit mais lorsqu'il écrit de mémoire (épreuve de rétention), il persiste à relire autre chose que ce qu'il a écrit. Elle a neuf ans, ne lit pas (ni déchiffrage ni compréhension) mais reconnaît par-

LIRE, C'EST VIVRE

faitement les mots dans un texte – ce qui n'autorise en rien une nouvelle lecture... et l'on pourrait multiplier les exemples à l'infini...

Le linguiste Gustave Guillaume (dans ses leçons à l'École Pratique des Hautes Études) décrivait la dynamique de l'acte du langage (le *procès*, disait-il) comme allant de « visibilités » en « dicibilités » : visibilité mentale (image d'un objet que l'on a à l'esprit), dicibilité mentale (nommer cet objet et le dire dans sa tête), dicibilité orale (articuler et dire le mot), dicibilité scripturale (l'écrire) et nouveau dit oral (lire ce que l'on a écrit). En suivant le cheminement intérieur allant de l'image mentale d'un objet à l'évocation silencieuse de son nom jusqu'à le dire, l'écrire et le lire, on parcourt une « successivité ». Un schéma peut représenter symboliquement ces étapes, les flèches indiquant les enchaînements logiques du raisonnement. On peut aussi procéder autrement et s'intéresser davantage à la nature du passage, de la transition entre les étapes, pendant laquelle s'élabore une opération mentale. On donne alors une réalité à chaque temps pris pour étudier chaque étape, ce qui s'apparente davantage à un processus neuronal ou à une manœuvre informatique. Si le temps passé à regarder intérieurement une image, ou à l'entendre dans sa tête, est « fixé », il peut être représenté spatialement : c'est en raisonnant de cette façon que j'ai délimité les compartiments interne et moyen, le compartiment externe venant ensuite prendre sa place dans le schéma des fonctions linguistiques.

Que dit Guillaume ? : « On assiste là à l'opposition très importante des forces vives d'intériorisation menant à la visibilité des actes mentaux qui président et des forces vives d'extériorisation menant à la traduction de la visibilité d'intériorisation en dicibilité d'extériorisation. » Ou encore : « Opérer ce passage (d'une filiation mentale dénoncée par une filiation physique) sans jamais cesser de comprendre quelle filiation de mouvements et de formes de mouvement en trace le chemin est, en tous idiomes observés, la tâche du linguiste. » Retenons les termes : *opérer le passage* d'une filiation *mentale* dénoncée par une filiation *physique,* c'est-à-dire manifestée physiquement.

Gustave Guillaume étant linguiste, son matériau d'observation est constitué de faits de langue, d'une langue actuelle ou de

L'INSTRUMENT S'AFFINE 115

l'évolution historique d'une langue ou de langues comparées. Mais Guillaume n'étudie pas seulement les aspects physifiés de la langue, il envisage l'ensemble de l'acte de langage c'est-à-dire les mécanismes de pensée (psychomécanique) donnant émergence à ces formes. Il oppose langue et discours : le discours est directement observable, la langue ne l'est pas car il s'agit d'un système de préalabilités (tout ce qui prépare la sortie du discours). On a beaucoup reproché à Guillaume d'être un « mentaliste » ou un métaphysicien : les mécanismes mentaux, ne pouvant être observés, ne devraient pas être considérés comme des objets scientifiques. Seuls les faits de langue devraient faire l'objet de la science linguistique.

Deux « expérimentations » auraient pu être exploitées pour apporter des preuves de l'existence de cette mécanique : l'acquisition du langage par l'enfant et la pathologie du langage. Guillaume ne s'est pas vraiment intéressé à ces domaines ; les quelques notes qu'il a laissées sur la pathologie du langage résultent de ses discussions avec Denise Sadek-Khalil, orthophoniste, qui lui rapportait ses expériences cliniques. Ma propre pratique de la pathologie du langage m'a poussée à examiner de plus près la dicibilité mentale, peu explorée par Guillaume ainsi que les mécanismes de pensée sous-jacents au fonctionnement des différents circuits de ce compartiment moyen. La production pathologique orale ou écrite est assimilable aux faits de langue ; elle peut faire l'objet d'une science expérimentale avec l'avantage, par rapport aux faits de linguistique historique, d'associer l'oral à l'écrit.

Le premier schéma des fonctions linguistiques était « guillaumien » ; dans sa simplicité, il se distinguait d'autres modèles ou schémas par le fait *qu'il n'était pas symbolique* mais figurait un véritable espace mental, déterminé par les temps nécessaires à son individualisation et à son exploration. « Qui dit production dit temps nécessaire à cette production (le temps *opératif* sans lequel il n'y aurait pas de théorie opératoire du langage) » dit Philippe Geneste en commentant les travaux de Guillaume [1].

Guillaume, lui, parlait de « schèmes », insistant sur leur diffé-

---

1. Geneste P., *Gustave Guillaume et Jean Piaget : contribution à la pensée génétique,* Paris, Klinsieck, 1987, p. 62.

rence d'avec la simple commodité d'une figuration : « Une figure fait voir, mieux que des paroles, un système de relations. (...) De la visibilité mentale, le locuteur n'a cure, la dicibilité lui suffit, seule l'intéresse. Aussi le locuteur ignore-t-il que, dans l'en-deçà de la dicibilité dont il fait usage, siège au départ une visibilité mentale dont la dicibilité mentale est une traduction. Et une *traduction* qui peut être retraduite en visibilité mentale. *Les schèmes dont fait usage la psycho-systématique sont cette retra-duction.* Ils ne sont pas seulement un artifice d'analyse. Ils emportent avec eux – ma hardiesse – *une réalité profonde.* » Hardiesse pour Guillaume car il n'a d'autres preuves à apporter de cette réalité profonde que la cohérence de sa théorie et l'usage qu'il fait des schèmes, eux-mêmes porteurs d'avancées théoriques.

La pratique de la rééducation des troubles du langage apporte la preuve expérimentale de la réalité de ces schèmes en montrant que leur mise en action précise entraîne un changement précis de la production pathologique, visualisable et audible *hic et nunc*. Par exemple, chez ce garçon de onze ans dont la réactivité au traitement aphasiologique habituel n'est pas satisfaisante : sa lecture s'améliore en fin de séance mais, au début, avant tout entraînement, il hésite, fait des pauses, des erreurs, saute des lignes, invente. L'hypothèse concernant cette anomalie est qu'il existe chez lui un rapport pathologique entre le sens et l'activité lexique : il croit que lire, c'est faire du sens alors que lire c'est déchiffrer, produire ce qui va faire du sens. La conduite rééduc-ative est la suivante : avant de lui demander de lire, je lui lis le texte à voix haute sans qu'il le regarde (je mets le sens à sa disposition pour qu'il n'ait « aucun souci de sens » en déchiffrant) ; sa lecture est alors parfaite. Ceci démontre expérimentalement le rapport anormal entre déchiffrage et sens ; il a été « mis en paix avec le sens ». En termes de schéma, le circuit n° 8 doit impérativement être replacé dans un ensemble mécaniquement normal. Ceci est un exemple de la réalité des schèmes prouvée par l'expérimentation.

Grâce à Monsieur Ho [2], la réalité profonde de ces schèmes s'est matérialisée comme figurant bien des *procès de langue*.

---

2. Cf. chapitre 2.

Monsieur Ho a « fait » quelque chose, il a écrit ; il a aussi « subi » quelque chose : il a écouté puis a été placé devant une liste de mots et soumis à une consigne. L'ensemble est une situation linguistique impliquant une activité linguistique bien précise que l'on peut figurer comme suit : proposé oral entrant → décodage, recodage → graphisme sortant. Ces flèches indiquent des successions intérieures (correspondance visuo-phonologique et vice versa) : elles figurent la copie intérieure de l'extérieur. De multiples modèles du fonctionnement linguistique ont déjà été élaborés de cette façon.

Le comportement atypique de Monsieur Ho m'a permis de voir que le geste grâce auquel il a écrit correctement n'était pas issu du point de départ habituel et ne suivait pas le même cheminement, toutes conditions égales par ailleurs : proposition orale, liste de mots, désignation sur la liste ou copie, en l'absence de surdité ou de cécité verbale puisqu'il reconnaissait parfaitement l'image du mot proposé oralement ou écrit. Pour comprendre ce qui s'était passé, la simple figuration des rapports et des enchaînements, bien que commode, ne suffisait plus. Quelque chose de plus fin, de plus réel prenait corps sous mes yeux par le *comportement linguistique observé* (il écrit correctement le mot dicté mais désigne un autre mot sur la liste) suivi de *la réussite à une épreuve* impossible à réaliser auparavant. Il fallait imaginer que la pathologie somatique avait entraîné des modifications des représentations mentales : l'espace où se projette le temps opératif pour y inscrire la représentation mentale était modifié. Ces modifications pouvaient être analysées puisqu'elles s'exprimaient par des faits observables : on les touchait du doigt, on pouvait les susciter, les contrôler, les infléchir. Restait à leur donner une forme.

Pour comprendre le comportement de Monsieur Ho, on peut émettre l'hypothèse qu'une partie de ce qui était inscrit (inscription impossible à préciser au niveau neuronal mais que l'on peut décrire au niveau de la visualisation introspective) dans le cerveau lésé de Monsieur Ho se soit effacée : la représentation mentale graphique (présente avant l'accident vasculaire cérébral puisque Monsieur Ho était alphabétisé) s'était effacée. Mais comment pouvait-il écrire, puisqu'il écrivait, si sa représentation mentale graphique était effacée ? Son écriture ne pouvait partir que de sa représentation orale, la seule présente, ce qui est la situation de l'analphabète, de l'enfant qui ne sait pas encore lire ou d'un homme « historique » ne connaissant pas l'écriture. Avec cette structure lésée (mais normale comme nous venons de le voir dans d'autres contextes), Monsieur Ho va arriver à obtenir un bon résultat : repérer le mot écrit correspondant à un proposé oral. Mais il n'a qu'une seule possibilité pour y parvenir : en copiant, c'est-à-dire en écrivant lui-même. Il ne s'agit pas d'une simple transposition mais d'un fonctionnement particulier que l'on peut schématiser : la réalité de ce fonctionnement s'est manifestée dans des conditions expérimentales précises, par le résultat obtenu. C'est la figuration de ce fonctionnement que l'on appelle un *circuit*. Dans ce cas, il s'agit de prendre la plume pour imaginer une forme représentant ce que l'on dit. C'est ainsi qu'a procédé l'Homme qui a créé l'écriture (et l'enfant qui apprend à lire aidé par le pédagogue).

Pour réussir l'épreuve de « transposition-identification oro-graphique », Monsieur Ho fait comme s'il n'avait eu aucune idée de la façon dont on transcrit ; il utilise le mot de la liste pour le « créer », comme si le mot oral trouvait les lettres pour s'écrire. De là, on peut dire que Monsieur Ho parcourt un circuit « virtuel » : son parcours actuel n'est pas « normal » chez quelqu'un qui sait lire. Ce circuit normalement actif a existé chez l'Homme qui a créé l'écriture et l'enfant qui apprend à lire ; il n'a pas disparu ensuite puisque Monsieur Ho peut le reparcourir ; il est devenu virtuel c'est-à-dire présent mais inactif.

Ceci tend à montrer la « réalité » des *fonctionnements* figurés sur le schéma par des *circuits* : des exercices précis (c'est-à-dire analysables point par point en termes de comportement linguistique) permettent de les parcourir dans une situation linguistique précise et apportent des modifications (le patient réussit là où il échouait).

Nous avons engrangé des hypothèses fondées sur des observations et des résultats, en attendant l'observation clinique « privilégiée », celle qui permet de formaliser les données. Le schéma des fonctions linguistiques s'est progressivement enrichi et a permis de développer une structure plus complexe et plus approfondie. C'est maintenant la

L'INSTRUMENT S'AFFINE 119

représentation mentale orale qui va retenir notre attention grâce à trois patients. Qu'avaient-ils de particulier ? Décrivons brièvement leurs bizarreries linguistiques – avant de les expliquer et d'en tirer les enseignements pour les traiter et compléter le schéma.

Monsieur Larue, trente-sept ans, devenu aphasique et hémiplégique droit (il récupérera partiellement l'usage de sa jambe) à la suite d'un accident vasculaire cérébral d'origine embolique (endocardite bactérienne aiguë), est vu cinq ans après l'installation des troubles (aphasie mixte à prédominance Broca*) : il parle très peu et mal, ne peut ni lire, ni écrire. Il est incapable de déchiffrer, que ce soit oralement ou silencieusement ; il n'a aucun accès direct, global, au sens par l'écrit ; il ne reconnaît pas les mots dans le texte (même pour une très courte phrase), il dit « Je ne vois pas ». *Son comportement lexique* (qui sera le comportement linguistique explicateur) est le suivant : incité à lire, il se livre à des efforts d'articulation silencieuse si exagérés qu'ils en deviennent caricaturaux : il ouvre la bouche démesurément et la fixe ainsi, avec une expression de recherche désespérée dans les yeux, il avance ses lèvres de façon exagérée, il ébauche de multiples essais articulatoires sans aucune production [3].

Robert a neuf ans, il est en CE2 après avoir redoublé le CE1. Il consulte pour d'importantes difficultés lexiques et orthographiques ayant résisté aux abords classiques. Dans ses antécédents, on note un retard de parole et de langage important, des difficultés psychomotrices (mauvaise coordination pour les activités motrices élaborées : courir, grimper, sauter, faire du vélo, nager, etc.). Il a suivi une rééducation pour un mauvais fonctionnement du voile du palais entraînant un

---

3. Ce tableau est connu en aphasiologie, il peut s'agir « d'aspontanéité » réagissant bien à la « facilitation » : si on amorce pour lui le phonème qui ne sort pas, il peut poursuivre ; cette conduite rééducative est de peu d'intérêt que ce soit pour les résultats obtenus ou pour l'intelligence du fonctionnement pathologique responsable – nous ne le citons que pour mémoire et pour nous replacer dans le contexte des descriptions et des abords classiques.

LIRE, C'EST VIVRE

nasonnement [4]. *Son comportement linguistique atypique* (explicateur pour nous) est le suivant : à l'épreuve de copie alternée côte à côte par brefs segments (j'écris, il copie, j'écris, il copie et ainsi de suite), on constate une grande différence de qualité (dans le graphisme et la fidélité) si le modèle lui est proposé en silence ou s'il est accompagné d'une oralisation ; la copie silencieuse est parfaite alors que si je lis à haute voix ce qu'il doit copier, cela désorganise sa production ; de plus, si je lui demande de dire ce qu'il a copié silencieusement (une très courte phrase), il répond qu'il n'a pas lu et ne peut rien restituer ; mais si je lui dicte la phrase qu'il vient de copier, il l'écrit parfaitement – alors qu'une dictée faite immédiatement après lecture est médiocre.

Enfin, Michel, douze ans, consulte pour des difficultés orthographiques majeures : sa dictée est un jargon ; mais tandis que la dictée et le graphisme vont s'améliorer rapidement, la lecture reste difficile et se décale nettement – ce qui tranche avec l'évolution habituelle sous travail aphasiologique ; on relèvera aussi en épreuve de rétention graphique un comportement linguistique explicateur : le mot « plante » est proposé en rétention oralisée (je dis et j'écris ce mot à ses côtés, puis le cache et lui demande de l'écrire de mémoire), il restitue fidèlement « plante », je lui demande de lire, il lit « fleur » en toute quiétude et malgré mon insistance à relire. Alors qu'il sait lire, qu'il m'a entendu dire « plante » lors de la présentation du modèle, il écrit « plante » et dit « fleur ».

Citons pour l'anecdote, mais aussi pour mieux comprendre le mécanisme de la cécité verbale (ne pas « voir » ce qui est écrit) et ses différentes facettes : sur une page publicitaire pour un médicament de l'adénome de la prostate (document 28), le patient (mais vous aussi peut-être...) lit « **mission** accomplie », alors qu'il est écrit « **miction** accomplie »...

---

4. Cette « insuffisance vélaire » pour laquelle aucune cause n'avait été retenue entrait en fait dans le cadre d'un syndrome pseudo-bulbaire, *a minima,* ainsi que nous le voyons très souvent.

Document 28. Êtes-vous atteint de cécité verbale ?

122   LIRE, C'EST VIVRE

« Ces patients présentent trois comportements aberrants mais explicateurs :
- le premier croit que lire c'est articuler,
- le deuxième a fixé donc déchiffré, mais n'a pas lu,
- le troisième est aveugle à ce qu'il écrit et sourd à ce qu'il entend.

Grâce à eux, la représentation mentale orale pourra être explorée en détail. Elle serait composée de quatre modèles internes : *un modèle interne premier, un modèle interne étranger (appelé « a »), un modèle interne propre provenant du circuit n° 1 via le « a » (appelé « b ») et un modèle interne propre provenant du circuit n° 7 (appelé « b' »).*

Pour comprendre cette structure, il est nécessaire d'en décrire l'installation progressive de la naissance à l'âge adulte. Il s'agit d'un « modèle », mis en place expérimentalement, représentant des fonctionnements dans des situations cliniques linguistiques ; ces fonctionnements sont figurés par des « circuits » reliant les différentes parties. Avant d'aboutir au « modèle » final (qui n'est le dernier, ni dans le déroulement des chapitres de cet ouvrage, ni dans le cadre de la recherche en cours), on aura réalisé dix « planches ». Ce sont des états successifs du développement d'un individu sain.

Planche 1 (document 29)

Ce modèle pourrait représenter l'enfant à la naissance. Dans le compartiment moyen, siège des représentations mentales (entre le compartiment externe, siège du donné sensoriel, et le compartiment interne, siège du sémantisme) est figurée en pointillé, sur une forme circulaire, *la représentation mentale orale non encore réalisée*, dont l'enfant est porteur – son cerveau étant fait pour parler ; le proposé oral est à l'extérieur et n'est pas encore en rapport avec le compartiment moyen, il n'y a pas eu d'entrée – ce qui explique le pointillé, potentialité non encore réalisée. Cette *structure portée par l'enfant,*

L'INSTRUMENT S'AFFINE

Planche 1

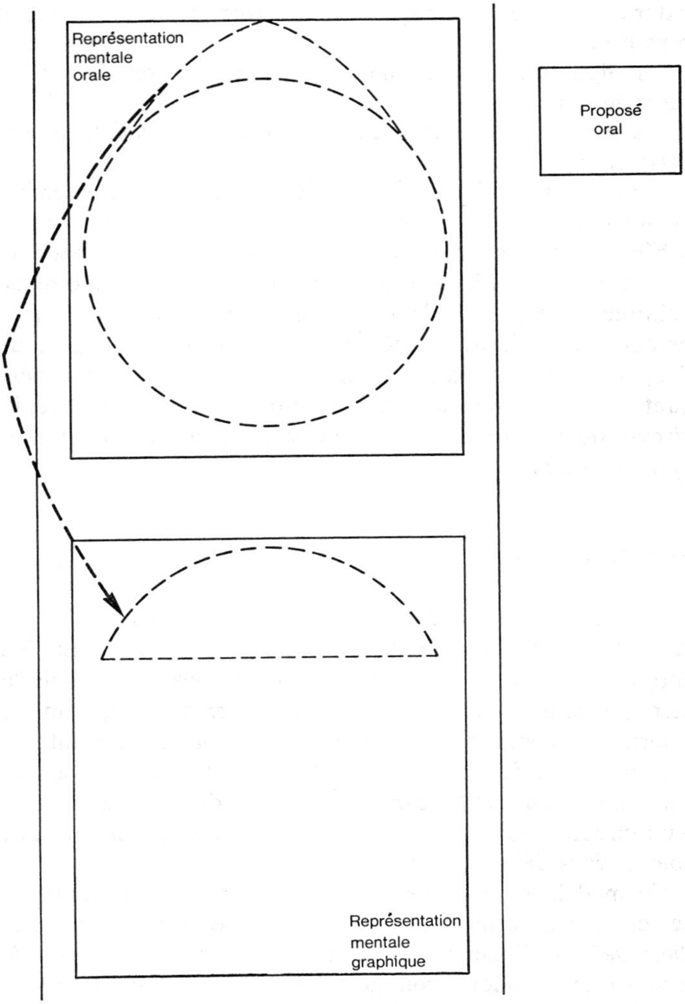

Document 29. Représentation mentale orale non encore réalisée.

124 LIRE, C'EST VIVRE

dès avant – si on peut se permettre cet artifice – toute parole extérieure, située en compartiment moyen, comporte de façon plus précise :

– la figuration en pointillé de ce qui sera la représentation mentale orale,

– une calotte surmontant ce cercle, qui est *le modèle interne premier oral,*

– un circuit, toujours en pointillé, qui part de cet ensemble en secteur oral (le secteur oral est délimité comme dans le schéma de la première série, par un panneau) et tient appendu, en secteur écrit (dans le panneau inférieur) une calotte en pointillé. Elle indique la future représentation mentale graphique. Sa réalisation ultérieure dépend pour une part de l'apport extérieur mais elle est déjà potentiellement dépendante de l'oral, « incluse dans l'oral ». J'appelle ce circuit, *circuit suspenseur* et, en bas, je parlerai du *modèle interne premier graphique.*

Planche 2 (document 30)

La « réalisation » de *ce modèle interne premier* se traduisant par le tracé en trait plein de la calotte se fera dès la première entrée d'un proposé oral – disons les premières paroles de la mère ; le passage du *proposé oral étranger* du compartiment externe au compartiment moyen réalise le modèle interne premier et se fait par le circuit n° 1 – que l'on appellera « *premier circuit n° 1* » car il est appelé à disparaître (il s'agit d'un circuit « normal » et non d'un circuit « virtuel » tel que nous l'avons défini plus haut).

Ce modèle interne premier est intrinsèquement constitué de deux parties principales, *les composantes auditive et kinesthésique** et d'une partie annexe, *la composante visuelle* (celle-ci est considérée comme annexe, car prenant vie surtout en cas de déficience auditive). Ces composantes sont intimement liées, indissociables ; c'est la pathologie qui nous l'a

Planche 2

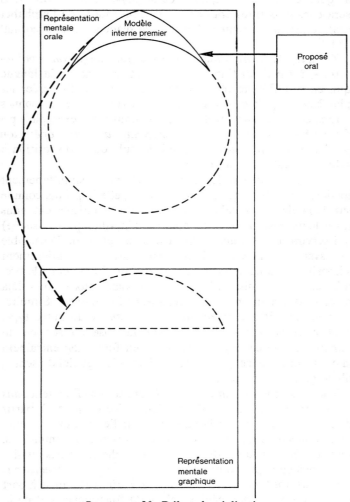

Document 30. Début de réalisation
de la représentation mentale orale.

126 LIRE, C'EST VIVRE

appris. Ce modèle interne premier est *un étalon de référence,* sa qualité est liée à la qualité de la *disposition à syllaber.* Il sera constitué après épuisement de l'inventaire de l'alphabet oral, le premier circuit n° 1 cédant la place au circuit normal n° 1.

Ce que l'homme « historique » a fait de façon « volontaire », à savoir distinguer clairement les sons de la langue qui, en se différenciant, font du sens – c'est-à-dire créer les phonèmes –, puis constituer l'alphabet (voyelles et consonnes « appelées » par une voyelle d'appel comme par exemple « p » dit « pé »), *est une reprise consciente de cette opération première chez le nourrisson,* qui découle de la disposition à syllaber, c'est-à-dire à parler.

Ainsi, la parole que le nourrisson entend va simultanément modeler son affectivité et être analysée ; elle imprime, comme sur de la cire, un « étalon », une trace des phonèmes entendus (avec leurs trois composantes auditive, kinesthésique et visuelle) qui servira de référence pour la mise en place de l'ensemble du système. Lorsque l'alphabet aura été entièrement « imprimé », le nourrisson « entendra » différemment : le premier circuit n° 1 disparaîtra, cédant la place aux entrées déjà connues qui n'auront plus à constituer l'inventaire. Simultanément, se fait *une entrée directe au sens,* d'un autre type, dont nous parlerons plus tard car la mise au service du sémantisme de ce noyau mécanique en formation entraînera la constitution de ce que nous appellerons le « goulet du sens », d'une grande importance.

Tous ces fonctionnements *sont internes* et s'effectuent *sans issue vers l'extérieur.* Il s'agit d'une mise en place à partir de la structure portée à la naissance par l'enfant et à la suite de l'impulsion apportée par les premières paroles entendues. La première sortie se situera sur la planche 5. Disons aussi – nous nous en expliquerons plus loin – *que nous ne tenons pas compte du tout du contexte psycho-affectif* ; cette mise à part de tout un pan – non négligeable – du fonctionnement de la psyché permet de manier un instrument « pur », ce qui est indispensable à ce stade de la recherche ; la collaboration avec des psychiatres et psychanalystes nous incite à persévérer dans cette voie avec toutes les précautions nécessaires.

Planche 3 (document 31)

Lorsque la réalisation du modèle interne premier est terminée, l'étalon est entièrement constitué (épuisement d'inventaire). Le premier circuit n° 1 disparaît et cède la place au *circuit n° 1 proprement dit,* provenant toujours du proposé oral étranger en compartiment externe, mais donnant naissance cette fois au *modèle interne étranger (a).* Ce modèle étranger (a), au fur et à mesure des entrées, va se livrer à une *recherche d'adéquation* en se confrontant à *l'étalon* (processus comparable à un processus de reconnaissance en informatique ou en science moléculaire) ; cette recherche d'adéquation se fera aussi *jusqu'à épuisement d'inventaire* – stocké dans le modèle interne premier.

Le nourrisson entend maintenant une langue identifiée comme « sa » langue pouvant laisser une représentation mentale orale même si on arrêtait de lui parler dans cette langue.

Planche 4 (document 32)

Une fois terminée cette recherche d'adéquation du modèle étranger (a) se confrontant au modèle interne premier – étalon –, *ce modèle (a) va donner naissance* au *modèle interne propre (b),* tributaire indirect de l'apport extérieur. Il se distingue du modèle (a) qui lui a donné naissance, non seulement par la hiérarchie générative, mais encore par sa pérennité s'opposant à la fugacité du modèle étranger (a), due à son caractère « oral ». Dans certaines circonstances, pendant la période de lallation qui va commencer ou lors de

Planche 3

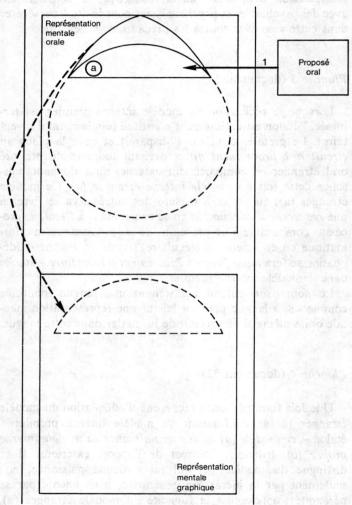

Document 31. Représentation mentale orale :
le modèle interne étranger.

Planche 4

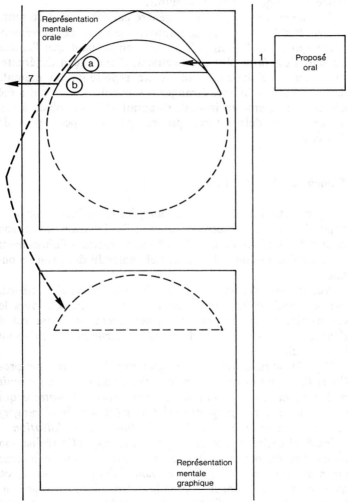

Document 32. Représentation mentale orale :
le modèle interne propre b.

LIRE, C'EST VIVRE

la répétition ou de l'apprentissage d'une langue étrangère, ce modèle étranger (a) peut perdurer.

En même temps que (b) est généré par (a), se met en route le *circuit nº 7* reliant (b) au compartiment interne, au sémantisme (première liaison précise, tout en sachant que l'entrée au sens s'est faite plus précocement, d'une façon différente, sans doute « globale »). Ainsi cette représentation mentale orale, le modèle interne étranger, « souvenir » de ce qui a été dit, fixé et retenu un instant, disparaît et laisse place à son image, au modèle interne propre qui ne dépend plus de l'extérieur.

Planche 5 (document 33)

Après cette installation intérieure, les premières « *sorties* » apparaissent. Elles correspondent à la lallation, avec son circuit d'autorégulation, de feed-back permettant l'ajustement de la production du bébé au modèle entendu dans son entourage.

Auparavant, l'entrée du modèle interne (b) en sémantisme, par le circuit nº 7, aura entraîné un retour du sens vers le compartiment moyen, par *ce même circuit nº 7 qui est à double sens* et la création du *modèle interne propre (b')* « au bout du circuit nº 7 ».

C'est la juxtaposition de ces deux modèles internes propres (b) et (b') qui autorise la sortie et donne naissance au *circuit nº 2* ; ce circuit nº 2 produit *la réalisation phonatoire* qui devient un *nouveau proposé oral propre* (et non plus étranger) et enclenche *le processus d'autorégulation de la lallation.*

Pendant cette période, le proposé oral propre (la réalisation phonatoire du nourrisson) sera confronté au modèle interne étranger, *servant de modèle et non d'étalon.* En effet, ce modèle interne étranger – première possibilité de représentation mentale orale, d'image de ce que le nourrisson entend – n'a pu exister qu'après sa confrontation (recherche d'adé-

L'INSTRUMENT S'AFFINE 131

Planche 5

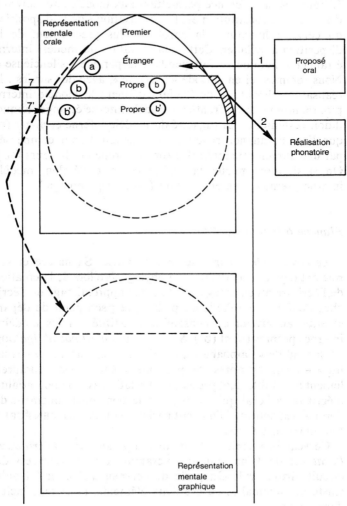

Document 33. Représentation mentale orale :
modèle interne propre b', premières sorties.

quation) à l'étalon que constitue le modèle interne premier. L'étalon est la référence permettant aux modèles qui suivront d'exister ; sa constitution est la « réalisation » de la disposition du cerveau humain à la parole – plus précisément de la disposition à syllaber. Cette confrontation du modèle interne étranger à l'étalon se fait pendant la période « silencieuse ». Nous sommes ici en période « parlante », avec des sorties : la réalisation phonatoire de l'enfant donnera le modèle interne propre, lui-même confronté au modèle interne étranger auquel il doit ressembler. La fugacité du modèle interne étranger (ce que l'on dit au nourrisson et qu'il entend) sera compensée par une alimentation itérative (on peut répéter plusieurs fois). On saisit alors mieux la différence avec l'étalon, modèle interne premier, fixe et constant (sauf en pathologie).

Planche 6 (document 34)

Le circuit virtuel nº 1 se met en place. Sa nature et son rôle ont déjà été décrits tant en phylogenèse lors de la création de l'écriture qu'en ontogenèse lors de l'apprentissage de l'écrit chez l'enfant avec l'aide du pédagogue ; son point de départ se situe au niveau de l'ensemble constitué par les modèles internes propres (b) et (b'). *Son parcours n'est pas obligatoire* (il dépend de « l'alphabétisation »), mais sa trace, sa « virtualité » – avant ou après son parcours « réel » – est structurellement inévitablement présente, en relation avec la potentialité d'écrit dans l'oral qui conditionne le bon fonctionnement de l'oral. C'est pourquoi l'on peut parler de CERVEAU BIEN ÉCRIT, CERVEAU MAL ÉCRIT.

Cerveau **bien écrit** veut dire que la *potentialité d'écrit dans l'oral* est de bonne qualité, notamment la « prétrace » du circuit virtuel nº 1. On parle de cerveau **mal écrit** lorsqu'il existe des anomalies de ces deux éléments, l'un étant inclus dans l'autre.

Le graphisme est créé par le geste effecteur externe qui

Planche 6

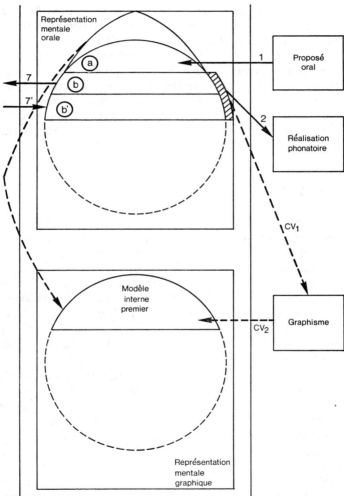

Document 34. Les circuits virtuels.
Réalisation de la représentation mentale graphique.

suit le circuit virtuel nº 1, au moment de la création de l'écriture ; il va entrer en compartiment moyen par *le circuit virtuel nº 2*, qui va « réaliser » la représentation mentale graphique, transformant le pointillé en trait plein.

La calotte appendue à la représentation mentale orale par le circuit suspenseur, qui traduisait l'appel à l'écrit, la potentialité d'écrit dans l'oral, va être réalisée et constitue *le modèle interne premier graphique*. Il faut noter une différence essentielle avec son homologue en oral : il est réalisé par un circuit virtuel, le virtuel nº 2, et non par un circuit « normal » (rappelons-nous le premier circuit nº 1).

Planche 7 (document 35)

Les premières liaisons entre les deux représentations mentales orale et graphique (en dehors du circuit suspenseur) s'installent, siège de l'activité linguistique elle-même en compartiment moyen.

Le modèle interne premier graphique est aussi *un étalon* comportant un secteur visuel et un secteur kinesthésique*. Il va se constituer pour servir de référence à la recherche d'adéquation des entrées ultérieures ; il répond aussi à un *épuisement d'inventaire,* mais la particularité du secteur épellation qui lui est annexé mérite une explication.

En même temps que se fait la montée par *le circuit nº 5,* se déposent les graphèmes*, *l'alphabet écrit* – rappelons-nous que l'alphabet est avant tout oral –, dans le *secteur épellation* placé en dérivation, *dépôt* jusqu'à épuisement de l'inventaire ; pendant cette période de dépôt, il y a *montée concomitante* avec le circuit nº 5, du *circuit nº 9*, issu directement du secteur épellation et aboutissant aussi en oral mais s'y séparant, le circuit nº 5 donnant naissance au *modèle interne (c)* et le circuit nº 9 au *secteur épellation en oral* (secteur d'écrit en oral).

Pour les entrées des premiers graphèmes, manœuvrées par

L'INSTRUMENT S'AFFINE 135

Planche 7

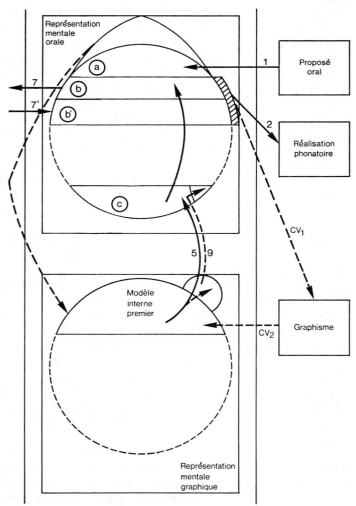

Document 35. La représentation mentale graphique :
le secteur épellation.

136 LIRE, C'EST VIVRE

l'articulation des circuits virtuels n° 1 et n° 2, on obtient, jusqu'à épuisement de l'alphabet : dépôt en secteur épellation, montée concomitante des circuits n° 5 et n° 9 et séparation en oral en créant d'une part, le modèle interne (c) et d'autre part, le secteur épellation en oral (les secteurs épellation en oral et en écrit n'ont rien de symétrique et leur importance respective est sans commune mesure).

Le modèle interne (c) est aussi une « réalisation » de la représentation mentale orale (les pointillés devenant traits pleins à l'arrivée couplée, première chronologiquement, des circuits n° 5 et n° 9), mais il se trouve à distance de la partie supérieure comprenant les modèles (a) (b) (b') ; *ce « no man's land »* est voulu et signifie que *ce modèle (c) n'est pas « obligatoire »,* il dépend de la réalisation de l'écrit qui peut ne pas se faire et n'être que potentialité portée par l'oral sans aucune expression.

Aussitôt créé, le modèle interne (c) se lie au modèle interne propre (b) par *une liaison c/b* qui, pour l'instant, ne nous a pas paru nécessiter une appellation précise – la liaison avec (b) indiquant une liaison avec l'ensemble (a) (b) (b') puisque (b) vient de (a) et (b') de (b).

L'oral portait un appel à l'écrit figuré par le circuit suspenseur et le pointillé du secteur graphique. Nous n'avions pas figuré en oral cette potentialité d'écrit car elle ne pouvait prendre forme qu'en se réalisant lors de la création de l'écriture : modèle (c) non obligatoire. La réalisation se fait par le circuit virtuel n° 1 à partir d'un inventaire – inventaire créant l'étalon, modèle interne premier oral chez le nourrisson, inventaire refait par l'Homme lors de la création de l'écriture.

L'étalon est « secret » (mais une sortie du secret figure déjà dans la disposition à parler du cerveau humain) ; l'écriture est une « présentation » de cet étalon qu'elle dévoile : le « dépôt » des graphèmes* figurant les phonèmes* est figuré par *le secteur épellation.* Ce secteur est disponible, visible, en même temps que se constitue un autre étalon

« secret » servant de référence silencieuse aux futures entrées graphiques : c'est *le modèle interne premier graphique.*

L'inventaire oral (constituant l'étalon oral lorsqu'il est épuisé) ne pouvait être fixé, pérennisé, ce qui est le propre d'un donné acoustique. L'inventaire graphique va lui aussi constituer l'étalon écrit quand tous les graphèmes de l'alphabet auront été passés en revue ; mais il aura la particularité de pouvoir être « mis en vitrine » grâce au secteur épellation. Ce secteur pourra servir à tester l'étalon mais surtout – nous le verrons plus loin – à extérioriser le double statut de la voyelle [5].

Le retour à l'oral – à la représentation mentale orale source de toutes les « sorties » – se fera par un circuit permettant à la fois de retester l'étalon et de créer un modèle interne oral (c) à partir d'une représentation mentale de l'écrit. Cette double possibilité se manifeste par le couplage des circuits n° 5 et n° 9.

Une dernière opération est nécessaire : l'abandon de la voyelle d'appel en quittant l'inventaire oral et l'adoption de la voyelle pleine pour faire du sens.

Planche 8 (document 36)

L'arrivée de la liaison c/b en (b) va déterminer aussitôt *un retour de (b) vers (c),* et s'y adjoindront *les autres liaisons partant de (a) et de (b')* pour rejoindre (c) (qui vont de soi étant donné les relations entre (a) (b) et (b') – (b) provenant de (a) et donnant (b') donc (b) étant le pivot de l'ensemble) ; ces liaisons ne méritent pas l'appellation de « circuit ».

Toutes ces « *racines* » aboutissant en (c) seront *constitu-*

---

5. Possibilité pour la voyelle « pleine » de se vider et de devenir une voyelle d'appel permettant « d'appeler » les consonnes (voir chap. 8) : té, pé, èl ; e est une voyelle d'appel.

138   LIRE, C'EST VIVRE

Planche 8

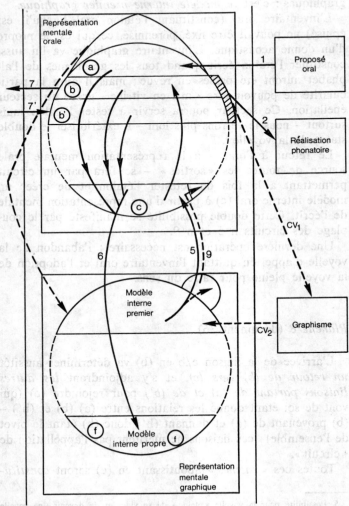

Document 36. Liaison entre les représentations mentales orale et graphique : le circuit n° 6.

L'INSTRUMENT S'AFFINE

tives du *circuit n° 6* et permettront son point de départ ; ce circuit sera, comme le circuit n° 5, la liaison opérationnelle entre les deux représentations mentales, orale et graphique.

À son arrivée en représentation mentale graphique, le circuit n° 6 va aussi en « réaliser » une partie, en donnant naissance au *modèle interne propre (f)* – mais il ne faut pas se laisser abuser par l'apparente symétrie entre la disposition de (c) et de (f) ; à la différence de (c), *(f) est obligatoire* ; c'est de ce modèle interne propre (f) que partira de façon inévitable le circuit n° 4 assurant la réalisation graphique extérieure.

Planche 9 (document 37)

Tous les processus décrits jusqu'à présent, reliant la représentation mentale graphique à la représentation mentale orale, traduisent la *« réalisation de la potentialité d'écrit qui était dans l'oral »*. Les processus suivants intéresseront *« l'expression »* de *l'écrit* et ils sont strictement conditionnés par l'organisation « mécanique » qui les précède.

Dès l'installation du modèle interne graphique propre (f), les entrées du graphisme en compartiment moyen (en représentation mentale graphique délimitée par les opérations décrites) ne se feront plus que par le *circuit n° 3* (le circuit virtuel n° 2 ayant réalisé le modèle interne premier grahique ne sera plus utilisé, comme il doit en être pour un circuit virtuel). Ce circuit n° 3 provenant du graphisme va donner naissance au *modèle interne graphique étranger (d)*, lequel a une pérennité qui manque à son équivalent oral, de par leurs modalités sensorielles différentes, avec une recherche d'adéquation en référence à l'étalon constitué par le modèle interne premier graphique.

Ce modèle étranger (d) va donner naissance au *modèle interne graphique propre (e)*. L'installation de ces deux

140 LIRE, C'EST VIVRE

Planche 9

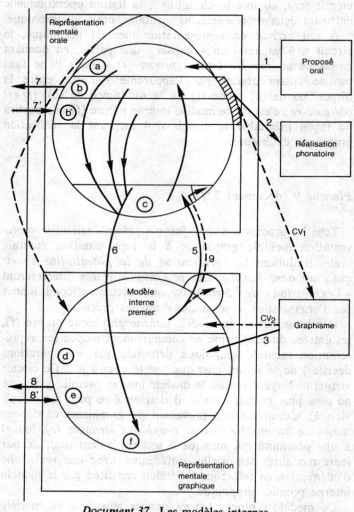

Document 37. Les modèles internes
en représentation mentale graphique.

L'INSTRUMENT S'AFFINE

141

derniers modèles internes graphiques étranger (d) et propre (e) va permettre à l'écrit de s'exprimer.

Planche 10 (document 38)

Les *racines définitives* du circuit n° 5 peuvent se rassembler, issues de (f), (d) (quand il persiste) et (e) ; ce *circuit n° 5 définitif* est constitué par la convergence de ces racines, mais il s'individualise en se séparant du circuit n° 9 avec lequel il était monté dans sa forme première.

Cette ultime mise en route des relations entre les représentations mentales orale et graphique va permettre l'ouverture du *circuit n° 8* vers le sens, à partir du modèle interne graphique propre (e) – de l'ensemble (d)/(e) – et la naissance du *circuit n° 4* que va emprunter l'acte graphique : voie de l'expression finale de l'écrit par le tracé graphique.

Revenons à nos trois patients. Monsieur Larue croit que lire c'est articuler et faire du sens. Souvenez-vous de la « réalisation » de la calotte (planche 1) surmontant la représentation mentale orale et constituant le modèle interne premier ; rappelons qu'elle va se constituer entre le « temps zéro » (première entrée d'un proposé oral étranger) et l'épuisement de l'alphabet oral, alors que simultanément se fait une entrée au sens, globale et très étendue.

Cette construction silencieuse – puisqu'il n'y a aucune sortie jusqu'à l'entrée du circuit n° 1 définitif et la naissance du modèle interne étranger (a) – comportera trois secteurs soudés : un secteur auditif, un secteur visuel et un secteur kinesthésique* ; il est probable que l'auditif et le visuel (celui-ci de moindre importance en dehors d'un handicap sensoriel) se réalisent d'abord – et peut-être même faudrat-il s'assurer que le kinesthésique ne se manifeste qu'à la naissance du modèle interne propre (b) à partir du modèle

Planche 10

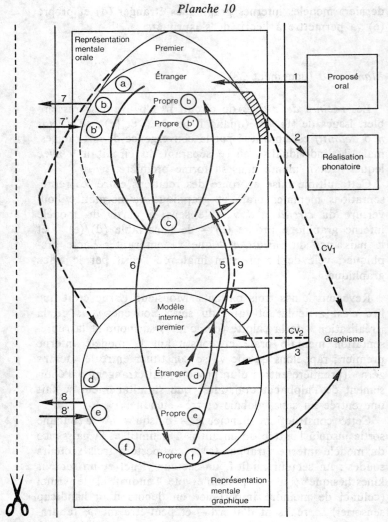

Document 38. Schéma des fonctions linguistiques.

L'INSTRUMENT S'AFFINE

étranger (a). En pathologie, il y a scissure dans ce modèle interne premier (ce qui a permis d'en faire l'analyse constitutive) avec autonomisation et désolidarisation de la partie kinesthésique : ainsi la lecture du graphème (qui n'est que la transcription du phonème) ne donne qu'un mouvement articulatoire totalement déshabité du phonème, de la partie auditive ; on voit cet homme préparer sa bouche, ses lèvres et sa langue pour articuler, mais l'articulation reste exempte de tout phonème alors que tout – sauf le statut linguistique réel – est en place pour lui donner naissance (rien ne sort, alors que s'il s'agissait de « lecture labiale » j'aurais pu parfaitement décrypter le phonème). En lisant, il n'a gardé du graphème que le schème moteur découplé de sa structure acoustique (auditive), ce qui est tout à fait inopérant. L'articulation est déshabitée car il y a séparation des deux versants dans le modèle interne premier, conditionnant la naissance du phonème.

Ses performances en cours de travail aphasiologique montreront aussi un autre comportement linguistique explicateur : s'il ne fait qu'hyperarticuler au lieu de déchiffrer, il lui arrive aussi de donner des mots du même champ sémantique (par exemple, il lit « chaussette » pour « vêtement »). Ceci montre qu'il y a bien un accès direct au sens ; le dérapage s'explique parce qu'il croit que déchiffrer c'est dire du sens. Or déchiffrer c'est dire *ce qui va faire* du sens ; il y a à nouveau un découplage entre sens et phonème (le phonème est extrait de la syllabe qui est déjà – avant le morphème* – le plus petit signe linguistique, le premier contact entre signifiant et signifié).

Les grandes lignes de l'abord thérapeutique seront les suivantes : détacher l'écrit de l'articulation et du sens, n'inciter à produire qu'un « vecteur linguistique », dépourvu des contrastes perceptifs en termes de conscience phonétique et d'un sens « mis en forme ».

Cette analyse permet de démontrer *la réalité* de cette structure intime du modèle interne premier.

144 LIRE, C'EST VIVRE

Grâce au jeune Robert, il va être possible de dégager l'individualité du modèle interne oral étranger (a) et de faire ressortir son pouvoir inhibiteur, témoignant là aussi de sa réalité.

En situation de copie silencieuse, le fonctionnement « automatique » marche assez bien, de façon autonome, mais comme en vase clos. Dès que le proposé oral étranger intervient, par l'intermédiaire du modèle interne étranger auquel il donne naissance en entrant par le circuit n° 1, il « dérange » l'organisation : la copie accompagnée d'un proposé oral est mauvaise.

Pourtant ce proposé oral étranger a été, en son temps, lors de l'installation de la structure, normalement initiateur puis intégré dans cet ensemble. Lorsque je procède à l'enchaînement consistant à faire suivre cette copie silencieuse d'une dictée qui donne des résultats parfaits (contrastant avec la dictée première ou faite aussitôt après lecture du texte), l'analyse est la suivante : j'ai adopté une procédure inverse, c'est-à-dire qu'avant de laisser « sortir de la cage » le proposé oral étranger, j'ai mis le système en condition pour le recevoir (faisant en sorte de lui redonner la place normale qu'il aurait dû avoir). En procédant ainsi, le modèle interne oral étranger (a) résultat du proposé oral étranger (en dictée) ne va pas « susciter » un modèle interne propre (b) comme il devrait le faire, mais il va le « retrouver » – il est déjà là, au bout du circuit n° 5 – par le biais du (c) et de sa liaison avec le (b).

Ce fonctionnement est « bon » et non pathogène puisque la mémoire a pu être utilisée : il fixe suffisamment bien lorsqu'il copie pour pouvoir transcrire d'un seul trait, puis de mémoire et il peut enfin s'y référer pour faire une dictée fidèle. C'est donc ce type de préparation du terrain qui est nécessaire pour une « fixation lexique », utilisable en dictée.

Terminons avec Michel qui va nous faire rencontrer la réalité du modèle interne oral propre (b) dont l'insuffisance explique la sémiologie pathologique observée. Un mot est proposé par écrit en même temps que je dis « plante » ; il est proposé pour être retenu. Michel écrit aussitôt « plante », mais il lit « fleur » et on ne peut l'en faire démordre... alors qu'il sait lire.

Michel présente deux fonctionnements anormaux :

– il dit « fleur » alors qu'il est écrit « plante » ; voici l'enchaînement des circuits : graphisme, circuit n° 3, représentation mentale graphique (« d », « e »), circuit n° 5 (c), relié avec (b), circuit n° 7 (b'), circuit n° 2 et réalisation phonatoire ; au lieu de lire c'est-à-dire de sortir par le circuit n° 2 à partir de (b), il dit le sens (il sort directement du compartiment interne), passe par (b') qui va donner issue au circuit n° 2 et à la réalisation phonatoire ; cette procédure anormale entraîne un dérapage sémantique en rapport avec une imprécision de la recherche d'adéquation : il dit « fleur » au lieu de lire « plante » ;

– il écrit « plante » et ne « voit » pas ou « n'entend » pas que « fleur » n'est pas « plante ». L'enchaînement est le suivant pour la rétention graphique (pour fixer de l'écrit il faut obligatoirement passer par l'oral, automatiquement, par le circuit n° 5 et retour par le circuit n° 6) : graphisme, circuit n° 3, représentation mentale graphique (« d » « e »), circuit n° 5, modèle interne (c), relié au modèle interne propre (b), retour par le circuit n° 6, modèle (f) circuit n° 4 et production du graphisme.

Le circuit n° 6 fonctionne mais il entraîne une cécité verbale* à sa propre production ; ce circuit est fonctionnel mais son point de départ est anormal ; le modèle interne oral propre (b) issu du circuit n° 5 est suffisant pour aller au sens, pour permettre une descente par le circuit n° 6 et une recherche d'adéquation en représentation mentale graphique, mais insuffisant pour se prêter à une bonne recherche d'adéquation, nécessaire pour lire à voix haute. L'insuffisance du modèle interne oral propre est responsable de la défaillance partielle du circuit n° 6, qui entraîne une cécité verbale (c'est-à-dire, une fois la sortie par le circuit n° 4 effectuée pour produire le graphisme, le retour par le circuit n° 3 se trouve bloqué,

146 LIRE, C'EST VIVRE

alors qu'il n'est pas bloqué dans les autres conditions, en particulier en lecture d'un texte).

La dictée est bonne car notre proposé oral (donc modèle oral interne étranger « a ») va renforcer son modèle interne oral propre, dont nous venons de décrire les insuffisances.

Chapitre 7

La planète de Le Verrier

Où l'on découvre qu'astronomes et neurolinguistes peuvent faire des prévisions théoriques qui, un jour ou l'autre, se vérifient en pratique. Où l'on voit que le savoir-faire a peu de place au regard de la réflexion théorique. Chapitre un peu ardu dont on peut accepter les conclusions concernant les circuits virtuels si l'on veut avancer plus vite...

Un vendredi soir, après un dur après-midi de labeur – dix enfants vus en consultation et en travail aphasiologique – Sophie Marin, orthophoniste stagiaire à qui je confie des enfants, me demande timidement si elle peut me faire entendre une cassette. J'écoute d'une oreille fatiguée et distraite, ne situe pas et dis : « Mais elle lit tout à fait bien, elle lit, c'est bien... ». Un silence suit mes paroles, je range mes affaires, Sophie s'approche de la table pour reprendre la cassette et, très gênée, me dit dans un filet de voix : « Oui, elle lit... mais, mais... je n'ai fait que cinq séances ! ». Ces cinq séances tombent dans une oreille fatiguée...

Je rentre chez moi et tout me revient : cinq séances, cinq séances, baste ! Je sors l'observation de Germaine : neuf ans, suivie depuis trois ans dans un centre spécialisé, de gros problèmes familiaux qui n'expliquent pas, chez cette fillette intelligente, l'absence d'acquisition de la lecture et de la

LIRE, C'EST VIVRE

transcription. Je tourne les pages, revois mon analyse lors du bilan et lis que *les atypies ne peuvent s'expliquer que par une anomalie au niveau d'un circuit virtuel, jusque-là non individualisé par l'instrument dont je dispose et ne figurant pas sur le schéma, mais qui devrait se situer en un point précis (à savoir en doublage du circuit n° 6).* À la suite de cette observation, j'avais élaboré un « enchaînement » d'exercices dont j'avais confié l'application à Sophie Marin : faites cela et ne faites que cela, avais-je dit !

Cinq séances ! L'essence même d'un circuit virtuel est de n'être parcouru qu'une fois et de donner des résultats en tout ou rien – rappelons-nous le cas de Monsieur Ho ! *En tout ou rien... Cinq séances !* Je saisis mon téléphone et crie dans le combiné : « Mais oui, mais oui ! Cinq séances c'est normal, c'est un circuit virtuel et il est bien là où je l'avais prévu et il a bien cédé sous l'impact de l'enchaînement prévu ! »

Le circuit virtuel interne... Le Verrier... Quelle nuit ! La planète de Le Verrier traversait mes rêves... Vers 1840, les mouvements de la planète Uranus présentaient des perturbations inexpliquées, sans cause visible. L'astronome Le Verrier envisagea l'existence d'une autre planète qui serait à l'origine de ces perturbations – et pourtant il ne voyait rien ; il calcula son orbite, en détermina la position : c'est là qu'elle devait se trouver ! Et de fait, un autre astronome, Galle, en 1845, observa une planète exactement à l'endroit prévu et mathématiquement déterminé. C'était Neptune...

Au réveil, je repris fébrilement l'observation de Germaine, j'écoutais les deux cassettes, celle du bilan et celle de Sophie Marin : incontestablement *elle ne lisait pas sur la première et elle lit sur la deuxième...*

Alors qu'elle peut faire la correspondance son/graphie (elle peut dire et reconnaître les lettres), elle ne peut absolument pas déchiffrer (même pas des syllabes) : sa lecture est lente et laborieuse, en suivant du doigt et en s'agitant sur sa chaise ; elle ne consiste qu'en quelques phonèmes articulés à voix très faible, souvent précédés d'une production à voix chuchotée,

LA PLANÈTE DE LE VERRIER

sans aucune correspondance son/graphie adéquate. Si après cette « lecture », on lui demande d'en faire un récit, elle répond : « Ça parlait avec un " t ", avec un " e ". » Bizarreries surprenantes mais devenues habituelles et entrant bien dans le cadre des troubles de type aphasique. Cette description des lettres en guise de récit montre la « non-saisie » du potentiel linguistique de l'écrit (elle ne sait pas que ces lettres doivent donner du sens).

Alors *qu'elle ne peut pas lire, elle est tout à fait capable de reconnaître correctement, dans le même texte, les mots proposés oralement* ; si on lui demande de lire ce texte dont elle a reconnu parfaitement les mots, elle en est tout aussi incapable. Cette fois, ceci est encore plus surprenant ! La parole est satisfaisante, il n'y a ni troubles de l'évocation*, ni agrammatisme*, ni assyntaxie*. En revanche, la dictée (document 39) et l'écriture spontanée donnent un jargon phonémique* très réduit. Elle est capable d'une bonne rétention graphique.

Document 39. Dictée de Germaine lors du bilan.

Les faits sur lesquels porte la réflexion sont les suivants :
– une absence quasi totale de déchiffrage lexique, malgré l'installation de la correspondance son/graphie,

150 LIRE, C'EST VIVRE

– pour le même texte (qui ne peut être lu), une bonne reconnaissance des mots proposés oralement,

– la reconnaissance des mots du texte n'autorise pas plus la lecture (Germaine ne peut même pas utiliser la mémorisation après la proposition orale des mots),

– un jargon graphémique réduit, tant en dictée qu'en écriture spontanée,

– une bonne rétention graphique.

Comment peut-elle reconnaître les mots alors qu'elle ne peut ni lire ni transcrire ? La procédure qu'elle emploie spontanément, pour obtenir de bons résultats – c'est-à-dire pour reconnaître les mots proposés oralement –, est équivalente à la pratique de l'exercice privilégié n° 1, décrit plus haut, qui mobilisait le circuit virtuel n° 1. Mais ceci se fait à « l'intérieur », en compartiment moyen, alors que le circuit virtuel n° 1 se situe à « l'extérieur » dans le compartiment externe.

Dans l'exercice privilégié n° 1, je dicte sous un modèle et j'incite ainsi indirectement à copier (par surimposition du modèle) ; le « geste » est externe : le patient écrit et parcourt le circuit virtuel n° 1 alors que normalement il aurait fallu passer par les circuits n° 3 et n° 4 puis par les circuits n° 5 et n° 6 du compartiment moyen. Germaine se comporte *comme si elle créait, non pas de l'écrit en compartiment externe, mais de la représentation mentale graphique en compartiment moyen, par un geste « interne ».*

Dans la constitution normale du schéma des fonctions linguistiques, les entrées par le circuit virtuel n° 2, tout en délimitant la représentation mentale graphique (c'est-à-dire en réalisant le potentiel d'écrit porté par l'oral) et en versant les graphèmes à l'inventaire dans le secteur épellation qui constitue l'alphabet, donnent naissance au modèle interne graphique premier, par nature intrinsèquement lié à l'oral par le circuit n° 5 aboutissant au modèle interne oral (c). Chez Germaine, ce noyau mécanique est constitué et il est possible

LA PLANÈTE DE LE VERRIER 151

de raisonner dessus [1] : la normalité de la rétention graphique apporte la preuve de l'existence du circuit n° 5. Rappelons qu'il n'est pas possible d'effectuer une fixation mnésique d'une production linguistique sans passer par la partie haute, orale.

L'installation du circuit n° 5 constitue la première vraie liaison entre les deux représentations ; il précède obligatoirement le circuit n° 6. Le circuit n° 6 prend ses racines en représentation mentale orale dans les trois modèles internes étrangers (a), propres (b) et (b'), mais aussi − ce qui lui est spécifique − dans le modèle interne (c), créé par l'arrivée du circuit n° 5 en représentation mentale orale. Le passage par le circuit n° 8 (l'accès au sens par l'écrit) ne peut se faire qu'après l'installation du circuit n° 6.

Enfin, *le circuit n° 6 est la réplique interne et constante du circuit virtuel n° 1* − nous verrons que je modifierai quelque peu cette assertion par la suite [2].

Chez Germaine, ce circuit n° 6 peut être parcouru mais il est déficient puisqu'il ne permet pas la dictée (jargon graphémique).

L'entrée par le circuit n° 3 donne un modèle interne graphique étranger (d), plus facilement pérennisé que son équivalent en oral puisqu'il est doté de constance spatiale ; par recherche d'adéquation au modèle interne graphique premier, il va susciter un modèle interne graphique propre (e) dont la caractéristique est d'être intrinsèquement relié à l'oral.

Germaine utilisera le circuit n° 6 comme Monsieur Ho avait utilisé le circuit virtuel n° 1, afin d'avoir spontanément un bon résultat : elle reconnaît les mots proposés alors qu'elle ne peut pas les lire ; Monsieur Ho pouvait écrire/copier les mots

---

1. À l'inverse de Simon chez qui existait seulement le pan des circuits 9/9', reliant par l'épellation les deux représentations.
2. Un mot sur l'observation clinique qui permet d'avancer cette proposition : chez un jeune patient de seize ans qui est capable de lire, mais non de « comprendre » (il dit « J'ai oublié », même pour une courte phrase), il n'y a pas d'utilisation du circuit n° 8, pas d'accès au sens par l'écrit (et il ne cherche nullement à comprendre par le biais de sa production lexique orale − ce qui est une procédure assez saine). Ceci s'explique par l'anomalie majeure du circuit n° 6 qui se dévoile par l'impossibilité quasi totale à transcrire en dictée.

proposés oralement alors qu'il ne pouvait les désigner sur la liste.

En parcourant le circuit n° 6, Germaine procède comme si elle ignorait le circuit n° 5 : elle escamote une partie existante de la structure, de même que Monsieur Ho en parcourant le circuit virtuel n° 1 avait escamoté toutes les liaisons internes entre les deux représentations. Germaine, ne pouvant obtenir de production lexique normale, emploie spontanément ce subterfuge linguistique.

La situation est paradoxale : si le circuit n° 6 existe (il est parcouru), cela veut dire que le circuit n° 5 existe. Mais l'état du circuit n° 5 est insuffisant pour aboutir normalement au modèle interne propre (c) qui aurait donné, par liaison au (b) et sortie par le circuit n° 2, la réalisation phonatoire – c'est-à-dire une lecture. Ainsi, *paradoxalement, le circuit n° 5 a besoin du circuit n° 6, alors qu'il lui a donné naissance –* qu'il a été son « géniteur » ou tout au moins son précurseur. Pour que le circuit n° 6 soit utilisé, il faut se trouver dans une situation linguistique de « reconnaissance », c'est-à-dire avec surimposition du modèle (comme dans l'exercice privilégié où l'on « dicte » sous un modèle). Germaine a trouvé un équivalent interne de l'exercice privilégié n° 1 : dans celui-ci, on « crée » de l'écrit en compartiment externe par un geste effecteur externe, ici elle « crée » de la représentation mentale graphique par un geste effecteur interne.

Pour corriger cette situation paradoxale, pour faire un travail aphasiologique, c'est-à-dire viser et réduire le déficit à l'origine de la production pathologique, il faut trouver un équivalent interne de l'exercice privilégié n° 1.

En recréant la représentation mentale graphique, Germaine a pu donner une production « lexique » partielle ; il appartient à l'aphasiologue de reconstituer ce comportement linguistique spontané dans son ensemble : faire en sorte que le circuit n° 5 soit parcouru, qu'il donne naissance au modèle (c) pour aboutir à une lecture ; le modèle interne oral (c) doit se trouver inclus

LA PLANÈTE DE LE VERRIER 153

dans l'ensemble constitué par tous les modèles internes en représentation mentale orale.

Après avoir émis l'hypothèse de l'existence d'un circuit virtuel interne, sur le trajet du circuit n° 6, fonctionnant donc comme un circuit virtuel, il est possible d'élaborer un exercice reproduisant le comportement spontané qui avait autorisé une activité lexique partielle, exercice qui l'amplifiera et le forcera à se replacer dans une structure normale topographiquement et dans sa dynamique.

L'exercice commence par une *préparation,* relance de la disposition à syllaber et utilisation de la mémorisation : j'enregistre [3] au magnétophone par segments de phrases un texte court, chaque segment est dit normalement à deux reprises, puis répété en le syllabant, chaque syllabe étant accompagnée par le frappé du crayon sur la table ; elle écoute l'enregistrement puis frappe en même temps que la frappe proposée, elle répète ensuite de mémoire le texte en frappant chaque syllabe.

Le cœur de l'exercice consiste en ceci :

– le même texte est disposé devant elle, je lui donne un crayon « tapeur » (c'est-à-dire celui utilisé avec son capuchon pour frapper les syllabes sur la table), je lui prends la main et lui fais glisser son crayon sous les lignes du texte pour le suivre en lui donnant comme consigne « Tu fais comme ça, tu suis, tu glisses » ;

– dans un deuxième temps, je lui dis de façon insistante : « Je te dicte » et je l'incite du geste à suivre avec son crayon le texte comme je le lui ai montré. Pendant que je dis le texte, que je le lui « dicte », j'insiste en lui demandant de se taire, en disant « C'est moi qui commande », pour que le glissé suive fidèlement l'allure du proposé ; je refuse un « festonnage » sous chaque mot ou un « sauté » en syllabe, j'exige un « glissement » c'est-à-dire une ligne droite.

Voilà comment s'analyse cet enchaînement, quel compor-

---

3. Cet exercice est décrit à la première personne pour plus de facilité mais il a été pratiqué par une de mes élèves, Sophie Marin.

tement linguistique il suscite, « manœuvré » dans son fonctionnement propre par le biais de ces exercices :

— le suivi silencieux en glissant sous la ligne de texte pendant que je dicte est un « geste graphique interne », équivalent du geste graphique externe qui suivait le circuit virtuel n° 1 dans l'exercice privilégié n° 1 ;

— dans cet exercice nous avions une fausse copie face à une fausse dictée, ici nous avons en parallèle une fausse reconnaissance face à une fausse dictée.

En prolongement de cet exercice, je lui ferai faire une « copie accompagnée » entraînant un « forçage » du circuit n° 5 (elle copie à mes côtés au fur et à mesure que je présente des segments de phrase mais pendant qu'elle écrit, j'oralise sa production, j'accompagne de ma parole sa copie silencieuse ; il s'agit en quelque sorte d'une lecture orale de ce qu'elle écrit. Enfin je lui demande de lire, uniquement pour apprécier le résultat).

Monsieur Ho avait pu lire et écrire spontanément en se mettant en « situation originelle », c'est-à-dire en faisant comme si toute la partie inférieure et ses liaisons avec la partie supérieure n'existaient pas, comme s'il avait eu à créer l'écriture ; le résultat avait été en tout ou rien (d'une séance sur l'autre).

Nous avions imaginé l'exercice privilégié n° 1, reproduisant artificiellement ce passage par le circuit virtuel n° 1 — circuit qui n'a été parcouru dans l'espèce qu'au moment de la création de l'écriture et chez l'enfant au moment de l'apprentissage de l'écrit —, exercice mettant le patient en situation d'escamoter toute autre relation qu'externe entre les deux représentations mentales orale et graphique, par les circuits virtuels n°s 1 et 2. Ceci avait été obtenu en surimposant le modèle graphique — « fausse copie, fausse dictée » avec une consigne de « dictée ».

Lorsque le déficit réside de façon majeure et prépondérante — sinon unique — dans un circuit virtuel (circuit virtuel n° 1 chez Monsieur Ho, n° 1 et n° 2 chez Madame Lecocq), il est réduit en « tout ou rien » dès qu'on normalise le circuit.

LA PLANÈTE DE LE VERRIER   155

C'est également la situation de Germaine : le résultat est en tout ou rien, à la fois en ce qui concerne la qualité (absence de progression par apprentissage ou étapes successives) et le délai (cinq séances correspondent à une quasi-immédiateté) ; l'exercice élaboré était bien un « exercice privilégié » et le verrou a sauté aussitôt, parce que *l'emplacement du déficit et la nature du circuit déficitaire avaient été prévus à cet endroit.* Les résultats sont là, précis et constants en lecture, entraînant la normalisation de toutes les autres pièces de l'édifice linguistique (dictée, écriture spontanée avec une scolarité normalisée), et reproductibles. Il ne s'agit pas d'un savoir-faire ou d'une relation de transfert positive entre rééducateur et enfant, puisque cet exercice a été appliqué par une de nos élèves – en début de formation, ce qui lui a permis d'appliquer avec une grande rigueur et sans chercher plus, toutes les facettes de cet abord froid, précis et mécanique.

Neptune tourne encore sur son orbite, et Germaine lit toujours, transcrit phonétiquement pour l'instant en dictée (document 40) et s'améliore de jour en jour...

Document 40. Dictée actuelle de Germaine.

L'histoire de Cédric ne fait pas intervenir de planète... Mais c'est grâce à Germaine qu'il a pu être tiré d'affaire ; d'une certaine façon, Neptune a roulé aussi pour lui...

Cédric nous a fait découvrir *le deuxième circuit virtuel interne,* prévisible lui aussi après la mise en place du premier, mais la confirmation n'est pas venue de la même façon.

Cédric consulte à sept ans, alors qu'il redouble le Cours préparatoire et ne peut apprendre à lire ; l'école est informée de l'existence des troubles de type aphasique par le Centre médico-psychologique du secteur. Lors de son premier Cours préparatoire, dans une autre banlieue, il a été pris en charge par le GAPP [4] et une orthophoniste, sans résultats.

Le bilan confirme le diagnostic de troubles de type aphasique et l'enfant est pris en charge par une de mes élèves. À plusieurs reprises, cette orthophoniste me réclame des conseils car, dit-elle, elle est déconcertée (alors que pour d'autres elle n'a pas de problème et contrôle bien les progrès) ; je donne quelques conseils et m'étonne de ces difficultés. En fin de compte, je reprends l'observation en ayant en main les avancées théoriques obtenues grâce à Germaine, je démonte les productions pathologiques et conclus qu'elles doivent être en rapport avec le dysfonctionnement d'un deuxième circuit virtuel, que je positionne sur le schéma et dont je sonde la nature. Comme précédemment, j'élabore un exercice privilégié dont l'application nous aurait, comme pour Germaine, prouvé la justesse des hypothèses.

Cependant les circonstances ont été différentes. Quelques mois se sont passés, Cédric a appris à lire – grâce au travail aphasiologique « de base », c'est-à-dire avec l'instrument forgé sans les circuits virtuels internes. Ce n'est pas une surprise : la présence d'un déficit spécifique au niveau d'un circuit virtuel non identifié et « non traité » explique la difficulté et l'atypie du travail aphasiologique accompli. Les résultats obtenus et l'absence de réponse en tout ou rien s'expliquent

---

4. GAPP : groupe d'aide psycho-pédagogique.

LA PLANÈTE DE LE VERRIER

car le déficit sur le circuit virtuel n'était pas le déficit principal. Il s'accompagnait d'autres dysharmonies aphasiques mais n'était pas majeur ; appliquer le nouvel exercice privilégié aurait certainement facilité les choses et raccourci les délais, mais chaque découverte vient en son temps... et la connaissance de ce nouveau circuit virtuel servira pour les autres ! Précisons le point suivant – important pour le pronostic – : il est exceptionnel qu'un déficit ne réside *que* dans un circuit virtuel ou qu'il soit si massif qu'il verrouille tous les autres abords ; un résultat en tout ou rien en quelques séances ne peut être obtenu que dans ces circonstances. Il ne faut donc pas trop s'attendre à en rencontrer beaucoup, ni à tester l'efficacité du travail aphasiologique sur ces critères...

Cédric présente les anomalies suivantes :

– la correspondance son/graphie et le mécanisme du déchiffrage sont installés, mais totalement inopérants : il demande d'abord s'il faut « lire toutes les lettres » et « dans quel ordre il faut suivre le texte » (suivre la ligne ou passer à celle du dessous ?) ; puis il donne de façon syllabée, lente et hésitante, quelques déchiffrages corrects, quelques épellations incorrectes et quelques inventions, puis perd le fil ; on peut dire qu'il n'y a pas de lecture ;

– la reconnaissance des mots dans le texte est correcte ;

– l'épellation du texte est correcte ;

– sur un alphabet présenté avec la voyelle « a », il fait des erreurs grossières, tant pour la reconnaissance que pour l'évocation et l'épellation ;

– sa dictée est un jargon total.

Ces résultats sont fortement contrastés puisqu'*il reconnaît les mots dans le texte, mais ne lit pas, qu'il épelle correctement un texte, mais est incapable d'en faire autant sur un alphabet.*

La quasi-impossibilité à lire alors qu'il peut reconnaître les mots du texte a été étudiée avec Germaine ; elle correspond à un dysfonctionnement au niveau du circuit virtuel interne décrit.

158 LIRE, C'EST VIVRE

La seconde discordance est inédite : il peut épeler sur un texte mais ne peut épeler sur un alphabet, celui-ci étant présenté en « planche », chaque consonne étant accompagnée de la voyelle « a » (il ne peut même pas reconnaître les consonnes proposées oralement). Ainsi, il peut faire la correspondance son/graphie (il épelle un texte correctement), il possède le mécanisme du déchiffrage (il donne quelques syllabes), mais tout ceci est inutilisable, il ne peut réellement ni lire, ni transcrire.

Démontons le mécanisme de ces anomalies :

– l'entrée première par le circuit virtuel n° 2, qui réalise le modèle interne premier graphique et la mise en dépôt de l'inventaire, du répertoire, des graphèmes (l'alphabet), a été suffisante pour autoriser le passage par un « premier » circuit n° 5, couplé à un circuit n° 9 (le premier circuit n° 5 est obligatoirement couplé au circuit n° 9), pour créer le modèle interne oral (c) qui va permettre le point de départ du circuit n° 6 ; cette entrée première a été insuffisante pour autoriser la naissance d'un circuit n° 5 « second » – c'est-à-dire détaché du circuit n° 9 –, et pour permettre de retester l'étalon (c'est ce que font certains enfants qui repassent par « vé » « a » pour lire « va ») ;

– cette altération ou cette incertitude de l'étalon se traduit par l'incapacité à reconnaître ou évoquer sur alphabet ; en effet, la syllabe constituée d'une consonne et de la voyelle « a » est *la syllabe originelle*. Épeler un texte est une situation postérieure à la syllabation, situation déjà en germe lorsque l'on présente les consonnes avec des voyelles différentes. Citons en exemple cet enfant porteur d'un syndrome de Landau, âgé de neuf ans ; je pratique à chaque séance des exercices sur une planche d'alphabet avec « a » (chaque syllabe est présentée en frappant : « pa », « pé », « a », « pa », afin de bien sentir que le phonème, la consonne p, appelée à l'aide de la voyelle é, est extraite de la syllabe) ; lorsque sans prévenir je présente cette planche avec des voyelles différentes (qu'il connaît bien sûr, puisqu'il lit à ce stade), il demande « Qu'est-ce que ça veut dire ? », comme si cette syllabe devait avoir un sens.

Le comportement spontané de Cédric est d'utiliser de façon constante et actuelle un couplage des circuits n° 5 et n° 9 : c'est ainsi que nonobstant ses mauvaises performances lexiques et graphiques, il est capable d'épeler un texte correctement. Le couplage des circuits n° 5 et n° 9 n'a d'existence réelle que dans l'installation première du modèle interne (c) et par la suite cède la place au circuit n° 5 isolé ; le couplage peut être réutilisé pour « tester » l'étalon ou pour épeler. Ce faisant, il a « escamoté » le couplage 5/9 primordial qu'il ne peut utiliser, car non fiable : ceci autorise une performance satisfaisante, bien qu'isolée, mais n'autorise pas un édifice linguistique efficace (montée de la consonne avec la voyelle d'appel toujours identique). Les passages ultérieurs par les circuits 5/9 se feront avec des variations de voyelles ou avec un texte (c'est-à-dire qu'ils ne se feront pas avec la voyelle d'appel é).

Il ne convient pas de tirer profit de cette bonne production, l'épellation d'un texte, mais plutôt de la « remettre à sa place » dans un ordonnancement normal en la replaçant dans la situation immédiatement post-originelle que nous allons décrire.

Il y aurait un circuit virtuel partant du modèle interne premier graphique, doublant le circuit n° 5 et créant le modèle interne oral (c) « primordial » ; la naissance de « c » primordial permet de détacher le premier circuit n° 5 du circuit n° 9 qui lui est couplé, ce qui s'exprimera par la variation de la voyelle dans la syllabe (et non de la consonne).

Comme le circuit virtuel externe n° 2 (qui à la suite du circuit virtuel externe n° 1 établit la représentation mentale graphique primordiale, c'est-à-dire le modèle interne graphique premier), ce circuit virtuel interne, qui suit le trajet du n° 5, va établir le modèle (c) primordial.

Les circuits virtuels internes sont en quelque sorte la réplique des circuits virtuels externes ; une fois prévu et rencontré chez Germaine le circuit virtuel qui crée la représentation mentale graphique, suivant la direction du circuit n° 6, *nous*

nous attendions à avoir un deuxième circuit virtuel interne, réplique de l'externe ; de fait, c'est celui qui vient d'être mis en place, créant le modèle interne oral (c), suivant la direction du circuit n° 5. Nous appellerons ce circuit *le circuit virtuel interne n° 1* (bien que découvert en second), et le circuit découvert chez Germaine, *le circuit virtuel interne n° 2*. On retrouve les situations habituelles lorsque le déficit se situe principalement sur un circuit virtuel : le patient a une performance correcte, dans une dysharmonie totale, avec escamotage d'un circuit obligé.

Ce circuit virtuel interne n° 1 paraît être le circuit n° 5 « primordial », couplé au circuit n° 9, qui va créer le modèle interne oral (c) primordial ; ce circuit primordial crée le modèle (c) au moment où il se libère du circuit n° 9 – à condition que l'étalon soit fiable. Ces considérations délicates mériteront un développement ultérieur.

Voici, à la lumière de cette analyse, l'enchaînement mis au point et correspondant à *un exercice privilégié mettant en œuvre le circuit virtuel interne n° 1* :

– je propose une phrase courte, écrite en cursive (pour l'instant il n'est pas utile de préciser si elle doit être écrite en silence ou dite car cet exercice sera compris dans un enchaînement plus global, incluant tous les circuits virtuels, et qu'il sera de ce fait spontanément modifié),

– je lui demande d'épeler ce texte et j'écris lettre après lettre sous sa dictée, sous la phrase proposée ; nous nous préoccupons bien de *lier* les lettres ainsi transcrites, reconstituant ainsi le mot écrit en cursive.

Monsieur Ho, Madame Lecocq, Germaine puis Cédric ont permis de mettre en place l'ensemble des circuits virtuels.

La notion de circuits virtuels mérite que l'on s'y arrête ; une pause qui n'est pas forcément reposante, mais clarifiante, espérons-le !

Les circuits virtuels sont des circuits reliant des éléments du schéma des fonctions linguistiques. Ils ont été parcourus, soit dans l'espèce lors de la création de l'écriture, soit chez l'enfant lors de l'apprentissage de l'écrit, une seule fois (spontanément chez l'homme découvreur de l'écriture, avec l'aide du pédagogue chez l'enfant). Ils se sont « gommés » par la suite mais doivent avoir conservé une certaine virtualité, mise en évidence en pathologie, soit dans leur parcours spontané par le patient – et dans ce cas le déficit est réduit en tout ou rien –, soit dans leur parcours par le biais des exercices privilégiés, réduisant aussi le déficit en tout ou rien.

Les quatre circuits virtuels mis en évidence jusqu'à présent relient le haut et le bas, la représentation mentale orale et la représentation mentale graphique. Ils ne se manifestent que lors de la réalisation de l'écrit – avec probablement des anomalies structurelles en amont, puisque l'écrit est dans l'oral.

Les circuits virtuels externes ont déjà été décrits, lors de la première mise en place du schéma ; une partie de leur structure intime ou de leur nature se modifie quand le compartiment moyen est mis en place. En pathologie, leur parcours est une reviviscence de la situation originelle ; il reste encore à définir leur *virtualité*.

Les circuits virtuels internes :

– *Le circuit virtuel interne n° 1* est le circuit n° 5 premier, couplé au circuit n° 9. Il est parcouru une fois : après la création du modèle interne premier graphique, issu du circuit virtuel n° 2, et la mise en dépôt de l'alphabet dans le secteur épellation, l'ensemble monte pour créer le premier modèle interne oral (c). Au moment de la création de (c), dès qu'il a lancé sa liaison vers le modèle interne oral propre (b) et que sa racine s'ajoute aux autres – provenant du modèle interne oral étranger (a) et du modèle interne oral propre (b') issu du circuit n° 7 – et lorsque ainsi le circuit n° 6 se détache pour descendre vers la représentation mentale graphique, alors le circuit virtuel s'efface (perd sa réalité pour trouver une virtualité), le circuit n° 5 premier se découple du circuit n° 9

162 LIRE, C'EST VIVRE

(qui a donné l'enclave épellation en oral) et la voie est frayée pour le futur circuit n° 5.

Dans certaines situations, il est possible de *tester cet étalon* : en faisant faire « vé-a-va », on vérifie la bonne marche de l'ex-ensemble 5/9, mais il ne s'agit pas du parcours du circuit virtuel vrai, car il est dans ce cas considéré en dehors de son aboutissement obligé en (c), donnant ensuite le départ au circuit n° 6. Ce circuit est mis en évidence lors du contraste entre une épellation possible sur un texte et impossible sur l'alphabet présenté avec la voyelle « a » ; il sera ensuite mis en évidence lors de la pratique de l'exercice privilégié qui rétablit l'ordre des choses.

Dans cet exercice privilégié, en faisant épeler un texte écrit, on fait parcourir ce « recouplage » artificiel et tardif de 5/9, mais en écrivant les lettres à la place du patient sous ses yeux et en les liant, nous prenons à bras-le-corps le point d'arrivée de cet ensemble 5/9, séparons le n° 5 du n° 9 et le plongeons en (c) pour faire partir le circuit n° 6 : *dans sa production pathologique, il parcourait l'ensemble 5/9 second en ignorant le 5/9 premier,* c'est-à-dire sans avoir effectué ce découplage brutal entre les deux circuits, indispensable à la suite des opérations. En le forçant à le faire ici, nous établissons le (c) primordial, comme le circuit virtuel n° 2 avait établi le modèle interne premier graphique.

– *Le circuit virtuel interne n° 2* a déjà été expliqué dans l'observation de Germaine ; son trajet double le circuit n° 6. Pour mieux le comprendre, il faut faire appel à la notion de (f) *en pointillé.* Le circuit n° 5 originel, couplé au circuit n° 9, crée le modèle (c) quand il se détache du circuit n° 9 et donne naissance au circuit n° 6 qui entame sa descente (trois racines) ; ce circuit n° 6 va créer en représentation mentale graphique le modèle interne (f). Mais, lors de ces « premiers passages », en ce premier temps de l'installation du compartiment moyen, ce (f) sera un modèle « en pointillé », c'est-à-dire ignorant les circuits n° 5 ultérieurs, puisque c'est lui qui va les rendre possibles. Germaine a créé le modèle (f) qui existe avant le

LA PLANÈTE DE LE VERRIER

passage par les circuits n° 5 seconds, en escamotant cependant le circuit n° 5 second qui existe puisqu'elle peut utiliser la rétention. Lorsque le modèle (f) est créé, le graphisme entre par le circuit n° 3 et donne le modèle étranger graphique (d) ; le circuit n° 4 ne sort pas du modèle (f) seul, mais du modèle (f) ayant donné la quatrième racine du circuit n° 5.

Nous pouvons ainsi rapprocher *circuit virtuel externe n° 1* et *circuit virtuel interne n° 2* : Monsieur Ho utilise sa main, geste effecteur externe avec surimposition du modèle, comme s'il créait le graphisme. Germaine utilise sa main, mais en compartiment moyen, le compartiment des représentations mentales, elle suit seulement le texte du crayon, elle crée la représentation mentale graphique avec surimposition du modèle (entrée du graphisme en représentation mentale graphique). *Circuit virtuel externe n° 2 et circuit virtuel interne n° 1* peuvent ensuite être rapprochés :

Madame Lecocq me dicte ce que je lui ai demandé de retenir et j'écris, créant à sa place les premières représentations mentales graphiques. Cédric me dicte son épellation d'un proposé écrit et j'écris, le forçant à libérer la consonne de la voyelle uniforme qui en permet l'épellation, créant à sa place le modèle interne (c), libéré du circuit n° 9.

Chapitre 8

Le double statut de la voyelle

Ce chapitre commence par le récit détaillé d'une rééducation difficile et on se dit : mais c'est vraiment trop spécialisé ! Il débouche sur des découvertes passionnantes, faciles à comprendre, car perceptibles intuitivement : le double statut de la voyelle et la notion d'extensivité de la syllabe. Il est indispensable de comprendre ces notions pour aborder le chapitre suivant, plein de surprises...

Au travail ! Essayons de faire fonctionner cet instrument complexe mis au point pièce par pièce. Voulez-vous savoir comment Stanislas sera conduit sur la voie de la guérison ? Stanislas est sévèrement atteint : à douze ans, il ne peut ni lire, ni écrire – pourtant il parle très bien et son développement physique est normal. Aux troubles de type aphasique de forte pénétrance s'ajoute un contexte familial douloureux. À la suite du décès de sa mère, il est confié à l'Aide Sociale à l'Enfance qui le place dans une famille d'accueil à l'âge de huit ans ; il rejoint sa famille paternelle pour les vacances.

Après un Cours préparatoire d'adaptation et deux années de Cours préparatoire normal dans une école privée, il retourne à l'école publique en classe de perfectionnement où il se trouve lors de la première consultation. Il a été suivi pendant cinq ans au Centre médico-pédagogique de son secteur, en psychothérapie et en orthophonie ; quelques mois avant cette

166   LIRE, C'EST VIVRE

consultation, il a demandé à arrêter ces soins. De fait, malgré ce soutien pédagogique, psychothérapique et orthophonique, il n'a pas pu faire l'apprentissage de l'écrit : il ne peut ni lire, ni transcrire, il ne peut que copier.

Son audition est bonne. Il n'a aucune maladie décelable. La psychologue et l'assistante sociale qui le suivent depuis l'âge de sept ans confirment la normalité du niveau intellectuel et l'absence de troubles de la personnalité. On signale une certaine agitation à l'école, mais sans trouble majeur du comportement.

Devant cet échec massif, dans une situation familiale difficile, le problème de l'orientation scolaire devient aigu : faut-il renoncer à un circuit normal et envisager un hôpital de jour en mettant ces anomalies sur le compte d'une dysmaturité psycho-affective dans un contexte social défavorisé ? Ou bien y a-t-il un autre diagnostic aiguillant vers une thérapeutique spécifique et une possibilité d'acquisition de l'écrit ?

Le bilan initial se fait lors de la première consultation, en une heure et demie ; il comporte des épreuves très brèves, non standardisées – quelques textes sont utilisés préférentiellement, un syllabaire, un volume de l'Encyclopédie Gallimard Jeunesse Benjamin. Il s'agit surtout d'une étude qualitative minutieuse cherchant à mettre en évidence les productions explicatives pouvant rendre compte du fonctionnement pathologique.

Stanislas ne présente aucune anomalie sur le plan oral : il parle avec une fluence satisfaisante, est parfaitement intelligible en l'absence de troubles de l'articulation ou de la voix, la répétition est bonne ; il est informatif, il n'y a ni manque du mot, ni agrammatisme*, ni assyntaxie* (son langage est correct et on le comprend bien).

Stanislas n'a absolument aucune acquisition en lecture : ni correspondance son/graphie, ni déchiffrage, ni reconnaissance des mots dans le texte, ni épellation – que ce soit sur le texte ou sur alphabet avec « a » ; de plus, il n'a aucune notion du potentiel linguistique d'un texte écrit : il demande s'il doit commencer par la première ou la deuxième ligne du texte, s'il doit lire les lettres en bleu ou les lettres en noir ; le récit du texte est totalement inventé ; l'épreuve s'accompagne d'une certaine agitation avec des réactions de prestance (se tortille, rit, donne des productions fantaisistes, chantonne, regarde ailleurs, etc.).

Il est droitier ; la dictée donne – dans un comportement de grande gêne – un jargon total, réduit et dysgraphique (document 41). La dictée épelée donne une production totalement informe et il dit « Je sais pas, je fais n'importe quoi »

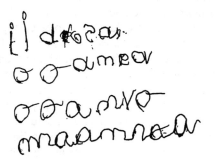

Document 41. Dictée.

Document 42. Dictée épelée.

Document 43. Texte spontané.

168 LIRE, C'EST VIVRE

(document 42). La copie est fidèle mais dysgraphique*. La demande d'écrire un texte pour commenter une image le prend au dépourvu : il fait un commentaire oral, puis propose de faire un dessin, puis entame une production jargonnée qui se poursuit par une « pseudo-guirlande », c'est-à-dire une imitation délibérée de l'écriture par laquelle il manifeste son agacement et son impuissance (document 43). Il est intéressant d'observer que la lecture de ce qu'il vient d'écrire donne une production orale jargonnée et à peine articulée (rappelons qu'il n'a aucune difficulté à parler).

L'examen neurologique succinct est normal [1].

Le diagnostic porté est celui de troubles de type aphasique, de pénétrance sévère, caractérisés par la qualité des anomalies et par leur résistance aux abords antérieurs, adaptés et soutenus, en pédagogie spécialisée, psychothérapie et orthophonie.

Ce bilan mérite quelques commentaires. La conduite de l'examen est entièrement orientée par l'option théorique et thérapeutique : ne chercher à mettre en évidence que les charnières essentielles du modèle des fonctions linguistiques ; en tester les différents points et analyser la modalité de réponse ; faire ressortir les productions anormales permettant de démonter le fonctionnement pathologique. Ces quelques épreuves simples et non standardisées ont d'abord répondu au type de consultation (limitée dans le temps et difficile à répéter lorsque les patients viennent de très loin) mais se sont avérées amplement suffisantes. Si ces résultats ne permettent pas d'avoir des informations « traitables » (au sens statistique), ils suffisent néanmoins pour comparer les cas et apprécier les résultats du travail aphasiologique ultérieur : il fait la correspondance son/

---

1. Cet examen neurologique ne concerne que le segment céphalique et les membres supérieurs : il est fait pour s'assurer de l'absence d'atteinte parétique des organes bucco-phonatoires, de l'absence de déficit moteur, de dystonie*, de syndrome extrapyramidal*, de syndrome cérébelleux* pouvant interférer avec la parole ou la transcription ; la dysmorphie* éventuelle est notée ; on s'assure enfin qu'il n'y a pas d'absences ou de comportements atypiques pouvant évoquer des équivalents comitiaux ; on vérifie la normalité des praxies*.

LE DOUBLE STATUT DE LA VOYELLE 169

graphie ou ne la fait pas ; il déchiffre ou ne déchiffre pas ; il épelle ou n'épelle pas – le nombre d'erreurs importe peu.

Le bilan permet ici de conclure à l'existence de troubles de type aphasique. Devant la demande de prise en charge et l'urgence du cas – l'âge mais aussi le contexte social –, je propose deux ou trois séances probatoires. Ce sont des séances d'une demi-heure permettant d'amorcer l'abord aphasiologique ; elles sont nécessaires pour confirmer le diagnostic (refaire éventuellement certaines épreuves pour s'assurer de la fiabilité des résultats), apprécier l'impact thérapeutique (essayer quelques exercices et observer les modifications de la production sous cet impact) et enfin s'assurer de la participation de l'enfant. Il faut, bien entendu, que l'enfant soit d'accord et motivé, mais aussi et de façon impérative, qu'il n'ait pas trop de problèmes de comportement (agitation, opposition) et accepte d'être « passif », c'est-à-dire de se laisser faire et d'enchaîner les exercices proposés sans chercher à comprendre, ni à modifier quoi que ce soit.

Après s'être assuré de la justesse des observations ayant conduit au diagnostic de troubles de type aphasique, des possibilités d'organisation matérielle d'un travail aphasiologique et des motivations de l'enfant, le travail peut réellement commencer.

Cette observation s'étend sur vingt-sept séances ; le travail aphasiologique n'est pas terminé mais l'évolution est suffisamment significative pour qu'il soit intéressant et instructif de les décrire.

De la première à la cinquième séance

Ces premières séances permettent de faire l'état des lieux en décrivant la sémiologie pathologique caractéristique des troubles de type aphasique : il ne peut absolument pas lire puisqu'il ne fait aucune correspondance son/graphie et ne déchiffre pas. De plus, il « ne sait pas » que l'on peut avoir

170 LIRE, C'EST VIVRE

ce type d'activité devant un texte ; il ne saisit pas la charge linguistique de l'écrit (en dehors même de toute demande de lecture, un texte n'est porteur d'aucun sens, il est « inerte »). Il ne peut utiliser sa mémoire sur le plan linguistique, même très fortement motivé (si je lis devant lui plusieurs fois une courte phrase et s'il est possible de la lui faire répéter de mémoire, il reste incapable de tout déchiffrage si je lui propose de lire cette même phrase). L'attitude de Stanislas est également caractéristique : il s'agite, regarde au loin, étire les phonèmes en donnant le geste de la méthode phonéticogestuelle, dit même « C'est comme au jeu de poker »...

Il ne peut écrire ni en dictée, ni spontanément ; la production est un jargon total et réduit, sans aucune stratégie de correspondance son/graphie – il est impossible d'identifier le mot, même en présence du texte. Le graphisme est particulier – en dehors de tout problème moteur ou d'organisation spatiale (l'examen neurologique et l'étude de son comportement graphique, ainsi que la bonne qualité de la production en rétention graphique en apportent la preuve) : il est tremblé et hésitant avec ratures et reprises, certaines lettres sont informes, des lettres se succèdent en s'imbriquant les unes dans les autres ce qui les rend difficilement individualisables – on aura ainsi des lettres « siamoises » avec « j » et « r », « j » et « p », « ch » et « n » ; la gêne linguistique entraîne souvent une dysgraphie* avec un positionnement corporel malaisé – la production de lettres « sans forme » évoque une anomalie du *préalable graphique*. Ce préalable est à situer dans l'étude d'ensemble des préalables [2] et concerne la « non-saisie » de la charge linguistique de la lettre ; le déficit est évident lors de la production de vraies « guirlandes », à tous les modes (dictée, copie, spontané) alors que la possibilité de copie de figures géométriques est préservée ; le déficit est confirmé lorsque le passage de la guirlande à une écriture normale se fait chez des enfants de dix à douze ans, à la suite du travail aphasiologique, en

2. Voir chapitre 4.

LE DOUBLE STATUT DE LA VOYELLE   171

contrôlant parfaitement chacune des étapes, conformément aux prévisions de l'analyse.

Il est fort intéressant d'observer la production spontanée de Stanislas lors du premier examen : la première ligne comporte un jargon dysgraphique* avec lettres informes, cédant très vite la place – dans le mouvement de l'écriture rapide – à une parodie d'écriture (« pseudo-guirlande »), parodie consciente et délibérée, qui n'a rien à voir avec la guirlande « vraie » (dont nous avons donné des échantillons), témoin d'une anomalie plus profonde du préalable graphique et différente aussi de la guirlande « névrotique ».

La pratique des premiers exercices mettra en évidence un autre éventail de comportements linguistiques anormaux ; pour ces exercices, seules les premières pages d'un syllabaire seront utilisées.

1. Première série d'exercices :

– Exercice consistant à présenter un texte segmenté en syllabes par un trait au crayon, à l'enregistrer syllabé puis à faire entendre cet enregistrement et à demander seulement de « sauter » avec son crayon « tapeur » de syllabe en syllabe, sans la moindre parole.

– Exercice consistant à « lire » après moi un texte segmenté en syllabes (donc en fait à répéter) en sautant avec son crayon tapeur de segment en segment, présenté par mot ou par deux mots (ou plutôt par deux ou trois syllabes car la coupure est totalement indépendante du sens et je peux arrêter de lire au milieu du mot).

– Enregistrement d'une courte phrase dite normalement, répétée deux fois puis une troisième fois en syllabant tout en frappant les syllabes du crayon sur la table (« on les tape ») ; je lui demande ensuite de réécouter l'enregistrement en silence et de taper en même temps lors de la troisième proposition – puis éventuellement de redire de mémoire la phrase de deux ou trois mots, en tapant en même temps du crayon sur la table ; tout ceci se fait sans présenter le texte.

Il est tout à fait incapable de faire ces exercices qui explorent et consolident la disposition à syllaber : *il ne s'agit pas de reproduire des rythmes, il s'agit de dire des syllabes* — lesquelles s'accompagnent de rythme, comme nombre de fonctions biologiques ; il est important d'avoir à l'esprit que l'on n'attend pas une bonne reproduction du rythme, une bonne synchronisation avec les syllabes, une répétition fidèle : il suffit qu'il entende ce qu'on lui propose et de se laisser entraîner passivement à faire de même.

2. Deuxième série d'exercices

Son écriture montre et confirme des oscillations entre un graphisme acceptable — avec cependant une « présence » exagérée à l'écrit se traduisant par la progression très lente et très appuyée du tracé — et une production informe (un mélange de graphies mal formées, de lettres « siamoises » et de graphies informes) ; il fait des essais de description des directions ou des points viennent ornementer sa production ; il bascule enfin dans la pseudo-guirlande (sorte de gribouillis, qui n'est pas une « vraie » guirlande car la possibilité d'écrire des lettres reconnaissables coexiste). La copie est en fait un dessin car elle reproduit servilement des détails non significatifs du modèle. *Il est incapable d'écrire son nom ou son prénom.* En dictée épelée des voyelles, il ne peut rendre que « a » et « o », même pas « u » ou « i ».

Les exercices pratiqués dans ce cadre d'anomalies du préalable graphique consistent à lui faire reproduire sur une feuille des lettres proposées à ses côtés sur une autre feuille, lettres isolées, grandes, en cursive souple, en silence, sans aucun commentaire, sans aucune progression dans la complexité des formes. Cet exercice vise à détacher totalement la lettre de toute sa charge linguistique et à inciter à reproduire par imitation — tout en préparant leur insertion dans une structure linguistique normale à l'aide des autres exercices. Stanislas,

LE DOUBLE STATUT DE LA VOYELLE

à la différence des cas « avec guirlande », peut reproduire les lettres ; le résultat importe peu, mais l'exercice doit être fait car le préalable graphique en jeu n'est pas solide. Ces exercices seront repris tout au long de la rééducation pour entraîner un fonctionnement normal, dont *le résultat est de moindre importance que sa simple mise en œuvre.*

À la cinquième séance, l'écriture s'est « normalisée » : en dictée, les lettres sont pour la plupart autonomes et, dans l'ensemble, grandes et identifiables (il cherchera d'abord à dire les directions des lettres puis abandonne – nous l'incitons plutôt à se taire...). Cette allure et cet aspect de la transcription nous assurent que le préalable graphique est acquis (documents 44 et 45).

Document 44.

Document 45. Dictée.

3. Troisième exercice : l'exercice privilégié n° 1

Il ne peut être pratiqué : lorsque je lui propose d'écrire en dictée sous un modèle disposé sur trois lignes (sans aucun

174 LIRE, C'EST VIVRE

critère, même de sens, pour la segmentation de la phrase proposée), en lui indiquant l'endroit où il faut écrire et en accompagnant sa transcription de mon proposé dicté, il ne fait que copier servilement et maladroitement les deux dernières lignes – les plus proches de son crayon.

Aucune consigne supplémentaire ne doit accompagner cet exercice. S'il ne peut le pratiquer, il faut procéder autrement, par une préparation, « faire en sorte qu'il soit mis en état de le faire ». C'est le fonctionnement linguistique sous-jacent autorisant la pratique de l'exercice qui nous intéresse, plutôt que la performance elle-même.

4. La lecture est toujours totalement impossible, même pour une seule ligne, même en fin de séance après avoir proposé la même phrase pour tous les exercices. Il dit spontanément : « La prochaine fois, je me rappellerai » ; il s'étonne de sa production et dit : « Je ne dis que des " a " et des " o " », mais il est totalement incapable de déchiffrer quoi que ce soit.

5. À ce stade où la « broderie » (exercice consistant à lui proposer une copie au fur et à mesure de lettres isolées tracées en silence à ses côtés, sans aucune exigence de conformité) n'a plus besoin d'être pratiquée, je lui fais enchaîner les exercices suivants :

– un texte est écrit en cursive et dit devant lui, segmenté et enregistré, puis écouté par lui, suivi et tapé sur les syllabes, en silence ;

– je lui demande de répéter les syllabes entendues en même temps que l'enregistrement, pendant que je les désigne sur le texte en sautant avec le crayon par-dessus les traits de segmentation ;

– il copie syllabe sous syllabe, sous ce même texte en cursive, segmenté en syllabes, tout en entendant l'enregistrement de chaque syllabe (on règle le magnétophone pour attendre que sa copie de chaque syllabe soit terminée avant de passer à la suivante) ;

LE DOUBLE STATUT DE LA VOYELLE 175

– puis, lecture syllabée à ma suite, en sautant de syllabe en syllabe : par deux ou trois syllabes alternativement moi, puis lui (le choix des syllabes étant totalement indépendant du sens, la troisième syllabe pouvant par exemple tomber au milieu d'un mot) ;

– je lui propose la phrase enregistrée deux fois entière, puis une troisième fois syllabée, proposée ensuite à la frappe – comme nous l'avons déjà décrit plus haut ;

– exercice privilégié n° 1 ;

– exercice privilégié « bâtard » : la présentation est différente (la phrase est écrite sur une seule ligne et toujours dite en l'écrivant), une consigne supplémentaire est donnée : « Je te dicte », mais je lui demande en plus d'écrire mot sous mot en montrant l'emplacement de chaque mot au début de l'exercice, la dictée est faite de la même façon que pour le privilégié n° 1, accompagnant de façon synchrone sa transcription ;

– exercice de « broderie » pratiqué cette fois en dehors de toute anomalie du préalable graphique (et ne jouant plus le même rôle) ;

– écriture « à l'envers » : un mot quelconque est écrit silencieusement devant lui, en grosse cursive ; en lui demandant seulement de bien regarder, je parcours le tracé de droite à gauche, puis, simulant le parcours d'un circuit automobile, je lui demande de poser la pointe de son crayon à la droite du mien et de me suivre dans le tracé de la lettre, le mot n'étant dit à aucun moment ;

– un « patinage » silencieux : copie alternée côte à côte, moi puis lui, chacun sur sa feuille, de mots ou de segments de phrase avec une écriture glissée et fluide, assez grande – toujours silencieusement ;

– un patinage « dit » : l'exercice est le même mais je dis le mot en l'écrivant ;

– une rétention silencieuse, puis dite (même présentation d'un mot que je cache ensuite et que je lui demande de retranscrire) ;

– et enfin, une « gymnastique » : cet exercice consiste à

présenter en planche un alphabet où les consonnes sont suivies de « a » ; devant lui et en enregistrant l'exercice sur magnétophone, à l'aide du crayon tapeur, on « tape » sur chaque syllabe (présentées sans aucun ordre particulier, ni aucune progression) un coup en disant « pa » puis trois coups accompagnant « pé », « a », « pa » ; on repasse l'enregistrement et je lui demande de taper sur les syllabes de la même façon, sans parler et ainsi de suite en sautant d'une syllabe à l'autre – s'il ne saute vraiment pas à temps ou traverse la page, je l'incite indirectement à sauter sur la bonne syllabe en la présentant dans un cache qu'on avance progressivement ; par contre, je ne corrige aucunement les anomalies de la frappe (rappelons qu'il ne s'agit pas de rythme) ; puis la tâche est répartie : je propose en tapant « pa » et il doit continuer avec « pé », « a », « pa » en tapant, puis nous inversons ; sa lecture des syllabes est totalement erronée – peu importe, je la lui souffle ; en revanche, l'analyse de la syllabe en ses phonèmes constitutifs et l'utilisation de la voyelle d'appel sont parfaites. À noter que nous « appelons » les consonnes comme dans l'alphabet et non comme dans certaines méthodes pédagogiques ou dans la méthode phonético-gestuelle (nous disons « bé, sé, dé, èf » et non « be, ke, de, fe » ou « b, k, d, ffff », cette dernière façon ne donnant que le « son »).

De la sixième séance à la huitième séance

Nous aurons trois objectifs.

Il s'agit d'abord de « casser » l'écriture, après l'avoir fait naître en linguistique. Une fois le préalable graphique normalisé, il reste que son écriture a une lenteur et une « présence » tout à fait préjudiciables non à la performance, mais à l'installation de rapports normaux avec l'ensemble des représentations ; leur fonctionnement n'a pas besoin de ce poids de « conscience », qu'il traîne avec lui et qui pèse sur son écriture.

LE DOUBLE STATUT DE LA VOYELLE

Pour ce faire, on pratique le « patinage dit » déjà décrit ; on fera aussi une « rétention dite » (il doit écrire de mémoire un mot que j'ai écrit à ses côtés en le disant à haute voix, puis que j'ai caché), sans se préoccuper du résultat. Un sondage est tenté en faisant une dictée de la phrase ainsi travaillée : il ne peut strictement rien retenir.

On travaillera ensuite la disposition à syllaber (nuance capitale, car il ne s'agit pas de « faire » de la syllabe ou d'obtenir qu'il en fasse, mais d'agir au niveau de cette disposition du cerveau – bien évidemment en dehors de toute corrélation anatomique ou physiologique).

Enfin, on fera en sorte qu'il puisse pratiquer l'exercice privilégié n° 1 ; il ne s'agit pas de le lui apprendre, ni de franchir progressivement les étapes préparatoires, mais de mettre en place le mécanisme porteur.

Pour la première fois, à l'occasion de l'exercice privilégié, Stanislas présente un comportement linguistique tout à fait particulier, *comportement si éloquent qu'il va nous donner la clé de tout le dysfonctionnement* : il se contentait au début de copier le proposé écrit le plus proche, sans se préoccuper de ce qui était dicté. À la sixième séance, il ne procède plus ainsi. En réponse à ce qu'il a maintenant repéré dans mon proposé oral (les segments de phrases sont proposés, rappelons-le, dans le désordre), *il cherche un repère écrit* en répétant la phrase et en glissant avec son crayon de mot en mot sur le modèle écrit, essayant de s'arrêter lorsqu'il arrive au mot proposé en dictée (document 46).

Nous avons déjà dit que ce n'est pas le résultat qui est intéressant... Ici, le résultat est bon, mais il ne nous intéresse pas plus ! Il a écrit fidèlement sous dictée (il s'agit dans cet exercice d'une fausse copie/fausse dictée) des proposés donnés en désordre, qu'il semble donc avoir reconnus. Mais ceci n'est qu'un béquillage, cette technique de repérage est « hors linguistique » et ne nous intéresse donc pas. Ceci rappelle l'épellation performante de Madame Tardi qui « béquillait » pour se protéger du pouvoir inhibiteur de l'écrit sur l'oral et qu'il

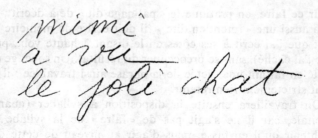

Document 46. Exercice privilégié n° 1.

ne convenait pas d'encourager dans ce sens (ce qui est contraire aux abords rééducatifs habituels incitant à utiliser ce qui est épargné dans la production pathologique).

Comment analyser ce comportement « spontané » de béquillage ? *Cette technique de repérage signe un « mariage raté » entre mémoire et linguistique* : cette mémoire, disponible physiologiquement dans ses expressions de fixation, rétention, évocation, ne peut être utilisée pour fixer normalement. Tant que les mécanismes normaux ne sont pas en place, la mémoire est, en quelque sorte, sur une voie de garage [3]. Chez Stanislas,

---

[3]. Ce jeune adulte de vingt-deux ans, analphabète, dont les troubles de type aphasique ont pu être réduits après trois années de travail, a découvert des possibilités de mémoriser (sans rapport avec l'écrit) qu'il n'avait jamais eues auparavant, par exemple fixer des numéros de téléphone, des consignes ou des trajets.

LE DOUBLE STATUT DE LA VOYELLE

la mémoire sert à fixer l'oral et à le « marier » à un écrit qui n'a rien de linguistique, qui n'est que « symbolique » (comme pour des panneaux routiers), lui servant de repère correspondant au mot oral. Ce garçon est en contact avec l'écrit depuis de nombreuses années (en dépit de certaines théories, cela n'a suffi ni à « latéraliser » son cerveau, ni à le faire lire...), il est à son aise à l'oral et dispose d'une mémoire dont il ne sait que faire. Dans la situation de l'exercice privilégié, il ne voit que les aboutissements, il comprend en quelque sorte la consigne implicite de faire coïncider quelque chose d'oral avec quelque chose d'écrit. Ce quelque chose d'oral est « par force » linguistique – mais son cerveau qui parle est *mal écrit* ; cette potentialité d'écrit dans l'oral est altérée et constitue une sorte de « tare ». Ce quelque chose d'écrit est un simple équivalent symbolique dont le déroulement spatial est calqué sur le déroulement de l'oral.

À ce stade où le préalable graphique est levé et où nous cherchons à casser l'écriture pesée et lente (sans véritable stratégie de recherche), il est possible d'appréhender la « maladie » dont témoigne cette anomalie de production : cette écriture est hors linguistique, elle est seulement en train d'y entrer – elle n'y est pas encore tout à fait...

Un certain nombre de séances est nécessaire pour s'assurer de la réalité de ces comportements et de leur reproductibilité. Il convient alors de les analyser encore plus profondément.

De la neuvième à la douzième séance

La lecture se modifie : Stanislas arrive à lire après moi en sautant de syllabe en syllabe (je ne me préoccupe pas de progresser dans la longueur ou la complexité du proposé, ces facteurs n'ayant pas d'importance). Il arrive ainsi à « lire » une page entière du syllabaire.

Pour la première fois, à la fin de la dixième séance, il

pourra utiliser sa mémoire pour « lire » une page : un mot entraîne l'autre et s'il n'y a pas de véritable déchiffrage, il existe une bonne correspondance entre ce qu'il dit et le suivi du crayon – mais nous ne sommes pas dupes, la technique du repérage est encore à l'œuvre, cependant, dans ce contexte elle ne nous paraît pas nocive.

À la onzième séance, pour la première fois, il peut lire une phrase dès le début de la séance. Il devient possible de cibler son comportement spontané aberrant en élaborant plusieurs stratégies pour l'empêcher d'utiliser le repérage, sans lui donner de consigne directe (ce qui est une règle générale) :

– pour casser son repérage, j'essaye d'abord de lui dire « Vite, vite, allez ! » ; puisque cette opération prend du temps, je ne lui en laisse pas ;

– pour le sortir de la situation où il se met de lui-même, je le mets en situation de « dictée téléguidée » avec modèle laissé (avec la consigne incitative « Je te dicte » et en indiquant qu'il doit écrire sous le modèle, je fais coïncider avec chaque lettre qu'il copie, le « son » correspondant, qui est tenu tant qu'il n'a pas fini de l'écrire) : je le force ainsi à avancer sans repérage (opération facilitée par le fait qu'il n'y a pas de « reconnaissance » à faire) ;

– après ces premières « attaques », je constate d'une part, l'absence totale d'effet sur la dictée normale (le même texte est donné en dictée téléguidée avec modèle laissé puis en dictée normale) et d'autre part, très rapidement, dès la douzième séance, une altération de la production en dictée. Jusque-là, la dictée n'était pas améliorée par les exercices pratiqués et consistait en un jargon, mais ce jargon n'était plus informe puisqu'on pouvait reconnaître les lettres. À la douzième séance, la même phrase, vue à douze reprises aux séances précédentes et plusieurs fois à cette même séance, donne un jargon réduit, stéréotypé avec des lettres informes, comme au début. Il s'agit d'une *régression* – souvent observée : lorsque l'impact a été brutal mais bien ciblé, il entraîne une désorganisation (document 47).

LE DOUBLE STATUT DE LA VOYELLE 181

Document 47. Dictée de « toto rame sur le lac ».

À cette douzième séance, toujours pour empêcher la mise en œuvre de sa stratégie de repérage, je décide de *piéger sa mémoire,* c'est-à-dire de dépasser sa possibilité de fixation et de l'empêcher d'avoir un modèle pour y accrocher ses repères écrits : je propose une phrase plus longue, prise dans le même syllabaire, disposée sur cinq lignes. Je l'écris devant lui en la disant oralement. Le repérage est impossible : il n'a pas pu tout retenir ou en tout cas s'en servir comme modèle pendant qu'il cherche l'équivalent graphique en suivant du doigt ; il est totalement incapable d'écrire quoi que ce soit sous dictée (fausse copie/fausse dictée).

Décrivons le détail de cet exercice privilégié. La phrase écrite est celle-ci :

> « ouvre
> la porte
> de l'armoire
> et choisis
> une cravate »

Le premier mot dicté est « une cravate ». Il fait des efforts, écrit « o », puis « e » (premières lettres d'autres lignes que celle proposée), puis il dit : « Ah oui ! je crois que c'est ça ! » Il repère le « u » de « ouvre » et écrit « uvre », amputant le mot sans aucune gêne.

Devant ce résultat, je contrôle sa possibilité d'écrire en dictée les simples voyelles : malgré toutes ces années de pédagogie et d'orthophonie, il ne peut écrire que « a » « o » « i » (document 48).

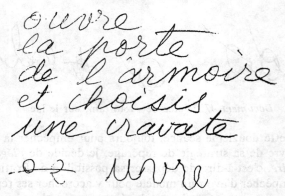

Document 48. Exercice privilégié n° 1.

De la treizième à la seizième séance

Avançons encore. Je ne supprime pas la version orale du proposé, car il fait partie intrinsèquement de l'exercice privilégié que l'on ne saurait modifier impunément en sa structure. Je lui propose un texte long et hermétique : « Protéger vos données contre les coupures » ; le sens et la mémoire sont débordés. Il est totalement dépourvu de moyens, même en insistant sur le premier phonème, prolongé, « vvv », lui tendant une perche pour le repérage, il ne produit quasiment rien (document 49).

Document 49. Exercice privilégié n° 1.

LE DOUBLE STATUT DE LA VOYELLE 183

On constate une fois de plus la désintégration des performances possibles jusque-là : le « privilégié bâtard » (consigne de dictée en situation de copie, mais le modèle est écrit sur une seule ligne et il lui est demandé précisément d'écrire « mot sous mot », le synchronisme entre la proposition et sa transcription est le même que pour le « privilégié ») est très lent, très pénible, le graphisme incertain lorsque la lettre à copier n'est pas très bien écrite ; on retrouvera la même gêne pour le patinage et il se dit fatigué (document 50).

J'utilise des textes médicaux pour cet exercice. La plupart du temps, il se sert toujours de sa stratégie de repérage ; ce raccrochage peut être compris comme un comportement de sauvetage, élaboré dans ce réaménagement linguistique global. L'exercice de « ping-pong » (taper et dire la syllabe alternativement lui puis moi, sur la table et non sur le texte) avec une phrase courte segmentée est, à ce stade, irréalisable : dès qu'il hésite, il essaye de répéter la phrase pour retrouver le contexte de la syllabe que je viens de dire et de trouver la correspondance sur le texte en le suivant du doigt à partir du début ; il faut interrompre l'exercice et ajouter une consigne : « Ne suis pas du doigt et ne retourne pas en arrière ! »

Il ne peut plus pratiquer l'exercice privilégié et son graphisme se désintègre (il ne sépare ni n'individualise les lettres), il copie simplement et mal la première ligne de la série (document 51).

Je décide de « pousser dans son sens » ; dans le « mariage raté » (entre mémoire et linguistique), il associe des symboles graphiques hors linguistique à des repères linguistiques dans la parole ; hors linguistique veut dire hors sens. Nous allons vider l'oral de son sens pour qu'il ne puisse pas s'en servir : c'est à cela que servent les textes médicaux (différents des logatomes*, « sans sens », alors que le vocabulaire médical a du sens, connu de l'interlocuteur mais non de l'enfant). Le texte médical utilisé pour l'exercice est ensuite segmenté en syllabes. Je pratique une lecture sautée, tapée, alternée en ping-pong, destinée à vider l'ensemble de sens, l'oral ne

LIRE, C'EST VIVRE

Document 50. Exercice privilégié bâtard.

LE DOUBLE STATUT DE LA VOYELLE 185

la calcitonine et son activité antiostéoclastique et son action

Document 51. Exercice privilégié n° 1.

pouvant plus lui servir de repérage. Je sollicite sa mémoire et le force au déchiffrage en les faisant s'épauler (ce processus est normal). Les résultats sont satisfaisants.

De la seizième à la vingt et unième séance

Le résultat a dépassé nos espérances : son système lui échappe, il fait des erreurs de repérage grossiers, retourne en arrière, redit la phrase et suit avec son doigt. Pour une phrase aussi simple que « toto rame sur le lac », il se trompe : alors que je lui dicte « sur », il cherche et se croit à « me », l'écriture est désintégrée (document 52).

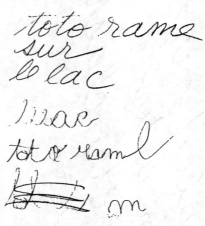

Document 52. Exercice privilégié n° 1.

À la dix-huitième séance, la lecture est correcte avec une bonne juxtaposition mémoire/texte déroulé, elle est fidèle, sans technique de repérage ; cependant, il ne s'agit pas encore vraiment de déchiffrage.

Il n'arrive pas à fixer les graphies – il est inutile d'essayer d'en faire l'apprentissage ; mais il analyse bien la syllabe orale et en extrait bien les phonèmes (voir l'exercice de « gymnastique »). À ce stade, sa fixation des graphies se fait encore à

LE DOUBLE STATUT DE LA VOYELLE 187

l'aide de repères descriptifs, il dit : « r » comme un « z » sans le bas », mais ceci n'a aucune efficacité car une lettre n'est pas un dessin mais un signe linguistique.

À la vingt et unième séance, on peut voir la différence entre la dictée en début de séance et en fin de séance ; la relecture est fidèle (documents 53 et 54).

Document 53. Dictée en début de séance.

Document 54. Dictée en fin de séance.

De la vingt-deuxième à la vingt-sixième séance

Il rentre de vacances après un mois d'absence. Avant son départ, les dernières séances avaient été un peu mouvementées, car il avait présenté des réactions caractérielles. La technique du repérage lors de l'exercice privilégié est totalement abandonnée. Je pratique un nouvel enchaînement d'exercices, élaboré après la mise en évidence et la bonne connaissance de la mécanique des circuits virtuels internes. Cet « enchaînement maison » est le suivant : avec la même phrase,

toujours très simple et prise dans les premières pages du syllabaire :
— pratique d'un exercice privilégié n° 1 : il peut le faire et sans repérages,
— pratique de l'exercice privilégié n° 2,
— sur la phrase écrite sous sa dictée, je lui demande d'épeler et transcris sous la phrase, au fur et à mesure, en liant les lettres (je lui souffle lorsqu'il hésite),
— je lui demande de prendre en main le crayon et de suivre en glissant sous le texte (des deux phrases identiques) et je dis « Je te dicte » de façon très insistante,
— je propose le texte en dictant en faisant en sorte qu'il ne « cherche » pas ; à la moindre hésitation, je lui montre le mot, il rit et dit « Je fonce dans le brouillard », il laisse aller son crayon et écrit le mot « vole » parfaitement et seul (document 55).

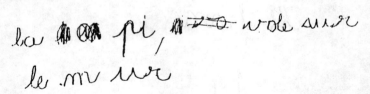

Document 55. Dictée : « Je fonce dans le brouillard ».

L'exploration des différentes situations de dictée va mettre en évidence des anomalies inattendues de la dictée « téléguidée ».

De la vingt-septième à la trentième séance

Nous allons rencontrer une autre dimension de la pathologie linguistique de Stanislas, profonde — rendant bien compte de la sévérité des troubles de type aphasique —, en mettant en évidence dans leur discordance des comportements explicateurs.

LE DOUBLE STATUT DE LA VOYELLE 189

La dictée téléguidée (document 56), assez correcte après trois essais infructueux, s'explique par le travail effectué ; mais jusque-là nous n'avions pas porté notre attention sur des atypies particulières dans ce registre.

Document 56. Dictée téléguidée.

Actuellement il peut faire un exercice privilégié n° 1 sur un texte médical tout à fait hermétique alors que la dictée téléguidée du même texte est absolument impossible : on retrouve les graphies désintégrées du début avec des ratures et un agacement certain.

L'instrument s'affine encore...

Refermons momentanément nos carnets de laboratoire, déposons le crayon qui notait les expérimentations, rassemblons croquis et maquettes. Le but de cette recherche n'a jamais été perdu de vue : *normaliser au mieux et au plus vite, ne jamais avoir d'autre visée que thérapeutique.* Quelle récolte ! Quelle brassée d'hypothèses, de terres à défricher, d'archipels à explorer !

Prenons le microscope – ou le télescope – et voyez seulement !

Ajustons notre appareil sur la représentation mentale orale. Nous l'avions d'abord observée à l'œil nu dans notre tout premier schéma – déjà efficace dans sa forme simple, puisqu'il avait fait de Simon un lecteur –, nous avions pu à l'aide d'une loupe, décomposer et recomposer les modèles internes constituant la structure sous-jacente des deux représentations (dix planches). Passons maintenant au plus fort grossissement sur la partie supérieure de la représentation mentale orale, avant l'installation de l'écrit et avant d'avoir franchi le « no man's land » qui la sépare du modèle interne (c). Ceci nécessite cinq schémas successifs.

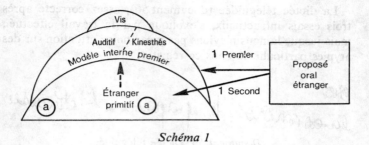

Schéma 1

Schéma 1 : *le modèle interne premier,* calotte surmontant la structure, est formé des trois secteurs auditif, kinesthésique et visuel ; il figure d'abord en pointillés, car il s'agit d'une potentialité portée par l'enfant à la naissance qui se réalisera (se tracera sur notre schéma en trait plein) dès l'entrée du *premier circuit n° 1,* venant de « l'extérieur », provenant du *proposé oral étranger,* premier « entendu » ; la clôture de sa réalisation se fait par extinction de l'inventaire (de l'alphabet oral) ;

– *le modèle interne (a) étranger primitif* va naître sous l'impulsion du *circuit n° 1 second,* c'est-à-dire celui qui succédera au premier circuit n° 1 qui disparaît lors de l'extinction de l'inventaire. Il va initier une recherche d'adéquation active avec le modèle interne premier ; il est tributaire de l'extinction de l'inventaire (il reproduit l'inventaire fixé sur le modèle interne premier) et s'effacera (avec peut-être une rémanence virtuelle) ; en tout cas, il ne sera plus opérationnel pour la suite, il est par essence fugace.

Il n'y a toujours aucune sortie, il ne se produit que des entrées et des aménagements intérieurs ; cet ensemble constitue *le préalable bucco-phonatoire* : potentialité du modèle interne premier et sa réalisation par le premier circuit n° 1, entrée du second circuit n° 1 et création du modèle interne (a) étranger primitif qui initie la recherche d'adéquation jusqu'à épuisement de l'inventaire de l'alphabet oral.

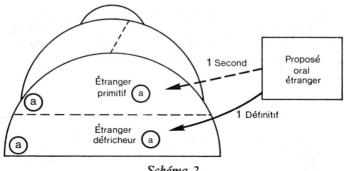

Schéma 2

Schéma 2 : après épuisement d'inventaire et effacement du circuit n° 1 second, l'entrée du *circuit n° 1 définitif* (toujours issu du proposé oral étranger) va donner naissance au *modèle interne (a) étranger défricheur* ; ce modèle interne va utiliser la voie frayée par le modèle interne (a) primitif dans la confrontation à l'étalon (le modèle interne premier), c'est-à-dire *la recherche d'adéquation.*

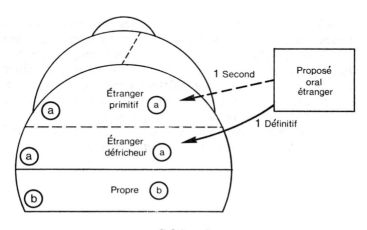

Schéma 3

Schéma 3 : ce modèle interne (a) étranger défricheur n'est aucunement limité par l'inventaire et va donner naissance au *modèle interne (b) propre,* avec lequel il coexiste *de façon symbiotique*, avant toute issue extérieure.

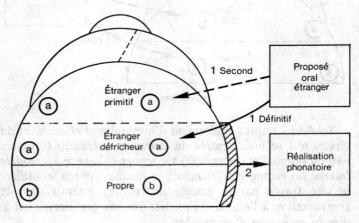

Schéma 4

Schéma 4 : toutes conditions réunies (alimentation extérieure par un proposé oral normalement renouvelé, équilibre relationnel psycho-affectif, maturation neurologique), *une première sortie* par *le circuit n° 2* sera possible ; ceci va initier le feed-back, circuit d'autorégulation, correspondant au jasis, à la période de lallation : *le circuit n° 2* est issu de la symbiose du *modèle interne (a) étranger défricheur* avec le *modèle interne (b) propre* auquel il a donné naissance ; ce *circuit n° 2* va donner naissance à *la réalisation phonatoire*.

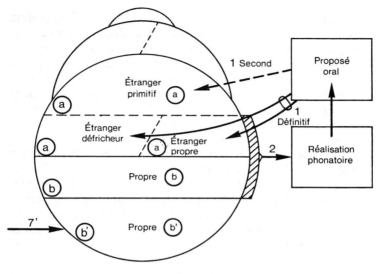

Schéma 5

Schéma 5 : la *réalisation phonatoire*, issue de l'*association symbiotique de (a) interne étranger défricheur et de (b) interne propre, par le circuit n° 2*, devient *le proposé oral propre* et va faire une première entrée en représentation mentale orale par *le circuit n° 1 définitif*, où elle va immédiatement transformer *le modèle interne (a) étranger défricheur* en un *modèle interne (a) étranger/propre* ;

– *la boucle d'autorégulation* initiée par le premier circuit n° 2, va mettre en jeu *le trio modèle interne (a) étranger défricheur* (doté d'une certaine rémanence et coexistant avec le modèle interne (a) étranger/propre jusqu'à extinction de la boucle, c'est-à-dire d'un inventaire associé à une recherche d'adéquation perceptive et kinesthésique), *modèle interne (a) étranger/propre et modèle interne (b) propre* ;

– cette *rémanence du modèle interne (a) défricheur* sert

de contrôle à la correction de la recherche d'adéquation vers le modèle interne premier ; si l'adéquation n'est pas bonne, il se fait une nouvelle issue par le circuit n° 2 pour redonner une meilleure version du modèle interne (a) étranger/propre, par *ajustements* successifs ; si l'adéquation est satisfaisante, il y a *disparition du couple actif modèle interne (a) défricheur/modèle interne (a) étranger/ propre*, pour céder la place à un *modèle interne (a) étranger banal* ;

– la naissance de ce *modèle interne (a) étranger banal,* par disparition du couple actif, va permettre *la réalisation* du *modèle interne (b) propre* – qui jusque-là n'existait que symbiotiquement avec le modèle interne (a) étranger défricheur ; le modèle interne (a) étranger banal est par nature fugace et en créant le modèle interne (b) propre, il lui cède la place et s'efface (mais il pourra être à nouveau suscité dans d'autres contextes).

Nous avons figuré *le modèle interne (b') propre, issu du circuit n° 7'.* Il s'oppose au (b) par des traits essentiels :

– le modèle interne (b) propre s'est réalisé dès la mise en route du circuit n° 2 ; il a été conditionné par le modèle interne (a) étranger défricheur – donc venu de l'extérieur,

– il était quasi-indépendant du sens, inclus dans une mécanique,

– sa réalisation (dans le cadre décrit) a, au contraire, *restreint le sens* et l'a fait passer dans une sorte de *goulet rétrécisseur,*

– ainsi le modèle interne (b') propre, au bout du circuit n° 7', est le sens restreint, mis en forme par le noyau mécanique,

– les contraintes du modèle (b') sont d'une part, sa soumission au modèle interne (b) et (a) via (b), et d'autre part, sa dépendance au sens.

Pour le sens, insistons sur la différence suivante : tout ce que nous disons a nécessairement du sens, par contre tout ce que nous entendons n'en a pas forcément ; lorsqu'elle est alimentée de l'extérieur, notre mécanique linguistique peut se détacher du sens, mais pas lorsqu'elle est alimentée de l'intérieur. Cela est inhérent à la nature de la linguistique, compte tenu bien sûr de certaines situations artificielles que l'on peut créer.

La voyelle

Nous n'avons pas oublié Stanislas, mais Monsieur Faure devra d'abord nous aider pour comprendre ce qu'il y a de plus simple – et partant de plus essentiel – : *la voyelle* ; puis, avec ce « supplément » dans nos bagages, nous pourrons aider Stanislas et la toute petite Janine.

Monsieur Faure a vingt-quatre ans ; il présente un retard global pour lequel aucune étiologie n'a été retrouvée et après un Externat Médico-Pédagogique, puis un Internat Médico-Professionnel, il est actuellement dans un centre d'adaptation par le travail ; il m'est adressé par son orthophoniste. Elle le suit depuis trois ans et a diagnostiqué chez lui, de façon tout à fait pertinente, dans un contexte difficile, des troubles de type aphasique – alors que ses difficultés de parole et son impossibilité à faire l'apprentissage de l'écrit étaient attribuées au retard global. En dépit de progrès très importants sur le plan de la communication, elle n'arrive que difficilement à le faire lire et pas du tout à le faire écrire, l'orthophoniste s'interroge sur son fonctionnement linguistique et demande un avis.

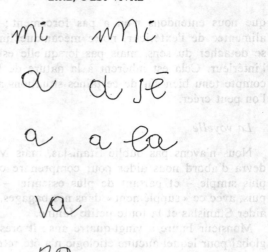

Document 57. Dictée de six phrases.

Nous ne dirons de Monsieur Faure que l'essentiel : sa lecture consiste en une épellation en suivant du doigt, assez correcte ; il peut de même épeler un texte ; cependant, la reconnaissance des mots dans le texte est impossible et cette demande le plonge dans un grand étonnement (de même si on lui demande de faire le récit de ce qu'il vient de lire : il en reprend l'épellation ou, si on cache le texte, invente). La dictée de six phrases du syllabaire est rendue par quelques lettres stéréotypées, mélangeant le script et la cursive (document 57) ; la copie est possible rendue en lettres détachées et avec la survenue d'une lettre passe-partout, « m » ou « n », en remplacement d'une autre ou parasite (documents 58 et 59) ; on retrouve ce type de lettre dans la dictée épelée (document 60).

LE DOUBLE STATUT DE LA VOYELLE

Document 58. Copie.

Document 59. Copie de texte imprimé.

Document 60. Dictée épelée.

Son épellation d'un alphabet présenté en planche avec la voyelle « a » (la reconnaissance des consonnes est à peu près correcte) retiendra toute mon attention : je lui demande, comme dans l'exercice de « gymnastique », de procéder en donnant la syllabe puis en en extrayant consonne et voyelle : « pa, pé, a, pa ». Les résultats sont les suivants : « ta, ta, ta », « ra, ra, a », « ja, pa, pa », « cha, a, pa », « le, a », « ve, a, sa » ; nous les replacerons dans une explicitation de l'épellation.

Que veut dire *pouvoir épeler* ? Il s'agit d'une part, de la correspondance son/graphie et de sa fidélité, d'autre part, de l'utilisation d'une voyelle d'appel (pour appeler la consonne) et enfin d'une « intégration non dite » dans l'alphabet qui est d'abord un répertoire oral (faire l'inventaire de tous les sons qui font du sens dans la syllabe, par leur simple différenciation).

Le circuit virtuel n° 1 n'est pas parcouru de la même façon au moment de l'installation de l'écrit et après ; peut-être a-t-il changé de nature ? : dans le premier cas, il est indispensable, dans le second, il est sollicité dans certaines circonstances

LE DOUBLE STATUT DE LA VOYELLE

seulement. Lors de l'installation de l'écrit, se fait la première montée par les circuits couplés 5/9 – avec, en bas et avant de monter, dépôt en inventaire épellation ; ces deux circuits se séparent, le n° 9 créant le secteur épellation (en haut) et le n° 5 réalisant le modèle interne (c), domaine syllabique. La dictée épelée ou l'épellation d'un proposé oral pourrait se faire par un circuit n° 9′, doublant en sens inverse le n° 9, mais ce circuit existe-t-il ? Question posée, à résoudre...

On peut contrôler la normalité de l'épellation à partir de trois critères :

– il épelle le texte correctement ;

– il utilise la voyelle d'appel : on le teste sur un texte puis sur alphabet – l'épellation sur alphabet peut servir soit à susciter la voyelle d'appel alors qu'il n'avait donné que le « son » (comme dans la méthode phonético-gestuelle), soit à analyser le fonctionnement de façon plus approfondie ;

– l'intégration dans l'alphabet : qu'est-ce que cet alphabet présenté en planche, les consonnes disposées sans aucun ordre ou progression et accompagnées de « a » ? Que signifie mon insistance à ne pas changer la voyelle et à n'utiliser que « a » ?

Cela revient à dire que *la voyelle d'appel doit se distinguer de la voyelle de la syllabe constituée en sens* – la syllabe, premier signe linguistique, première rencontre du signifié* et du signifiant*. On pourrait dire que dans « pé » de « pé, a, pa », « pé » n'est pas vraiment une syllabe ou tout au moins n'a pas le temps de l'être, elle est incluse dans le mouvement qui convoie « p » en syllabe. Ce n'est pas en « forme extérieure » que la voyelle doit se distinguer (c'est-à-dire en opposition phonétique), mais en structure interne et en positionnement dynamique dans le schéma : on pourrait dire sans problème « pé, é, pé » – les « é » du premier et du second « pé », bien qu'identiques phonétiquement (en forme extérieure) sont différents en structure interne, le premier est une voyelle d'appel – vide –, le second, une voyelle pleine, donnant sens à une syllabe. *La consonne ne peut être isolée de la syllabe parlée, elle doit être obligatoirement syllabisée.*

Épeler une lettre isolée, c'est savoir qu'il s'agit d'une opération « seconde », que « p » phonème isolé, n'existe pas. Cette saisie pourrait être en rapport avec le préalable graphique : à l'oral, il est évident que la parole n'est faite que pour parler, ce qui n'est pas le cas pour le signe écrit qui est *inerte* et pris dans ce qui existait.

La voyelle d'appel est un simple rappel du préalable, qui est la saisie avant le sens. Originellement, pour que l'édifice soit normal, « pé » doit être immédiatement suivi de « a » ; ultérieurement, ceci sera sous-entendu lorsqu'une lettre sera proposée à l'épellation isolément. N'importe quelle autre voyelle peut faire usage, à condition de ne pas varier : il ne faut qu'une *dose minimale de sens* afin que la syllabe reste ce qu'elle est, le premier signe linguistique ; à la moindre variation, *une extensivité* est donnée au sens qui a ainsi franchi le seuil liminal.

Disons la même chose en termes de circuits. Reconstituons le premier parcours du phonème « p » : il est prononcé « pé », il passe par le circuit virtuel n° 1, le graphème est créé pour lui correspondre et le circuit virtuel n° 2 le fait entrer en compartiment moyen où, dans la représentation mentale graphique, il donne naissance au modèle interne premier ; puis il y a une montée des circuits couplés 5/9 – après une mise en dépôt dans le secteur épellation, plate-forme dans la représentation mentale graphique ; ce phonème est syllabisé dès qu'il sort de la plate-forme épellation, mais cette première sortie et cette première montée se font avec une « voyelle d'appel », dont la nature est particulière. Le signe écrit, inerte, pris dans ce qui existait, n'est devenu graphème qu'au bout du circuit virtuel n° 1. Le modèle interne premier graphique, au bout du circuit virtuel n° 2, n'est pas inerte car il est « constitué » ou « devenu signe linguistique » au moment où se déclenche le départ des circuits n° 5 et n° 9 (tronc commun).

S'il s'agit de la syllabe vraie « pé », on dira « pé, é, pé » ; dans les autres cas, lorsque « pé » ne dit que la consonne (ne fait que l'appeler) et monte de la plate-forme épellation, il doit être immédiatement suivi du « a » qui le fait entrer dans le modèle (c) normal en représentation mentale orale : la syllabe constituée en sens est située dans ce modèle interne. Ce modèle (c) est créé par le circuit n° 5 ; une liaison se fait immédiatement avec le modèle interne oral (b) propre – point de départ de toute l'opération. C'est après cette liaison que va se mettre en route le premier circuit n° 6, donnant naissance au modèle (f) et ceci jusqu'à épuisement de l'alphabet. Le circuit n° 3 ne s'ouvrira que lorsque l'inventaire aura été épuisé.

Voyons la production de Monsieur Faure :

– « ta, ta, ta » (au lieu de « té, a, ta ») : à la première syllabe, on peut imaginer qu'il s'agit de la voyelle d'appel, mais il ne prononce pas de voyelle isolée et répète la même syllabe ; soit il ne s'agit pas d'une épellation, soit il s'agit d'une itération de la voyelle d'appel en raison de l'impossibilité à sortir du secteur épellation pour entrer en (c) ;

– « ra, ra, a » (au lieu de « èr, a, ra ») : la vraie voyelle survient après, mais ne débouche pas sur la syllabe ;

– « ja, pa, pa » (au lieu de « ji, a, ja ») : pour la première syllabe, il est possible que l'on ait une voyelle d'appel, mais pour les deux syllabes suivantes, il est impossible de trancher entre une voyelle d'appel qui ne peut laisser la place à la voyelle vraie et de ce fait altère la consonne (sa rétention et son identification), ou plusieurs vraies syllabes avec un dérapage sur la consonne ;

– « cha, a, pa » (au lieu de « che, a, cha ») : nous avons ici la preuve du dérapage sur la consonne et de l'ambiguïté du statut de « a » : il n'est pas sûr que « a » soit une vraie voyelle car le « a » de « cha » n'est pas forcément une voyelle d'appel ; la bonne voyelle d'appel est différente de celle qui est écrite, ce qui souligne plus clairement sa nature ;

– « le, a » (au lieu de « èl, a, la ») : ne débouche sur rien ;

– « ve, a, sa » (au lieu de « vé, a, va ») : dérapage sur la consonne malgré la bonne voyelle d'appel.

Si la pathologie de ce jeune homme n'a pas pu être ébranlée

plus totalement par le travail aphasiologique pratiqué pendant assez longtemps, on peut penser qu'il doit y avoir un circuit virtuel en cause ou un mécanisme non encore élucidé. Il pourrait s'agir du *statut anormal de la voyelle qui ne peut se défaire du sens.*

Le statut anormal de la voyelle, déjà porté à l'oral, se manifeste clairement à l'écrit, *s'exprime* dans la dictée, celle-ci ne donnant qu'une ou deux voyelles avec des consonnes accessoires. Monsieur Faure n'utilise pas la correspondance son/graphie alors qu'il est capable de la faire.

Ainsi une anomalie de l'oral serait en cause : une anomalie de la structure profonde de la voyelle. La voyelle ne porte pas la possibilité de servir d'appel, c'est-à-dire de se détacher du sens ; la voyelle orale serait porteuse du préalable graphique, donc en dehors de toute relation directe avec le préalable bucco-phonatoire. Lorsque se parcourt le circuit virtuel n° 1, le « é » qui permet de dire « pé » ne s'écrit pas, il est déjà évacué de sa potentialité d'écrit. Cette possibilité de s'évacuer originellement est indispensable pour conduire le circuit virtuel n° 1 et peut être altérée. Dans ce cas, il y a altération non pas lors de l'installation de l'écrit, mais dans l'oral lui-même. *Ainsi l'anomalie se trouve déjà dans la voyelle orale, donc « en haut », tout en s'exprimant surtout « en bas ».*

Le préalable graphique est porté par l'oral.

Monsieur Faure nous a permis de mettre en évidence l'expression de cette anomalie portée à l'oral par la voyelle : en étudiant son écrit (et en analysant ce qui se passe lors du passage par le circuit 5/9), on observe qu'il *investit le sens avec une voyelle unique « a ».* À l'arrivée de 5/9, il passe en (c) mais le fait sans l'extensivité nécessaire au sens (sans changer de voyelle). *Pour lire, il épelle ; par contre sur l'alphabet lorsqu'il dit « pa pa pa », il lit.*

Le préalable graphique serait antérieur au préalable bucco-phonatoire, puis s'y inclurait ; il rend compte des cas où les troubles de type aphasique entraînent un trouble de l'articu-

LE DOUBLE STATUT DE LA VOYELLE 203

lation important (chez l'enfant ou chez l'adolescent) en dehors de toute atteinte motrice (en particulier en dehors du syndrome pseudo-bulbaire où il y a une paralysie des organes bucco-phonatoires plus ou moins importante).

Comme précédemment, cette analyse va permettre d'élaborer un exercice pour rétablir les fonctionnements normaux, c'est-à-dire ici redonner à la voyelle cette potentialité d'évacuer son sens, d'être une voyelle d'appel.

Voici comment je procède :

– sur une feuille, j'écris en « titre » : « e », puis dessous, sans ordre particulier, mais en lignes, des syllabes avec « e » (en excluant les graphies consonantiques variables, « c » et « g ») : « pe, te, me, che, etc. » ; puis je lis à haute voix, en tapant sur chaque syllabe et en demandant de répéter aussitôt après moi : « e, pe, te, me, che, etc. » ;

– sur une autre feuille, j'écris de la même façon, mais sans en-tête, les syllabes faites de toutes les consonnes accompagnées de la voyelle « a » (sauf « c » et « g ») ; puis je demande de faire et de dire après moi, comme moi, en tapant et en sautant de syllabe en syllabe : « pa, pe, a, pa », « fa, fe, a, fa » etc., mais en prenant bien soin d'utiliser « e » comme voyelle d'appel (ce qui n'est pas toujours facile quand on a d'autres habitudes...). On comprend qu'il s'agit de faire « sentir » – ou vivre linguistiquement – une voyelle vraie comme pouvant évacuer son sens et servir de voyelle d'appel (la voyelle « e » sur la première feuille est une voyelle « pleine », et sur la seconde, une voyelle d'appel, donc « vidée »).

Ainsi, l'anomalie en cause ne réside pas sur un circuit virtuel mais au niveau d'un préalable, le préalable graphique qu'il est possible, pour la première fois, d'identifier dans son fonctionnement et son expression – et peut-être par son positionnement sur le schéma. *Cerveau bien écrit, cerveau mal écrit.*

204 — LIRE, C'EST VIVRE

Le baiser et le chausson aux pommes

André, sept ans, présente un syndrome pseudo-bulbaire* modéré, des troubles de type aphasique, une structure psychotique. Il est suivi en psychothérapie et en travail aphasiologique. Il est très bien entouré sur le plan pédagogique et familial ; les progrès au niveau de la communication et de la parole sont importants et après environ un an il s'exprime assez bien et arrive à répéter sans difficulté.

Lors d'une séance, en faisant la « gymnastique », pendant que je fais taper avec le crayon et dire en même temps que moi, j'observe des mouvements des lèvres tout à fait inhabituels, comme s'il cherchait à les mettre en forme pour articuler, avec hésitation. Manifestement il ne s'agissait pas de difficultés praxiques*, mnésiques, perceptives ou arthriques* puisqu'*il répétait sans problème* ; je fais remarquer aux orthophonistes présentes qu'il y a là une recherche bucco-phonatoire *sui generis*. À la séance suivante, j'avais oublié cet épisode et nous travaillions sur autre chose ; à la sortie, la mère a quelque chose de tout à fait important à me dire : depuis quatre ans, ils attendent le moment où il pourrait envoyer ou faire un baiser ; il en était tout à fait incapable, ne pouvant qu'écarter ou étaler les lèvres de façon incertaine. Or, *pour la première fois,* après la dernière séance, en rentrant chez eux, *il a su faire spontanément un baiser*, et de fait, il nous en fait la démonstration...

Lors de l'épreuve de gymnastique, qui remobilise au plus près la condition de la syllabe en en extrayant le phonème, *il a mobilisé lui-même son préalable bucco-phonatoire* – il s'est en quelque sorte retrouvé dans la situation originelle où l'homme a extrait les phonèmes de la syllabe, faisant acte phonologique, puis leur donnant une graphie correspondante qui, au bout du circuit virtuel n° 1, pourra endosser son statut de graphème* en entrant dans le noyau mécanique. *Il a pris conscience du potentiel d'écrit inclus dans l'oral* : il ne s'agissait ni de distinction perceptive ni d'articulation.

LE DOUBLE STATUT DE LA VOYELLE

Cette potentialité d'écrit qui est dans l'oral détermine, à l'évidence, la réalisation de l'écrit mais peut aussi influencer et altérer une production orale, apparemment normale. La production orale d'André avait pu « sortir », il avait pu parler malgré l'anomalie du préalable bucco-phonatoire ; cette anomalie s'était exprimée hors du champ linguistique : l'inaptitude au baiser... L'interprétation est certes difficile, le rapprochement est cependant incontestable, peut-être le processus psychotique peut-il entrer pour quelque chose dans le contenu linguistique éventuel du baiser ? En tout cas, cette manifestation de la pathologie du potentiel d'écrit en oral peut altérer l'oral lui-même. Ceci est capital et rend compte des non-parleurs ou mauvais parleurs qui sont porteurs de troubles de type aphasique, sans aucune atteinte parétique des organes bucco-phonatoires (ces cas ne sont pas très nombreux).

Lucienne a six ans et demi ; elle présente un syndrome pseudo-bulbaire* modéré mais entraînant une dysarthrie* importante associée à des troubles de type aphasique. Après une rééducation orthophonique bien menée, elle peut lire, répéter et transcrire, mais *elle ne parle pas* en dehors de quelques syllabes ou de quelques tentatives agrammatiques syllabées. Nous ne développerons pas les comportements explicateurs et l'analyse qui en a été faite, disons qu'elle « *lit sa représentation mentale graphique au lieu de parler* », *qu'elle cherche à « dire de l'écrit »* ; elle a donné un caractère d'obligation au modèle oral interne (c) ; si elle syllabe en parlant, c'est parce que le statut de la syllabe n'est pas normal dans son système et non parce qu'elle décompose pour plus de facilité. Ici intervient la notion capitale **d'extensivité.**

La syllabe doit répondre à deux impératifs de normalité : celui du préalable bucco-phonatoire (saisie de la possibilité d'utilisation des organes bucco-phonatoires pour « représenter », c'est-à-dire pour articuler des phonèmes destinés à faire du sens) et celui du préalable phonétique (saisie du fait que les phonèmes articulés servent à faire du sens, c'est-

à-dire sont extraits de la syllabe, premier signe linguistique).
La syllabe est le premier signe linguistique, le premier contact signifiant/signifié*, elle n'est pas « du sens », elle va être du sens, elle va recevoir le sens (la différence est totale avec les morphèmes* et les logatomes*). C'est *l'itération* qui va permettre un fonctionnement normal : l'itération syllabique est la première manifestation de l'extensivité de la syllabe, elle est nécessaire à la mise en matière du sens ; il y a préparation d'accueil du sens par l'itération et ce n'est qu'ensuite, dans ce contexte, que le phonème « distingué » va permettre de faire le sens.

La pathologie nous éclaire sur cette notion par la production de *« syllabe chausson aux pommes »* c'est-à-dire l'inclusion anormale de tout un ensemble porteur de sens – mot plurisyllabique ou phrase – dans une seule syllabe, avec une articulation en général informe, un débit accéléré et dysprosodique*. Ce type de production très évocatrice s'observe fréquemment chez des enfants mauvais parleurs, capables de taper en syllabant en répétition mais dès qu'ils rencontrent un mot très connu et très prégnant, le rendent en « syllabe chausson aux pommes » ; ils ne conçoivent pas qu'*une syllabe* puisse être autre chose que l'équivalent d'*un sens* ; lorsqu'un proposé se présente avec *plusieurs syllabes* mais *un seul sens, ils essayent de distendre le plus possible cette syllabe « mère » pour y mettre tout le sens* ; ainsi sur un seul frappé de crayon, ils articulent plusieurs syllabes informes à toute allure. Cette production « chausson aux pommes » n'est plus dirigée par l'oral, comme si la production voulait échapper au système signifiant/signifié. Chez l'aphasique adulte, on peut retrouver les mêmes signes. Citons un cas où cette pathologie de la syllabe en imposait pour une dysarthrie cérébelleuse* ; à l'analyse, la lecture de termes médicaux donnait un rythme d'émission normal, alors que la lecture « avec sens » donnait cette pseudo-dysarthrie heurtée et scandée (succession de syllabes « chausson aux pommes »).

Le déroulement de l'oral dans l'écrit n'est pas superposable à l'extensivité orale qui vient d'être décrite. Lucienne, pour utiliser l'extensivité de la syllabe nécessaire à l'expression du sens, doit passer par sa réalisation écrite : elle dit de l'écrit. Or, si l'extensivité, intrinsèquement orale et première, est anormale, il ne sert à rien de dérouler de l'oral dans l'écrit ; *le déroulement spatial n'a de réalité linguistique que s'il intervient après l'extensivité orale (temporelle), autrement il est totalement déshabité.*

La notion d'extensivité de la syllabe orale est déjà une potentialité d'écrit, un appel à la réalisation de l'écrit : *Cerveau bien écrit, cerveau mal écrit.*

Revenons à Stanislas, abandonné entre la vingt-septième et la trentième séance. Ses difficultés peuvent maintenant être abordées, précisées, démontées, réduites ; ceci est l'occasion de développer un exemple typique de travail aphasiologique quelquefois difficile à imaginer... Nous avons complété notre équipement avec la connaissance de l'infrastructure de la représentation mentale orale avec ses différents modèles internes, leur installation chronologique et hiérarchisée, la situation des préalables bucco-phonatoire et graphique, la notion de voyelle d'appel et de double statut de la voyelle, la notion d'extensivité de la syllabe orale, offerte au sens.

Stanislas, capable de pratiquer l'exercice privilégié n° 1, analysant bien la syllabe orale en ses phonèmes, était totalement incapable de pratiquer la dictée téléguidée, au point de présenter une désintégration de l'écriture, qui s'était pourtant normalisée. Nous étions perplexes... Nous allons à présent reprendre les mêmes faits, les manœuvrer en suscitant d'autres situations linguistiques pour leur faire dire ce qu'ils n'avaient pas dit et tenter ainsi de les expliquer puis de les modifier.

L'exercice privilégié a été réalisé, mais la dictée téléguidée n'est pas possible, le texte spontané de mémoire après lecture est sa meilleure production ; on voit apparaître un déficit qui entraîne un contraste inhabituel : voici un matériau pathologique typique pour un travail aphasiologique.

Analysons la dictée téléguidée et la rétention silencieuse :

– il peut faire un exercice privilégié n° 1 constitué d'un texte médical très technique, sans problème ; il a ce qu'on pourrait appeler une « bonne conscience phonétique » (analysant bien le proposé oral), il est exceptionnel dans ce tableau et à ce stade que la dictée téléguidée soit impossible à faire et ait même un pouvoir désintégrateur ;

– dans l'exercice privilégié « bâtard », la surimposition du modèle se met en quelque sorte à la place de sa représentation mentale graphique. De plus, je le « prends par la main », ce qui nous rapproche de la dictée téléguidée pour ce qui est de l'accompagnement, mais pas pour la « normalité du chemin » ;

– la correspondance son/graphie et l'exercice privilégié n° 1 sont logés sur le circuit virtuel n° 1 ; la seule antériorité nécessaire à la correspondance son/graphie est celle de la « connaissance du parcours » et non celle de l'intégration de tout l'inventaire – en ses aspects perceptif, mnésique et graphique, qui n'ont nul besoin d'être parfaits, ni complets (comme on peut le voir chez Stanislas). De même, lorsque nous disons que la correspondance son/graphie est acquise lors d'un bilan, cela n'a pas la même signification que lors du bilan orthophonique classique où l'on note les confusions de sons ou de graphies dans le détail ;

– en épreuve de « gymnastique » normale, il évoque et analyse assez correctement, ce qui devrait suffire à autoriser une meilleure dictée téléguidée. La rétention graphique est très difficile pour les mots entiers, mais possible par syllabes : il ne s'agit pas d'une complexité moindre comme on pourrait le croire, mais pour les mots, il fait des efforts d'évocation intempestifs, alors que pour les syllabes il est passif et « automatique ». Analysons cette épreuve de gymnastique, où il doit alternativement, sur une planche d'alphabet avec « a », lire la syllabe, alors que je continue en épelant (« pà », « pé, a, pa »), ou épeler après moi, alors que j'ai lu la syllabe entière (il analyse et évoque). Il peut faire tout le parcours à partir de la représentation mentale orale et des circuits virtuels n° 1 et n° 2, mais cela suppose la « présence physique » de tous les éléments constitutifs de cette partie du schéma : il entend ma lecture de la syllabe, il voit la syllabe écrite. Par contre, en l'absence de ces apports physiques visuel et auditif, il y a faiblesse de leur « équivalent » interne, de leur représentation détachée des entrées auditive et visuelle, clé de voûte de tout le fonctionnement linguistique. Les situations de dictée normale, dictée téléguidée, production spontanée, sont les expressions de ce fonctionnement essentiellement linguistique (en l'absence d'apport extérieur) ;

– la dictée téléguidée est une main tendue pour aider à faire seul le parcours intérieur dont nous venons de décrire la faiblesse. L'issue de cette dictée est la production graphique au bout du circuit n° 4, produit par le modèle interne propre (f) graphique ; ce qui n'est pas suscité, en bas, c'est le modèle interne étranger (d), par contre le modèle interne propre (e) issu de (f) est inévitable puisqu'il est une des racines indispensables à la montée du circuit n° 5 ;

– à la lumière de cette analyse, réinterprétons la rétention graphique : s'il ne peut reproduire de mémoire des « mots » alors qu'il peut reproduire des « syllabes », il faut rectifier la description de cette production. En fait, il ne s'agit pas de « mots » puisqu'il ne peut pas lire, il s'agit d'une « itération de syllabes différentes » (itération a signifié jusque-là répétition de la même syllabe) – qu'il peut sans doute vaguement verser dans le sens, mais cela est de peu d'importance ici. Il s'agit de l'extensivité écrite de la syllabe : dans cette montée du circuit n° 5 (issu de (f) et de (e) qui en provient), l'entrée en (c) – lieu de l'extensivité de la syllabe orale manifestée par la variation de la voyelle – ne peut être franchie qu'une fois, ce qui se traduit par l'impossibilité de répéter la syllabe à l'écrit, elle reste « hors sens ». La manifestation de ce frein à l'extensivité de la syllabe orale pour accueillir le sens s'observait dans la production de « syllabe chausson aux pommes » ; à l'écrit il n'y a pas d'équivalent. Il faut poser la question de

210 LIRE, C'EST VIVRE

la nature de l'extensivité écrite de la syllabe : est-elle le reflet de celle de l'oral ?

Soyons audacieux dans la simulation de situations linguistiques : supposons que (c) ne soit pas installé et que la coquille du compartiment moyen soit artificiellement vidée. Dans ce cas, on parcourt un vrai circuit virtuel n° 1 ; sans rien à l'intérieur. Allons plus loin, supposons encore qu'aucun graphisme ne soit à portée de la main qui fait le geste effecteur le long du circuit virtuel n° 1 : on aura un circuit en pointillé, un appel graphique, une potentialité d'écrit mais déjà différente de la potentialité d'écrit qui est dans l'oral, déjà en cours de réalisation (en potentialité de réalisation). Par différents artifices, expérimentaux ou purement « imaginatifs », on peut essayer de mieux cerner la nature de ce circuit virtuel n° 1 largement impliqué dans les anomalies de Stanislas. Peut-être pourrait-on rapprocher de ces deux étapes la situation d'un joueur de tennis qui a simplement décidé d'entamer une partie puis du même joueur qui tend la main pour prendre sa raquette.

— En téléguidant la dictée, on cherche à réactiver le (c) — nous redescendons sur terre, il s'agit d'un (c) dans un ensemble normal — avant de sortir par le (f) normal ; cette réactivation se fait par un parcours appuyé et accompagné du circuit n° 5. Il veut entraîner l'intégration profonde dans le comportement linguistique de l'obligation de lâchage de la voyelle d'appel et le passage en (c) doit marquer l'acquisition de l'extensivité de la syllabe, c'est-à-dire l'ouverture vers le sens. Donc lorsque la voyelle varie (« o, i, u »), il ne s'agit plus de la voyelle d'appel et c'est l'ouverture de l'extensivité.

— Cette incapacité à fixer plus d'une syllabe dans la mémoire (il ne s'agit pas d'une syllabe dans un mot, mais soit d'une syllabe, soit d'un mot de plusieurs syllabes) montre bien qu'il y a une frontière entre deux activités linguistiques différentes, qui ne peut être franchie en l'état actuel — ; ceci n'est pas sans rappeler la différence de nature entre les fonctionnements nécessaires pour le déchiffrage et pour la fixation des graphies complexes (même les plus simples : « ou, oi, eau, ain » etc.). Il est absolument inutile de chercher à les faire acquérir tant que le travail aphasiologique fondamental n'est pas terminé, le test de la qualité de celui-ci peut même être cette possibilité d'acquisition ; rappelons que l'effort principal de la rééducation orthophonique en dyslexie est dirigé sur ces acquisitions.

– L'écrit n'est pas le reflet de l'oral mais n'a pas non plus sa « vie propre » [4]. L'écrit a ses contraintes qui découlent de ses liens avec l'oral. L'apport original et capital de l'écrit pour l'oral est cette possibilité de « pérenniser » l'extensivité de l'oral – en dehors de l'effet structurant sur l'oral, plus banal. Cependant, le caractère inerte de ce matériau qu'est le graphisme doit être habité par l'oral. On retrouve la notion « d'oral dans l'écrit » ainsi que l'importance du geste graphique dans le déroulement de l'écriture. C'est le préalable graphique, inclus dans l'oral, qui permet d'animer l'écrit – au début était le Verbe... En pathologie, à la lumière de cette avancée, la « guirlande », pour laquelle nous mettions justement en cause le préalable graphique, pourrait être en rapport avec cette carence de fixation à l'écrit de l'extensivité de la syllabe. Pourquoi la main ne donne-t-elle de l'espace au « verbe » que de façon « informe », pourquoi refuse-t-elle l'extensivité et ne donne-t-elle que de l'espace ? L'oral n'est pas dans l'écrit, il peut s'y mettre : l'écrit n'est qu'une étendue inerte décrite par la main.

Stanislas se présente, à ce stade, de la façon suivante :

– la dictée première (d'une phrase simple du syllabaire, lue, écrite, travaillée à peu près à chacune des vingt-sept séances précédentes) est un jargon total, réduit et dysgraphique, avec des reprises et des ratures (document 61) ;

---

4. L'écrit n'est pas un autre langage, comme on le dit souvent ; ceci est une idée séduisante, malheureusement souvent appliquée de façon catastrophique en pédagogie, et sans aucune possibilité de contrôle.

212 LIRE, C'EST VIVRE

(texte manuscrit : « lanonan ananan »)

Document 61. Première dictée.

– l'exercice privilégié n° 1 de la même phrase est correct
avec une procédure normale (document 62) ;

(texte manuscrit : « mimi a vu le joli chat » ; « a vu mimi d le a joli chat »)

Document 62. Exercice privilégié n° 1.

– la lecture de la même phrase sur le livre en suivant du
crayon (ce qui permet de contrôler qu'il ne s'agit pas « uniquement » d'une fixation mnésique) est correcte ;
– la dictée téléguidée est impossible.
À nous de rétablir la normalité de l'édifice et en l'occurrence

LE DOUBLE STATUT DE LA VOYELLE

d'obtenir une dictée téléguidée normale (comme nous avions obtenu une pratique normale et fidèle de l'exercice privilégié nº 1). Ajoutons deux épreuves dont l'étude va être utile : la transcription de mémoire après avoir lu la phrase – elle est fluide mais donne un jargon réduit ; la transcription rapide de mémoire d'un proposé qui a été dit en l'écrivant, le patinage – très lent.

Voici l'enchaînement des exercices (déjà décrit) :
– exercice privilégié nº 1, faisant fonctionner le circuit virtuel externe nº 1 ;
– exercice privilégié nº 2, faisant fonctionner le circuit virtuel externe nº 2 ;
– il épelle sur le produit de l'exercice précédent et j'écris sous sa dictée (circuit virtuel interne nº 1). À noter qu'il peut épeler mais qu'il faut l'aider ; il dérape s'il fait des efforts de recherche trop précis, ce que j'essaye d'éviter ;
– avec la consigne de dictée, il suit du crayon sur le produit de l'exercice précédent, sans parler (circuit virtuel interne nº 2) ;
– je lui demande de lire lui-même en suivant du crayon de la même façon glissée.

À l'issue de ces exercices, sa lecture est bonne ; je pratique un exercice privilégié bâtard puis lui demande d'écrire de mémoire ce qu'il vient de lire : il commence en écrivant « mécaniquement » assez bien, mais tout se dégrade dès qu'il cherche la correspondance son/graphie.

Après cette préparation, j'obtiens une dictée téléguidée tout à fait correcte et produite normalement. Bien entendu, il faudra renouveler cet enchaînement aux séances suivantes pour être sûr de la fiabilité du résultat, avant de l'interpréter.

La présence physique du modèle qui initie la représentation mentale (privilégié bâtard ou rétention graphique) n'est pas indispensable : après lecture il peut transcrire de mémoire le texte lu, il s'agit d'un véritable acte de transcription utilisant la mémoire pour fixer la représentation mentale graphique issue du modèle (oral et graphique).

Cependant, dès qu'il fait un essai spontané de correspondance son/graphie (avec l'effort conscient qui en découle) ou de téléguidage (même activité mais « aidée »), il y a une rupture totale. Est-ce à dire qu'il emploie à contre-temps le circuit virtuel externe no 1, ou celui-ci a-t-il laissé une « trace », une « virtualité » trop forte ?

S'il ne fait pas d'effort de correspondance son/graphie, il peut, à partir de son modèle interne oral propre (b) sortir par le circuit no 4 et produire le graphisme correct, en agissant en quelque sorte « mécaniquement ». Les preuves objectives positives sont les suivantes : la première partie de la phrase restituée de mémoire après lecture, sans aucun effort, est correcte ; les preuves négatives : la dictée téléguidée, où les différences phonétiques sont appuyées et imposées, est impossible ; dans la restitution de mémoire après lecture, la fin de la phrase est mauvaise et correspond à une tentative consciente de faire une correspondance son/graphie.

Il fait la correspondance son/graphie en suivant le trajet du circuit virtuel externe no 1 ; ceci est anormal et entraîne un déséquilibre total (même si de bons résultats sont obtenus en « expression finale »). Quel est le circuit normalement utilisé pour la dictée épelée ? Alors que dans l'exercice de gymnastique – qui est la reviviscence de la situation initiale lors de la création de l'écriture – on passe par le circuit virtuel externe no 1, ici on passe par le circuit no 6 et uniquement par le circuit no 6 – nous avons déjà dit nos doutes quant à l'existence ou tout au moins la pérennité du circuit no 9′. Lorsque l'on écrit « p » et qu'on le lit « pé », on sait tout le travail linguistique fait en amont. Est-ce, au départ du circuit no 6, le (c) qui initie le mouvement alors que dans les autres situations (en dehors de la transcription épelée), le point de départ est le (b) ?

La découverte des circuits virtuels internes nous a bien assuré que le circuit virtuel externe no 1 était abandonné après la situation originelle et l'installation de la correspondance son/graphie – sauf dans des situations artificielles ou patho-

LE DOUBLE STATUT DE LA VOYELLE 215

logiques. Le circuit virtuel interne n° 1 teste la première montée et, bien que de sens inverse, ce circuit est la réplique, le parallèle du circuit virtuel externe n° 1 [5]. Une fois le bas installé, quand il épelle (c'est-à-dire dit des syllabes avec le phonème recherché), il ne s'agit plus du circuit virtuel externe n° 1, mais d'un parcours second en chronologie du circuit virtuel interne n° 1 ; épeler la lettre « p » témoigne, en bout de chaîne, du statut pleinement linguistique de la lettre, de tout le travail linguistique fait en amont [6].

Ses très mauvais résultats en dictée (jargon réduit et stéréotypé) s'expliquent par ce fonctionnement : un enchaînement normal – proposé oral étranger, circuit n° 1, modèle oral interne étranger (a), modèle oral interne propre (b) – suivi d'une issue anormale : il « veut » sortir par le circuit virtuel externe n° 1 pour produire le graphisme ; ceci est tout à fait anormal et impossible, ce qui explique les résultats.

Expliquons la bonne qualité des résultats en transcription de mémoire après lecture : ou bien tous les circuits ont fonctionné correctement ; ou bien il a échappé à l'effet inhibiteur de notre proposé et du modèle interne étranger (a) (nous en doutons) ; ou encore est-ce parce que son modèle interne propre (b) vient directement ou préférentiellement du modèle (c). Développons cette dernière possibilité : après sa lecture mémorisée, le point de départ de la transcription, c'est-à-dire du circuit n° 6, vient de (b), provenant lui-même de (c), ce dernier étant l'aboutissement de la lecture par montée du circuit n° 5 ; en dictée, le point de départ est (b) provenant de (a) ; en dictée téléguidée, le point de départ est

---

5. Nous avons pensé un temps que le parallèle interne de ce circuit externe était le circuit virtuel interne dit n° 2, mais ceci est en rapport avec l'ordre des découvertes – le premier découvert étant devenu le deuxième en chronologie structurelle.

6. Le refus de l'épellation par la méthode phonético-gestuelle et son remplacement par le « son » n'est valable que sur le plan pratique au niveau des difficultés perceptives ou d'orientation temporo-spatiale ; il est caduc sur le plan linguistique. Dire que « pé » et « a » ne peuvent pas faire « pa » parce que articulatoirement il s'agit du son « p », est faux si on ne remet pas les choses en place : ce n'est pas « pé et a » qui font « pa » mais plutôt « pa » qui donne « pé et a ». Il ne s'agit pas d'un travail de symbolisation ou de convention ; il s'agit d'un sous-entendu linguistique.

(b) provenant de (a) avec forçage du circuit n° 6, en utilisant préférentiellement ce qu'est devenue la correspondance son/graphie à l'intérieur de (c) et en négligeant (a)/(b).

Or chez Stanislas, dès qu'il y a correspondance son/graphie (et la démarche cognitive qui va avec), il veut passer par le circuit virtuel externe n° 1, ce qui explique les mauvais résultats et le comportement linguistique particulier (lenteur, gêne). C'est l'incitation à faire la correspondance son/graphie, maximum dans la dictée téléguidée, qui fait la différence, mais que penser de la conscience phonétique ?

Lorsque Stanislas n'arrive pas à trouver la correspondance son/graphie en dictée téléguidée, c'est-à-dire lorsque je dicte « sssss a », prolongeant l'articulation du « s » tant qu'il n'a pas écrit, en désespoir de cause et parce que je ne veux pas qu'il « réfléchisse », je lui écris la lettre dans un coin. Et que nous dit-il ? « Ah ! c'est " ès ", bon, qu'est-ce que ça veut dire " sssssss ", ah, c'est " ès ", bon ! »...

En quelques mots, rapportons le cas de Marcelle, présentant un syndrome pseudo-bulbaire* majeur empêchant quasiment toute parole et des troubles de type aphasique majeurs eux aussi, qui, lorsqu'on lui propose de répéter « na » ou « la » dit « èn » et « èl », pour « sa » elle dira « six » et pour « va » « valérie » ; chez elle, la consonne n'existe qu'en épellation ou en analyse phonétique analogique (elle repère le son qu'elle sait analyser dans un prénom familier) : parler n'est pas faire des syllabes composées de consonnes et de voyelles pour faire du sens, parler c'est épeler de l'oral ; voilà ce qu'elle fait des acquis qu'elle a en correspondance son/graphie. Ceci explique la grande pauvreté de la production et l'utilisation fréquente de la syllabe « chausson aux pommes ».

L'analyse se poursuit chez Stanislas. Et s'il ne joue plus au poker, il fonce encore souvent dans le brouillard ! Mais nous connaissons le chemin et lui traçons la route, il sera bientôt à terme.

LE DOUBLE STATUT DE LA VOYELLE 217

Janine et la voyelle...

Toutes ces considérations théoriques sur la voyelle, sa structure profonde, son rôle dans la formulation linguistique, nous permettront de décrypter la sémiologie pathologique de la petite Janine et d'amorcer une amélioration.

Janine consulte à cinq ans car elle ne parle pas. Elle n'a aucun handicap physique ; elle porte cependant une anomalie chromosomique, réputée bénigne n'expliquant pas le mutisme. Le bilan auditif fait apparaître une discrète surdité ; l'IRM* est normale ; l'EEG, normal à vingt et un mois, est cependant perturbé sur les derniers tracés (avec des bouffées paroxystiques d'éléments pointus) mais n'incite pas à traiter, car elle n'en a apparemment aucun retentissement clinique. Le diagnostic retenu lors d'une consultation en service spécialisé conclut à une « dysphasie de développement » et une rééducation est conseillée ; par ailleurs, cette enfant est en psychothérapie depuis l'âge de quatre ans.

Notre diagnostic sera celui de syndrome pseudo-bulbaire (en répétition, quand elle ne parle pas à voix chuchotée, on note une raucité vocale avec note nasale, une dysarthrie majeure associant insuffisance vélaire et indifférenciation articulatoire), associé à des troubles de type aphasique (qui exagèrent le déficit parétique des organes bucco-phonatoires) et à des éléments névrotiques. Cette enfant comprend le langage (pas de surdité verbale majeure en tout cas) mais ne parle pas. Elle s'exprime cependant normalement à l'aide de gestes adaptés, spontanés, précis, avec quelques productions orales à voix chuchotée, le plus souvent inintelligibles. Si on lui demande de répéter, le plus souvent elle ferme les yeux, baisse la tête ou a une réaction d'agacement ; elle hausse les épaules, se retourne et regarde ailleurs ; il arrive qu'elle « répète », mais cela donne une hyperarticulation caricaturale, sans que rien ne sorte, totalement « déshabitée, sans phonème, ni sens » ; elle répète cependant assez facilement sur un enregistrement de voyelles et de quelques mots répétés plusieurs fois : elle dit alors « a » ou « oui » à voix chuchotée à moins qu'elle ne fasse qu'ébaucher une articulation silencieuse.

L'étude de ce comportement inhabituel, faite à la lumière des dernières avancées théoriques, va nous permettre de comprendre que le « a » produit avec un refus de toute répétition, dans un contexte névrotique lui faisant fermer les yeux et baisser la tête, n'est pas un code ni un béquillage ; *ce « a » est pour elle le seul signe linguistique,* le seul phonème-syllabe *qui puisse faire du sens,* la seule production « linguistique » de ses organes bucco-phonatoires. Elle ne « sait » pas que l'on peut émettre une autre production verbale pour s'exprimer, ni que les organes bucco-phonatoires peuvent être utilisés pour produire autre chose. Le découplage étant total entre la production verbale proposée – et qu'elle comprend, mais sans faire de rapport avec ses possibilités propres de production – et son unique « a », on saisit sa réticence et sa gêne devant la situation de répétition. On lui impose de faire du sens oralement d'une certaine façon alors qu'elle le fait autrement : cette situation est, pour elle, incompréhensible.

Je mets au point des exercices où pour donner le nom des objets sur des images, elle dira « a » en les désignant du doigt ; je confirme l'avoir comprise en désignant à mon tour l'image ; son « a » devient de plus en plus clair et assuré et je l'incite à parler ainsi. *Nous avons ainsi accordé son statut linguistique total au « a »* ; il ne s'agit pas d'une sorte d'équivalent d'un mot-phrase, ni d'un raccourci, ni d'un code, mais d'une production « aberrante », *le seul signe linguistique dont elle dispose* ; il ne s'agit pas d'une incapacité à produire autre chose, mais de l'ignorance qu'il soit seulement possible de produire autre chose, ou qu'on attende d'elle une autre production. Elle s'épanouira, parlera avec des « a » sonores – que je doublerai des mots appropriés, non pas pour qu'elle les apprenne, mais pour que se surimpose ce monde réel des signes linguistiques. En parallèle, je la mettrai en position physique de répétition, face à moi, ce qu'elle acceptera sans

LE DOUBLE STATUT DE LA VOYELLE

problème, et je ferai une répétition totalement découplée du linguistique (ni « sens », ni « phonèmes ») : cela sera obtenu en essayant d'entraîner une « lallation » pour les différentes consonnes, comme les jeux de langage de l'enfant qui apprend à parler. En langage spontané (accompagnant une proposition sur bande enregistrée), on obtiendra, à ce stade, quelques productions informes tenant lieu de consonnes.

Chapitre 9

L'écriture en miroir

*Où notre auteur fait une découverte qui risque
de faire date : expliquer l'écriture en miroir l'entraîne à expliquer pourquoi le phénicien s'écrit de
droite à gauche et le grec de gauche à droite. C'est
encore une histoire de voyelle...*

L'écriture en miroir est une anomalie spectaculaire, une
singularité aussi fascinante que rare. Léonard de Vinci la
pratiquait pour préserver la confidentialité de certains écrits.
Encore une histoire de rencontres : une patiente aphasique
écrivant en miroir ; dans le même hôpital, une jeune secrétaire
médicale écrivant aussi en miroir pour se délasser ; enfin mon
instrument d'analyse appliqué à cette production curieuse
pour en démonter le mécanisme. L'écriture en miroir est une
production graphique qui ne peut être lue (c'est-à-dire remise
dans le système lexique de la langue en cause) que de façon
« *spéculaire* », c'est-à-dire face à un miroir, qui la « renverse »
et lui restitue son aspect normal (c'est-à-dire lisible) tant pour
la *direction de la progression graphique* (sens de l'écriture
et de la lecture) que la *forme des lettres*. En d'autres termes,
l'écriture en miroir se définit par l'association d'un changement de direction (inversion) du sens de l'écriture d'une langue
et de l'inversion de la forme de chacune des lettres (inversion
spéculaire), la forme des lettres étant conservée.

LIRE, C'EST VIVRE

L'intérêt n'est pas seulement anecdotique : ayant étudié ce phénomène chez ces deux personnes, j'y ai entrevu la « réalité bidimensionnelle » de la représentation mentale graphique. Cela mérite quelques explications.

Cette bidimensionnalité de la représentation mentale graphique donnera au schéma des fonctions linguistiques une perspective, mais seulement à terme. Plus tard, à partir des productions d'un analphabète de trente ans, cette « épaisseur contournable » de la représentation mentale graphique trouvera un complément dans une nouvelle construction théorique sur la structure de la voyelle – le tout paraissant pouvoir expliquer un problème de linguistique historique jusque-là non résolu... Mais n'allons pas si vite...

Dans nos langues indo-européennes, issues de l'alphabet grec, l'écriture se fait de gauche à droite ; dans l'écriture en miroir le sens s'inverse, de droite à gauche, et les lettres conservent leur forme mais orientée dans le sens de l'écriture, c'est-à-dire qu'elles s'inversent ou se retournent. Certains adoptent les qualificatifs de *système dextrad (langues dérivées de l'alphabet grec et latin) s'opposant au système sinistrad (langues sémitiques, dont l'arabe et l'hébreu).*

L'écriture en miroir peut s'observer dans un contexte normal : au cours de l'apprentissage de l'écriture chez l'enfant ou chez un adulte sain, doué, le plus souvent gaucher. Elle peut aussi survenir dans un contexte de pathologie cérébrale : aphasie ou lésions cérébrales diffuses (s'accompagnant dans ce cas d'autres anomalies neuropsychologiques). Voici ce qu'en disent A.R. Lecours et F. Lhermitte [1] : « Il arrive qu'on observe, dans les productions écrites d'un aphasique, quelques rares lettres calligraphiées en miroir. Il est par ailleurs rarissime, mais le fait a été signalé, qu'un droitier se mette spontanément au décours d'une maladie hémisphérique gauche, à produire d'assez longs segments d'écriture en miroir. »

---

1. Lecours A.R., Lhermitte F., *L'Aphasie*, Flammarion et les Presses de l'université de Montréal, Paris, Montréal, 1979, p. 104.

L'ÉCRITURE EN MIROIR

Le rôle de la latéralité (une ambidextrie, une dominance ambiguë, la gaucherie, favoriseraient la survenue de l'écriture en miroir) n'est pas de notre compétence, mais ne paraît pas être l'élément déterminant de l'explication de ce phénomène.

Que ce soit dans un cadre normal ou pathologique, l'écriture en sens inversé s'accompagne toujours de miroir : en français, si un sujet décide d'écrire en enchaînant les lettres de droite à gauche ou si un aphasique écrit spontanément de droite à gauche, dans tous les cas les lettres seront en miroir.

Observer des lettres en miroir dans une écriture de gauche à droite pousse certains auteurs [2] à conclure que l'agraphie directionnelle* et l'écriture en miroir obéissent à deux mécanismes différents et sont deux entités différentes ; nous ne partageons pas ce point de vue. Deux études sur ce sujet méritent d'être citées.

La première [3] résume la question de façon simple et claire : « Si l'écriture en miroir a passionné, en raison de son caractère mystérieux, de nombreux auteurs, l'étude objective des faits conduit à distinguer quatre ordres de phénomènes dont la signification est intéressante : 1. Les inversions de lettres ou de groupes de lettres, chez certains enfants au moment de l'apprentissage de l'écriture. Seule la persistance excessive de ce phénomène est pathologique. 2. La capacité d'écrire en miroir chez les enfants ou les adultes sachant écrire normalement n'est pas en relation avec un trouble de la latéralisation. Au contraire, la seule corrélation que l'on trouve est avec les aptitudes intellectuelles et motrices des sujets examinés. 3. Au cours de certaines aphasies avec agraphie*, l'écriture peut être inversée, mais ce trouble est généralement accompagné d'autres phénomènes liés à l'apraxie constructive*. 4. Enfin, on ne doit pas comprendre l'écriture en miroir de certains malades

---

2. Fau R., Groslambert R., Bertholet M., Jeantet M., Démange A.M., Agraphie directionnelle avec écriture en miroir, *Lyon Médical*, 1976, 235, 5, p. 401-405.

3. Ajuriaguerra J. de, Diatkine R., Gobineau H. de, L'Écriture en miroir. *Sem. des Hôpitaux*, 1956, 32e année, vol. 1, p. 80.

224 LIRE, C'EST VIVRE

mentaux comme la résurgence d'activités archaïques, mais comme l'utilisation ludique d'une aptitude très communément partagée. »

La seconde étude [4], réalisée en Israël, à Tel-Aviv, concerne un cas. Chez une femme de quarante-sept ans, victime d'un traumatisme crânien modéré (on ne trouve pas d'éléments précis sur l'examen neurologique ou sur les examens complémentaires, mais les auteurs disent qu'il n'y a pas de lésion cérébrale significative hormis un syndrome clinique pariéto-occipital), droitière (mais sans doute ambidextre), polyglotte (langue maternelle : le polonais et l'allemand ; l'hébreu dans le cadre de l'initiation religieuse puis comme langue courante vers l'âge de vingt ans lors de l'émigration en Israël), ils ont observé la survenue d'*une écriture en miroir, mais uniquement en hébreu* – c'est-à-dire en système sinistrad –, alors que le polonais et l'allemand étaient indemnes (système dextrad).

Cette femme lit le polonais et l'allemand, mais ne lit plus l'hébreu ; en dictée, les résultats sont bons en polonais et en allemand mais la transcription est en miroir pour l'hébreu ; les résultats sont identiques pour un texte spontané : elle écrit l'hébreu en miroir ; un texte hébreu présenté en miroir est déchiffré, alors qu'un texte allemand en miroir la laisse perplexe et elle est incapable de le lire. S'ajoutent à ces anomalies d'autres perturbations neuropsychologiques (dyscalculie*, difficultés à lire l'heure, dyssyntaxie à type d'inversion, difficultés à distinguer la droite de la gauche, discrète désorientation temporelle, dyspraxies*, troubles de la mémoire) qui font évoquer une lésion de la région pariéto-occipitale du cerveau.

L'intérêt de cette observation est ce regard tourné vers l'histoire des langues. Ce cas illustre la différence essentielle entre les langues sémitiques et les langues issues du phé-

---

4. Streifler M., Hofman S., Sinistrad Mirror Writing and Reading After Brain Concussion in a Bi-Systemic (oriento-occidental) Polyglot., *Cortex*, 1976, **12**, p. 356-364.

L'ÉCRITURE EN MIROIR 225

nicien et du grec – centrée sur cette inversion du sens de l'écriture, semblant coïncider avec *la transcription des voyelles*. Chez cette patiente, la cause de son trouble ne vient pas du fait qu'elle a appris ces langues dans l'enfance ou plus tard, ni qu'elle soit droitière ou gauchère : le trouble se situe au niveau des différences intrinsèques de ces deux groupes de langues – les dysfonctionnements cérébraux neurolinguistiques les « traitant » de façon différente.

Voici à présent notre patiente aphasique écrivant en miroir. Madame Conan, âgée de soixante-cinq ans, est hospitalisée en urgence pour la survenue d'une hémiplégie droite totale proportionnelle (c'est-à-dire atteignant également le bras et la jambe), avec atteinte faciale et aphasie. Il s'agit d'un accident embolique sylvien gauche (un caillot de sang parti du cœur est allé obstruer l'artère sylvienne gauche, artère du cerveau qui irrigue la zone du langage) : ceci est confirmé par la localisation des anomalies sur le scanner cérébral.

Un premier bilan de l'aphasie est pratiqué neuf jours après l'accident. La conscience, la vigilance, l'attention, la coopération sont satisfaisantes. Il n'y a aucune production verbale spontanée ; en répétition on peut obtenir quelques voyelles et syllabes. Madame Conan ne peut pas lire mais reconnaît des mots dans un texte. Elle copie avec la main gauche et en miroir. Le préalable visuel est levé (elle suit des yeux le déplacement du doigt, elle peut désigner des yeux, interpréter la désignation oculaire faite par l'interlocuteur). On conclut à une aphasie mixte à prédominance Broca (l'essentiel de ses troubles concerne la parole puisqu'elle ne peut rien dire spontanément, ce qui est caractéristique de l'aphasie de Broca, mais elle a aussi des difficultés pour l'écrit, ce qui se retrouve dans les aphasies de Wernicke : il s'agit donc d'une aphasie mixte) ; une évolution spontanée favorable paraît possible.

Un deuxième bilan sera fait un mois plus tard. Elle peut maintenant parler mais ne dit que quelques mots, malgré

Exemple d'utilisation publicitaire de l'écriture en miroir.

L'ÉCRITURE EN MIROIR 227

une grande véhémence et la pleine conscience de son impossibilité à communiquer ; elle s'accompagne d'une gestuelle explicative tout à fait informative. Le plus souvent, on obtient une production univoque en indifférenciation articulatoire (toujours le même mot mal articulé), avec une dysarthrie* variable et intermittente mais l'intonation est conservée. La répétition est difficile, donnant des transformations des mots (paraphasies phonémiques) avec une très mauvaise articulation. Le comportement linguistique en répétition est particulier, surtout par ce qu'il révèle du fonctionnement sous-jacent : elle marque un temps d'arrêt, désigne l'objet dont on a proposé le nom, essaye de répéter en ne tenant plus compte du proposé, en faisant des efforts considérables pour évoquer à partir d'une écoute intérieure (cette particularité est souvent observée chez d'autres patients). La compréhension est globalement conservée – ce qui signifie qu'il n'y a pas de surdité verbale (cette impossibilité à « entendre » le langage alors qu'il n'y a pas de surdité) ; la conversation est possible. Puisqu'elle arrive à parler un peu, on observe un « manque du mot »* majeur (elle est « en panne de mots », ne trouve pas ce qu'elle veut dire) et un agrammatisme (la construction des phrases est très incorrecte). Aux épreuves de dénomination, on observe des troubles de l'évocation spécifiques (elle ne peut retrouver le mot qui correspond à l'objet montré, elle l'a sur le bout de la langue, mais ne peut le dire ou emploie une périphrase décrivant à quoi sert l'objet). Sur le plan de la lecture, le déchiffrage est ininterprétable car trop mal articulé pour identifier quoi que ce soit ; elle reconnaît les mots dans le texte et en comprend le sens. Pour écrire, elle utilise la main gauche en raison de sa paralysie droite ; bien que droitière, elle montrera, dès le début, une très grande facilité à écrire à gauche. *La copie* (document 63), *la dictée* (document 64), *la rétention graphique* (document 65) ou *le texte spontané* donnent une production aisée, rapide, écrite *de droite à gauche et en miroir*.

LIRE, C'EST VIVRE

Document 63. Copie.

Document 64. Dictée.

Document 65. Rétention d'un modèle.

Pendant deux mois, elle sera traitée uniquement par kiné-sithérapie et ergothérapie où l'on s'efforcera de corriger cette écriture en miroir.

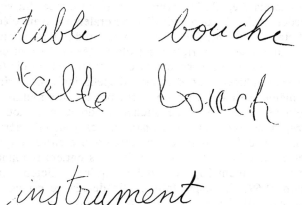

Document 66. Copie.

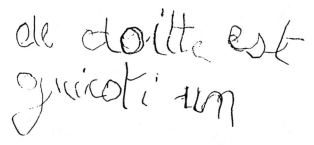

Document 67. Dictée.

Un nouveau bilan, trois mois après l'accident, fait ressortir *la disparition du miroir* à tous les modes (dénomination écrite,

230   LIRE, C'EST VIVRE

copie (document 66), rétention, dictée (document 67) avec cependant des paragraphies (transformations des mots écrits) et des essais d'épellation avant d'écrire en dictée. La voyant procéder ainsi, je lui demande d'épeler oralement avant d'écrire en dictée : ceci entraîne aussitôt une production en miroir. Elle poursuit sa transcription sous la dictée en épelant ostensiblement au fur et à mesure et en écrivant en miroir (avec des paragraphies). Une demande d'épellation sans écrire et sans même tenir de crayon ne peut pas aboutir malgré tous ses efforts : elle essaye d'ébaucher du doigt le contour des lettres, si on cède en lui donnant un crayon, elle écrit en miroir – avec des erreurs et une discordance entre ce qu'elle dit et ce qu'elle écrit ; la dictée de mots entiers redonne un miroir (document 68), de même qu'une dictée épelée (document 69). La copie faite en fin de séance est normale (document 70). *Cette émergence de l'écriture en miroir* va se tarir et, un mois plus tard, il n'en restera rien – elle aura été tout ce temps soumise à un travail ciblé par son ergothérapeute.

Document 68. Dictée.

Document 69. Dictée épelée.

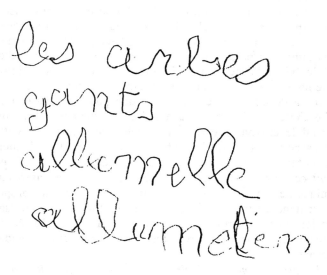

Document 70. Copie.

Relevons les comportements linguistiques significatifs, mis en réserve pour trouver la clé de la production en miroir :

— le bilan initial donne une production écrite entièrement en miroir, à tous les modes ; elle était droitière et écrit avec la main gauche en raison de son handicap — mais avec une grande facilité ;

— après trois mois, sous l'influence de l'ergothérapie associée probablement à l'évolution spontanée (trois mois étant un délai habituel à respecter pour une évolution spontanée), l'écriture s'est totalement normalisée aux différentes épreuves du bilan : elle écrit de gauche à droite avec des graphies normales ;

— à la suite d'une épreuve d'épellation orale demandée et non spontanée, on déclenche un retour à la production en miroir : elle n'arrive pas à épeler le mot proposé oralement, ses difficultés paraissent à première vue en rapport avec des difficultés « d'évocation », c'est-à-dire difficultés à retrouver « le nom » des lettres (nous verrons qu'il ne peut en être ainsi : il n'y a de troubles de l'évocation que pour le sémantisme) ; elle cherche à ébaucher du doigt le contour des lettres, puis prend le crayon et écrit : elle épelle alors correctement et transcrit les lettres fidèlement, mais en miroir. Deux éléments ressortent : *pour épeler correctement un proposé oral, elle doit écrire et elle écrit en miroir.* Ce miroir n'a pas resurgi uniquement pour l'épellation car le mot suivant, proposé oralement, est transcrit immédiatement et d'un seul trait, sans épeler, mais en miroir. La dictée et la dictée épelée qui suivent se feront en miroir total ; la copie sera cependant normale.

La production en miroir est donc un dysfonctionnement qui obéit à certains mécanismes et réagit à certaines incitations. L'évolution spontanée fait disparaître cette anomalie, mais elle peut être à nouveau suscitée par l'épellation. De la situation linguistique suivante : ne peut épeler un proposé oral, n'y arrive qu'en écrivant et cette transcription se fait en miroir, peut-on dire que *le miroir autorise l'épellation* ?

Et voici notre secrétaire médicale : Mademoiselle Dufa, trente-quatre ans. Laissons-la parler pour situer comment, dans un contexte tout à fait normal, se vit un « don » pour l'écriture en miroir.

« D. : J'ai commencé à écrire en miroir la première année où on apprend à lire et à écrire, je ne faisais pas attention aux autres et tout à fait négligemment, très simplement, j'ai commencé à former mes grandes lettres...

De toute façon je suis gauchère, j'ai fait mes lettres de

droite à gauche, de façon tout à fait naturelle mais ça n'a pas duré longtemps parce que la maîtresse a très vite vu que j'écrivais complètement à l'envers et elle m'a appris à faire dans l'autre sens, je tenais bien ma feuille, bien droite devant moi mais j'ai toujours plus ou moins bien tenu mon crayon.

GG. : Vous n'aviez pas la main au-dessus de la ligne ?

D. : Non, non, je ne crois pas, c'était mon corps qui était mal tenu, mais ma main a toujours été bien tenue avec le crayon sous la ligne. La maîtresse m'a dit qu'il ne fallait pas faire les lettres comme ça, alors je les ai faites normalement, mais du coup, comme ça coinçait, j'ai commencé à me tenir très mal, à être avachie sur ma feuille. J'ai commencé à faire la lettre « é » à l'envers parce que je trouvais que c'était plus logique comme sens, plutôt que de me bloquer le bras sur le thorax et très vite elle m'a dit d'écrire à l'endroit en gardant la feuille droite et comme ça me gênait, j'ai commencé à écrire complètement avachie, mais normalement en fait. Si on m'avait laissé écrire à l'envers, je crois que je n'aurais jamais bougé mon papier, parce que là, il y a tout le champ pour écrire ; après on a corrigé la position de mon papier... Ils ne supportaient pas à l'école ; ce qui fait qu'on m'a appris à mettre bien mon papier, alors du coup après, c'est moi qui ai bougé, c'est mon corps, c'est ma chaise et moi, je mets tout mon papier un peu sur la gauche...

À part ça, aucun problème ni de dyslexie, ni d'écriture, ni d'orthographe, rien ; au contraire, quand j'étais dans les petites classes, j'avais la plus jolie écriture, la plus lisible, au tableau c'est moi qu'on appelait parce que je faisais de très belles lettres à bonne allure.

Vers neuf ou dix ans, par distraction, je prenais un bout de papier, j'aimais bien faire ça, j'écrivais à l'envers... Et puis un jour une camarade m'a vue, elle a dit « Oh ! c'est marrant ! c'est drôle ! » et très vite c'est devenu un jeu... En famille on disait : « Elle t'a jamais montré ce qu'elle fait ? C'est fabuleux, c'est marrant comme tout ! » J'étais presque contente parce que c'était un petit truc qui me dénotait, qui faisait qu'on parlait de moi et ça me faisait assez plaisir. Quand j'avais des gros secrets à dire ou quelque chose qui me faisait peur rien que de le voir écrit, j'écrivais à l'envers, c'était plus facile... Ça m'a passé très vite, ici je le fais parce qu'on en parle, c'est tout. Je crois que de temps en temps **ça me servait de petit jardin secret,** c'était bien sympa de pouvoir écrire à l'envers...

GG. : Tout à l'heure, je vous ai proposé un texte écrit en miroir et je vous ai demandé de le copier en miroir, vous m'avez demandé si vous ne pouviez pas d'abord le transcrire normalement et après seulement en miroir. Est-ce que vous pouvez expliquer pourquoi ?

D. : Je vous lis en miroir et je transcris normalement, je suis presque dégagée d'un gros poids et après je peux faire mon miroir avec le texte qui est devant mes yeux.

GG. : Donc il faut que vous l'ayez déjà lu ?

D. : Ah oui !

GG. : Vous avez du mal à passer du miroir au miroir, du miroir vous passez à la lecture puis vous transcrivez à l'endroit.

D. : Exactement.

GG. : Et du miroir au miroir ?

D. : J'y arrive, mais c'est moins logique, de toute façon il n'y a pas de logique là-dedans, mais c'est moins facile.

GG. : Pour un texte proposé en miroir, y a-t-il une différence entre l'écrire à l'endroit *sans* l'avoir lu à haute voix et *après* l'avoir lu une première fois en miroir à voix haute ?

D. : C'est plus facile de transcrire quand on l'a déjà lu une fois à voix haute. Sinon il n'y a que les yeux qui travaillent : je lis votre miroir, je le retranscris, donc je regarde ma feuille pour écrire et je perds le fil de la lecture et à la limite, à chaque fois que je reviens à une phrase, je dois reprendre dès le début pour qu'il y ait une logique dans la phrase. C'est presque un problème visuel à la limite. »

L'ÉCRITURE EN MIROIR 235

Je lui dicte le texte suivant : « *Membre du Comité National pour l'évaluation. Chacun est conscient que toute l'activité médicale directe ou dérivée...* » Je lui demande d'écrire d'abord en miroir, en répétant, puis normalement. Elle n'a aucune difficulté. Après lecture d'un texte en miroir, je lui demande de le copier en le transposant à l'endroit.

« GG. : Si vous copiez un modèle en miroir, écrit de droite à gauche pour en donner une version normale, est-ce que vous vous sentez un peu gênée ?

D. : Oui, j'ai même l'impression de ne pas faire de l'écriture mais du dessin, je ne regarde pas du tout ma main ni ce que j'écris, c'est comme quand on demande de dessiner une nature morte, c'est plus du dessin que de l'écriture...

GG. : Vous avez reproduit ça sans prendre conscience que c'est un mot ?

D. : Tout à fait.

GG. : Alors que si vous aviez retranscrit en miroir vous auriez eu le mot tout de suite ? »

D. : Ah ! oui, tout de suite.

Mademoiselle Dufa est gauchère, elle a commencé à écrire en miroir, de droite à gauche, mais bon ordre a été rapidement apporté par l'école et, en l'absence de toute difficulté de langage, elle a cultivé ce don pour en faire son « jardin secret » — ce qui correspond à toutes les confidences rapportées par d'autres « doués pour le miroir » (Léonard de Vinci, etc.).

Les épreuves auxquelles elle a bien voulu se soumettre vont faire ressortir des comportements linguistiques explicateurs :

— texte spontané, à écrire, en miroir (document 71) : production fluide, aisée, parfaite ;

Document 71. Texte spontané écrit en miroir.

— copie d'un texte normal, à transposer en miroir : (document 72, partie haute) correcte ;
— copie d'un texte en miroir, à transposer à l'endroit (document 72, partie basse) : correcte et rapide ;

L'ÉCRITURE EN MIROIR

Document 72. Copie en miroir d'un texte normal,
puis transposition à l'endroit d'un texte en miroir.

– après lecture d'un texte en miroir, le copier en le transposant à l'endroit (document 73) : nombreuses erreurs et
véritables trous ;

Document 73. Copie à l'endroit d'un texte en miroir,
après l'avoir lu.

LIRE, C'EST VIVRE

– copie en miroir d'un texte en miroir (document 74) : production très lente avec des erreurs et une gêne manifeste, elle demande *si elle peut lire avant d'écrire ou si elle peut d'abord le transcrire à l'endroit avant de passer au miroir* ;

Document 74. Copie en miroir d'un texte en miroir, puis copie à l'endroit.

– dictée de phrases à transcrire en miroir (document 75) : elle dit en écrivant avec de bons résultats ;

Document 75. Dictée en miroir puis normale du même texte.

– lecture d'un texte en miroir (non produit par elle) : gêne et hésitations, ralentissement.

Il est plus facile d'expliquer les mécanismes de l'écriture en miroir dans un contexte normal, sans aucune pathologie. Nous allons avancer l'hypothèse qui rend compte de la variation du comportement selon la situation linguistique proposée. Cette hypothèse va ajouter une « dimension spatiale » à la représentation mentale graphique ; nous développerons ici une première explication simple suivie de plus amples développements dans les chapitres suivants grâce à l'analyse de la production d'un autre patient venant compléter et confirmer les zones d'ombre.

Cette jeune femme est douée pour écrire en miroir et elle est gauchère ; le gaucher qui écrit en miroir pourrait être considéré comme adoptant l'abduction favorisante (ouverture de l'angle que font l'avant-bras et le bras avec la progression de l'écriture) et serait contraint, pour respecter le déroulement

240   LIRE, C'EST VIVRE

des phonèmes dans la parole et leur transcription en graphèmes, à produire des lettres en miroir. Le rôle de la position en abduction ne me paraît en rien déterminant, à preuve les droitiers écrivant les langues sémitiques et les gauchers écrivant les langues dérivées du grec ne sont en rien défavorisés.

L'apprentissage scolaire transmet la convention du sens de l'écriture (nous verrons que ce n'est pas tout à fait une convention). Quelle que soit la langue, écrite normalement ou en miroir, l'ordre de succession, de présentation des graphèmes sous la plume est lié à l'ordre de succession des phonèmes à l'oral et ne peut se modifier.

Dans le cas de Melle Dufa, on peut faire appel à des mécanismes de fonctionnement simples : *pour écrire en miroir, il faut se placer **derrière** la représentation mentale graphique, comme s'il s'agissait d'un panneau transparent, ceci donne une **perspective** à ce lieu graphique en représentation – ce qui est le propre du **spatial** – et la possibilité de passer devant, derrière, dessus et dessous.*

Il n'y a pas d'anomalie au niveau de la convention de la direction de l'écriture de sa langue ; Melle Dufa n'inverse pas le sens de l'écriture, elle *se place d'elle-même derrière sa représentation mentale graphique.* L'oral se moule harmonieusement et normalement dans l'écrit. La personne qui écrit et « observe » sa représentation mentale graphique, change de position par rapport à elle (elle se met derrière), elle voit l'écrit autrement et le transcrit de cette façon. Il s'agit, bien entendu, d'un mouvement intérieur, d'un positionnement par rapport au panneau porteur de la représentation mentale graphique – à rapprocher de ce que Jean-Pierre Changeux [5] dit des « objets mentaux » ayant une représentation spatiale dans l'esprit.

Pour mieux comprendre la spécificité de cette « dynamique intérieure », on peut la comparer au comportement linguis-

---

5. Changeux J.-P., Les objets mentaux, in *L'Homme neuronal*, Fayard, 1983, p. 160-211.

L'ÉCRITURE EN MIROIR 241

tique mis en jeu lors d'un exercice pratiqué communément au cours du travail aphasiologique : un mot est présenté silencieusement, écrit en grosse cursive, le patient doit le repasser du crayon, avec moi et en suivant mon crayon, sur le contour du mot en partant de la *droite*, de façon liée sans lever le crayon ; on peut lui demander ensuite de le faire seul ; je lui demande de m'observer en train de le faire directement sans repasser sur le modèle et en son absence (écrire « à l'envers », de droite à gauche, un mot qui se présentera « normalement » à la lecture). Il s'agit d'un moment figé, d'un arrêt sur image de la représentation mentale graphique, sans intervention de l'oral et sans mobilisation du sujet autour de cette représentation mentale graphique.

Le graphisme a pour rôle de traduire spatialement l'oral. Les lettres sont orientées dans le sens de l'écriture : ce qui explique le retournement donnant le miroir lorsque l'on inverse le sens d'une langue dextrad ; *ce n'est pas la représentation qui se retourne mais le sujet qui passe derrière elle.*

Forts de ces réflexions, analysons à présent les comportements linguistiques de Mademoiselle Dufa face au miroir...

Tous les traitements « actifs » en miroir sont mieux accomplis que lors de la présentation d'un « miroir inerte », c'est-à-dire « étranger ». La production en miroir est essentiellement *active* : dictée et texte spontané directement écrits en miroir sont parfaits ; par contre, la lecture d'un texte proposé en miroir est difficile : le sujet ne s'est pas mobilisé, la représentation mentale graphique est *présentée retournée, sans que le sujet ait eu à se déplacer.* Ainsi, la copie d'un modèle en miroir ne peut être faite directement : Mademoiselle Dufa demande soit de le lire à haute voix puis de le transcrire, soit de le copier à l'endroit puis de le retranscrire en miroir. Il y a à la fois une subordination à l'oral et une nécessité de transcription active – ces deux contraintes étant liées. En termes de circuits, le circuit n° 6 doit obligatoirement être parcouru – consciemment et non automatiquement – et c'est ce parcours qui semble autoriser la rotation du sujet dans

242 LIRE, C'EST VIVRE

l'espace autour de la représentation mentale graphique, pour se positionner derrière.

Dans leur ouvrage intitulé *The Alphabet and the Brain*, Derrick de Kerckhove et Charles J. Lumsden [6] posent à tous les chercheurs la question de savoir si la biologie de la pensée peut apporter une réponse ou un élément de réponse à l'énigme de l'écriture à droite (dextrad) ou à gauche (sinistrad) : « *Is the biology of mind relevant to the puzzle of writing right and writing left ?* » ; plus précisément, que penser de la coïncidence, lors de l'adoption de l'alphabet phénicien par les Grecs, du changement de direction de l'écriture et de la figuration des voyelles dans l'écriture, rompant ainsi avec le système d'écriture consonantique des langues sémitiques ? L'hypothèse centrale de de Kerckhove est que le rapport entre l'acte lexique et le fonctionnement cérébral a été profondément modifié lorsque les Grecs ont introduit des caractères fixes pour représenter les voyelles orales dans le système phénicien. La réponse la plus pertinente semble émaner des travaux sur la répartition des opérations cognitives entre les deux hémisphères cérébraux et sur le problème de la latéralité.

Nous allons essayer d'apporter notre contribution, une piste nouvelle et peut-être un élément de réponse joignant neuro-psychologie et linguistique grâce à une connaissance approfondie de la voyelle et l'expérience de la pathologie.

L'avancée linguistique permettant de proposer une solution peut se résumer en deux points :

– *opérer un mouvement autour de la représentation mentale graphique,* c'est insister sur une de ses qualités qui est d'être dotée de « dimensions », de dimensions spatiales (tels les « objets mentaux » décrits par Changeux) ; on développe ainsi l'éventail des caractéristiques de la représentation mentale orale, ayant le plein statut d'objet mental. Ceci n'est le plus souvent que sous-entendu ; cette opération de déplacement

---

6. Kerckhove D. de, Lumsden C.J. (éd.), *The Alphabet and the Brain,* Springer Verlag, Berlin Heidelberg New York, 1988.

L'ÉCRITURE EN MIROIR

intérieur ne peut se faire que dans le cadre d'une « activité » et d'un don pour cette mobilité intérieure ;

– affirmer *la potentialité d'écrit qui est dans l'oral,* habituellement masquée mais se manifestant pleinement dans le *double statut de la voyelle* – la voyelle étant la syllabe la plus simple et la plus pure, un phonème/syllabe. L'épellation met en œuvre ce non-dit ; elle expose au grand jour la structure interne de la voyelle ; l'alphabet oral et l'épellation ne s'exprimeront que secondairement à l'écrit : on peut épeler sans avoir acquis le code écrit.

Revenons à Mademoiselle Dufa : elle écrit en miroir *volontairement*, elle est douée pour le faire et s'y livre sans contrainte, en l'absence de toute anomalie linguistique ; cependant, quelques limitations et impératifs transparaissent. Il faut qu'elle soit « *active* » ; il s'agit plus précisément de la nécessité de *tourner activement et actuellement autour du panneau de la représentation mentale graphique.* Sa lecture intérieure, c'est-à-dire sa lecture du modèle interne graphique étranger (d) (qui donne naissance au modèle interne graphique propre (e)), se fait toujours « normalement », c'est-à-dire en face à face. Si pour *écrire en miroir* elle passe derrière le panneau, par contre *pour lire* elle repasse devant ou reste devant – tout dépendra de ce qui est écrit sur le panneau, normalement ou anormalement (nous verrons un peu plus loin ce que signifie normal et anormal).

Ainsi s'explique sa gêne à copier « de miroir en miroir » : restant en face du panneau – n'ayant pas à passer derrière, car le miroir lui est fourni passivement –, elle doit copier quelque chose d'inerte et d'anormal ; si elle passe derrière comme elle le fait dans son « activité spontanée de miroir », elle le « voit normal » et ne peut le rendre autrement ; de même, si elle passe derrière une représentation graphique inscrite normalement sur le panneau, elle le voit en miroir et le transcrit en miroir.

Pour remédier à cette difficulté – difficulté imposée par une consigne étrangère à son activité de miroir spontanée et

244 LIRE, C'EST VIVRE

harmonieuse – *elle demande à lire,* c'est-à-dire à effectuer un passage par le circuit n° 5, qui ne peut se faire que « normalement » ; elle tourne autour du panneau, se met « en face », monte par le circuit n° 5, oralise ou n'oralise pas mais en tout cas redescend par le circuit n° 6 ; devant le modèle interne graphique (f), modèle « normal », au bout de ce circuit, elle se retourne et « par-derrière », elle le voit en miroir et peut alors le copier en miroir.

L'activité de mobilisation autour du panneau n'est pas indifférente au contenu du panneau « normal » ou « anormal ». Pour expliquer la notion de *disposition normale ou anormale de la représentation mentale graphique sur le « panneau »,* tournons-nous vers l'histoire.

Le phénicien est une langue sémitique, s'écrivant de droite à gauche – sans doute aurait-il pu en être autrement à l'origine – les voyelles n'étant pas écrites avec des signes fixes. Il ne semble pas, *a priori,* y avoir de relation de cause à effet entre ces deux caractéristiques du système : écriture de droite à gauche, absence de voyelles écrites.

Les Grecs ont apporté au système phénicien une modification essentielle : l'inscription des voyelles par des signes fixes. Cette inscription a coïncidé avec un changement de direction de l'écriture : la question est de savoir s'il y a simple coïncidence ou relation – éventuellement d'obligation – entre ces deux faits linguistiques concomitants.

La direction initiale normale (phénicienne) a été le sinistrad (de droite à gauche), elle a été changée par les Grecs, qui nous l'ont transmise. Pour nous, la direction normale est devenue le dextrad (de gauche à droite). Tourner autour du panneau sémitique (sinistrad) donne le dextrad historique, tourner autour du dextrad historique donne le miroir actuel. La patiente aphasique israélienne se trouve dans la situation des Grecs (retourner la direction et inverser les lettres), sauf à figurer les voyelles...

Nous sommes ainsi fixés sur les modalités de la contrainte historique et sur le critère de « normalité » de la direction de l'écriture du modèle en représentation mentale graphique : sinistrad normal chez les Phéniciens, un miroir donnant « anormalement » un dextrad ; dextrad normal chez les Grecs et chez nous, un miroir donnant « anormalement » un sinistrad.

Cherchons maintenant à savoir comment l'écriture en miroir émerge dans une situation pathologique, « hors contrôle », en posant deux questions : comment le noyau mécanique (le fonctionnement du schéma des fonctions linguistiques) a-t-il fonctionné pour arriver à cette production et pourquoi ? Dans un premier temps, toute la production écrite de Madame Conan se fait en miroir ; puis survient une normalisation, dans le cadre de l'évolution spontanée prévisible de l'aphasie et d'un abord thérapeutique non spécialisé (ergothérapie). À cette étape, on peut rapprocher cette fugacité de celle observée parfois chez l'enfant en cours d'apprentissage ou dans les premières manifestations d'une aphasie.

Dans un deuxième temps, un élément « gâchette », l'épellation, fait resurgir – comme à la demande – le miroir. Mais l'épellation n'est pas utilisée normalement : d'abord indispensable à la dictée, elle ne peut plus être pratiquée en l'absence d'une perspective d'écriture (incitée à épeler un proposé oral sans l'écrire, elle en est incapable et ébauche des doigts le contour des lettres).

Reprenons le fonctionnement de l'épellation :

– l'épellation est orale de même que l'alphabet est d'abord oral. Peut-être pourrions-nous avancer que l'« alphabet » est l'équivalent « d'une épellation que l'on écrit » ?

– elle suppose « l'appel » de la consonne à partir d'une *voyelle d'appel* ou *voyelle neutre,* distincte de la *voyelle « vraie »,* porteuse de sens – c'est-à-dire syllabe à elle seule ; le propre de la voyelle est d'être porteuse de cette propriété : *se vider de sens pour permettre l'appel* ;

– la voyelle d'appel ne se marque pas à l'écrit ; « voir écrite » la lettre « p » et l'épeler « pé » sans « voir écrite » la voyelle

« é » signifie que l'on connaît « *l'amont* », *les sous-entendus linguistiques* et que l'on n'écrit qu'une voyelle « vraie » ;

— pour les voyelles des langues sémitiques, *on a fait subir à la voyelle vraie le traitement de la voyelle d'appel*, puisque la voyelle vraie ne s'écrit pas. Dans ce cas, il n'y a pas d'amont linguistique, mais uniquement un contexte syntaxique et sémantique. Tout ceci incite à penser que les notions *d'épellation et de voyelle* sont étroitement liées.

Comment concevoir le fonctionnement, la mise en jeu anormale de cette épellation chez notre patiente ? Elle écrit en miroir lorsqu'on l'oblige à épeler avant d'écrire en dictée et elle ne peut épeler si on l'empêche d'écrire. Cette dernière anomalie, l'épellation orale qui, empêchée de devenir épellation écrite, ne peut plus se faire, va éclairer le reste. L'épellation peut se concevoir comme la déposition en « garde » ou en inventaire de la lettre (la consonne) convoyée par la voyelle d'appel ; ceci permet d'affirmer la différence entre voyelle d'appel et voyelle vraie. Notre patiente a donc besoin de la réalisation par l'écrit pour affirmer cette structure fondamentale de l'oral, c'est-à-dire que *la réalisation de l'écrit* est devenue chez elle une *nécessité* conditionnant sa santé linguistique. Il y a chez elle une faiblesse intrinsèque de *la voyelle qui doit extérioriser sa charge d'écrit pour exister*, alors qu'habituellement cette charge est « secrète ». En épelant un proposé oral, elle ne fait pas de distinction nette entre voyelle d'appel et voyelle vraie ; ceci (absence de double statut de la voyelle) pourrait se traduire de deux façons à l'écrit : soit ne rien marquer de vocalique (pas de voyelles comme en phénicien), soit tout marquer — voyelle d'appel et voyelle vraie. Son seul moyen de réagir à l'écrit contre cet aiguillage pathologique est d'affirmer la bonne santé de sa représentation mentale graphique en tant « qu'objet mental », c'est-à-dire « manifester » sa qualité dimensionnelle en « passant derrière », ce qui la fait écrire en miroir.

L'anomalie de l'épellation (traduisant dans ce cas une anomalie intrinsèque de la voyelle) la met dans la situation d'une langue sémitique : ne pas exprimer totalement le double statut de la voyelle *par impératif d'évolution linguistique propre à une langue,* ou en raison d'une *atteinte pathologique,* sont deux situations linguistiques identiques. Dans la langue sémitique, il y a absence totale de marquage fixe des voyelles à l'écrit ; la patiente aphasique réagit temporairement à une situation anormale dans le cadre de sa langue maternelle, se traduisant par l'écriture en miroir. La patiente israélienne manifeste aussi son désir de confirmer la bonne santé de sa représentation mentale graphique en développant son potentiel de spatialisation, en passant derrière : dans leur étude, R. Diatkine et coll. concluaient en disant que l'écriture en miroir était en fin de compte le signe d'une certaine virtuosité.

La transcription des voyelles par des caractères fixes a-t-elle imposé que l'on passe derrière la représentation mentale graphique et que l'on écrive en miroir ? Cela n'est pas impossible, puisque l'expression écrite du double statut de la voyelle est l'extériorisation maximale de la potentialité de l'écrit dans l'oral. Il entraîne, *ipso facto,* le déploiement de toute sa dimension spatiale, structurelle, dont l'écriture en miroir est la manifestation.

L'écrit a alors son plein statut linguistique, qui est d'être déjà dans l'oral : le cerveau est totalement et normalement écrit.

Chapitre 10

Le diagnostic des troubles
de type aphasique

Où l'on apprend qu'il est possible pour tout un chacun de repérer sinon de diagnostiquer l'existence de troubles de type aphasique et d'aller frapper à la bonne porte.

Nous voilà arrivés à la halte. De nombreux enfants ont été arrachés au Roi des Aulnes : guéris, en cours de guérison ou améliorés. Après cette chevauchée, ouvrons nos malles, étalons nos cartes, recensons les enfants transportés, échappés avec nous ; ceux grâce à qui notre arme s'est affinée pour que cela serve aux autres, ceux qui auraient dû être emportés plus tôt – comment aurions-nous pu les trouver ? Enfin ceux qui n'ont pas été emportés car nous n'avions pas vu le Roi des Aulnes...

Voici venu le temps du diagnostic positif et différentiel. Qui peut dépister ces troubles le plus tôt possible ? Les médecins : généralistes, pédiatres, neurologues, pédopsychiatres ou psychanalystes ; les orthophonistes, bien sûr ; les enseignants, spécialisés ou non ; enfin les parents qui ont bien souvent une remarquable intuition pour suspecter la nature des difficultés de leurs enfants et les conduire à la bonne porte.

Comment faire le diagnostic des troubles de type aphasique, avec quels critères, à quel âge, quelles en sont les formes cliniques ? Comment cerner les contours de cette entité dans le cadre des diagnostics les plus habituellement portés pour cette pathologie : dysphasie*, dyslexie* (quel qu'en soit le type), dysmaturité psycho-affective ? Comment faire le diagnostic différentiel avec d'autres affections, d'autant que les associations sont fréquentes ? Comment différencier les troubles de type aphasique, des retards simples de parole et de langage (en particulier dans leurs formes sévères), des dyslexies, des dysorthographies* simples ou sévères, des altérations en rapport avec un retard global, de l'aphasie congénitale ou acquise de l'enfant, des troubles neurologiques – séquelles d'encéphalite ou de méningite, dystonie*, mouvements anormaux avec leur incidence sur l'écriture – des troubles de la personnalité ? Comment faire la part du trouble de type aphasique et de la pathologie associée ? On peut, dans le cadre d'un handicap (surdité, trisomie 21, épilepsie, retard global ou troubles neurologiques), rechercher les caractéristiques du trouble de type aphasique. À l'inverse, dans le cadre des troubles de type aphasique, on peut diagnostiquer un syndrome pseudo-bulbaire*, des troubles psycho-affectifs ou des manifestations neurologiques.

Pour faire le diagnostic positif, rappelons la définition succincte des troubles de type aphasique. *Les troubles de type aphasique sont responsables de l'incapacité totale ou quasi-totale de lire, d'écrire ou de parler chez les enfants dits non-lecteurs, non-transcripteurs ou mauvais parleurs, chez les analphabètes « vrais » et chez la plupart des enfants dits « dysphasiques ».*

Une démarche aphasiologique, utilisant les théories linguistiques de Gustave Guillaume pour élaborer une théorie explicative, a permis de cerner cette nouvelle entité ; cette analyse autorise la mise en œuvre d'une stratégie thérapeutique qui s'avère particulièrement efficace.

Les dysfonctionnements linguistiques observés chez ces patients sont les mêmes que chez les aphasiques adultes, à ceci près que pour les « troubles de type aphasique », il n'y a pas de lésion cérébrale décelable réputée génératrice d'aphasie ; le syndrome de Landau-Kleffner, aphasie acquise de l'enfant, est une référence comparative précieuse car la nature aphasique des désordres linguistiques est retenue malgré l'absence de lésions objectivables dans le cerveau.

Le diagnostic positif est variable selon l'âge – étant entendu qu'il est souhaitable de le faire le plus tôt possible...

Entre trois ans et cinq à six ans,
chez des enfants
totalement mutiques ou très mauvais parleurs

En l'absence de production orale suffisante, et bien entendu en l'absence d'acquisition de l'écrit, l'approche diagnostique est difficile. L'allusion à l'acquisition de l'écrit veut très précisément dire que *l'écrit exprime le trouble de façon visible et objectivable – donc analysable –, anomalie déjà présente dans l'oral mais quasiment indécelable* – et que nous ne savons pas encore parfaitement mettre en évidence. Les signes évoquant les troubles de type aphasique sont les suivants :

– la pauvreté de la gestuelle (le geste univoque en particulier) ; la fixité du regard et l'impossibilité à désigner des yeux, évoquent une atteinte des préalables [1] ;

– la surdité verbale, majeure ou parcellaire, peut s'apprécier sans épreuves spécifiques ; la recherche précise des troubles de la reconnaissance (agnosie) auditive ou visuelle entre dans une catégorie plus ouverte des recherches neuropsychologiques, qui n'est pas notre propos ;

– il est souvent possible d'obtenir des productions verbales spontanées, en incitant vivement l'enfant à parler directement ou au cours d'autres activités – dessin, jeu – ; quelquefois seulement des cris ou onomatopées pourront être entendus ;

– le plus souvent, c'est la répétition qui apporte le matériau

---

1. Cf. chapitre 4.

LIRE, C'EST VIVRE

verbal soumis à analyse ; on peut alors étudier le contraste éventuel entre répétition et parole spontanée, les caractéristiques de la voix et de l'articulation.

La forme clinique des « non-parleurs » est la plus sévère, témoignant d'une forte pénétrance des troubles.

Lorsque le langage est très pauvre, on recherche avant tout l'existence d'*un syndrome pseudo-bulbaire* (parésie labio-glosso-vélo-pharyngo-laryngée d'origine centrale)* se traduisant cliniquement par :

– des troubles phonatoires associant : une dysphonie* avec voix rauque, étouffée, aggravée, faible et fatigable ; une dysarthrie d'insuffisance vélaire* avec un nasonnement, un ronflement nasal, un souffle nasal, un souffle rauque ; une indifférenciation articulatoire très sensible à la fatigue jusqu'à donner une véritable « bouillie » et enfin une dysprosodie* avec débit recto tono*, monocorde, traînant, sans intonation ;

– difficultés à mobiliser les organes bucco-phonatoires (en particulier lèvres et langue) mettant en évidence leur atteinte motrice ;

– difficultés au niveau des autres fonctions nécessitant un bon contrôle des organes bucco-phonatoires (en particulier au niveau du carrefour oro-pharyngé) : déglutir, avaler, souffler, aspirer, se moucher, bien retenir sa salive (bavage éventuel), difficultés actuelles ou anciennes ayant parfois disparu spontanément.

Ces signes ne sont pas toujours tous présents, certains peuvent manquer ou être d'une grande discrétion ; il arrive aussi qu'ils soient majeurs avec absence de mimique, troubles de la déglutition entraînant des fausses routes, un bavage permanent – souvent dans un contexte neurologique déjà connu ou diagnostiqué à l'examen.

Le point le plus important est le retentissement spécifique de ces troubles linguistiques sur l'atteinte neurologique du syndrome pseudo-bulbaire. *Le contraste entre la discrétion de l'atteinte motrice* – faisant souvent même récuser le diagnostic de syndrome pseudo-bulbaire en milieu spécialisé

LE DIAGNOSTIC DES TROUBLES DE TYPE APHASIQUE   253

(dans la mesure où tous les items du tableau ne sont pas retrouvés ou très discrets) – *et l'incapacité majeure* (souvent totale ou quasi-totale) *à utiliser ces organes bucco-phonatoires pour parler* (alors qu'ils sont à peine atteints), font hautement suspecter le diagnostic de troubles de type aphasique. Si l'on compare un enfant atteint d'un syndrome pseudo-bulbaire avec troubles de type aphasique et un enfant présentant un voile du palais court ou une fente vélo-palatine*, la différence est évidente au niveau de la richesse de la production verbale et de la réactivité à la rééducation orthophonique spécialisée : il n'y aura quasiment pas de résultats chez le premier alors que l'enfant porteur d'une division palatine opérée le plus souvent apprendra à articuler selon une évolution bien codifiée.

Ne sont pas retenus comme seuls critères du diagnostic de syndrome pseudo-bulbaire les signes objectifs majeurs et précis. La bonne connaissance de la pathologie phonatoire (de la parole) et son étude fine et prolongée, l'analyse des altérations entraînées par cette parésie, même lorsque l'enfant parle à peine, permet de porter le diagnostic de syndrome pseudo-bulbaire et surtout de suspecter une association à des troubles de type aphasique. Ceci sera déterminant pour la conduite thérapeutique : se limiter à un attentisme ponctué de bilans chiffrés et à la pratique d'une orthophonie classique, si intensive et si bien faite soit-elle, n'a jamais pu infléchir la pathologie, ni faire ressortir le moindre fil directeur dans l'analyse des troubles, on pratiquera un travail aphasiologique.

On rencontre souvent un élément de dysmorphie faciale, avec hypertélorisme* et épicanthus* plus ou moins nets, dont la présence milite en faveur du diagnostic. Cette donnée a été si souvent retrouvée (sur près d'une centaine de cas), qu'elle mérite d'être retenue et pourrait être soumise à une étude et à une réflexion plus poussées.

Jusqu'à l'apprentissage de l'écrit – en l'état actuel des recherches –, on ne peut que *suspecter* les troubles de type aphasique ; l'obligation de résultat et la pratique directe de la rééducation poussent à retenir ce diagnostic et à commencer

254 LIRE, C'EST VIVRE

le travail aphasiologique : à ce jour, cette analyse n'a pas été démentie – sauf lorsque l'association avec des troubles psychotiques rend l'interprétation des résultats plus difficile.

Le *travail aphasiologique* n'est ni de l'orthophonie classique, ni un abord intensif, ni un abord indirect par le jeu, de préparation au langage ou d'installation des « pré-requis ». Il évite soigneusement tout abord direct de l'articulation, toute sollicitation pour la parole des organes bucco-phonatoires, que ce soit pour répéter, imiter les mouvements articulatoires ou se regarder articuler dans un miroir ; il évite tout abord du langage tel qu'il est fait dans les classes de langage. Après l'analyse du fonctionnement pathologique, les exercices sont élaborés pour normaliser les circuits ; les productions sont minutieusement étudiées afin de contrôler parfaitement les mécanismes : ceci enlève aux exercices tout aspect fastidieux ou de trop grande simplicité.

J'étudie les préalables visuel, gestuel et bucco-phonatoire et je « laboure le champ de la disposition à syllaber » en représentation mentale orale en faisant entendre simplement un texte frappé en syllabe ou en demandant éventuellement à l'enfant de participer. Malgré les apparences, il ne s'agit ni de faire du rythme ni de « faire de la syllabe » (parler, articuler ou frapper en syllabe) : la production en syllabe n'est que le bout de la chaîne, l'expression finale de la bonne qualité de la disposition à syllaber, seul élément stimulé par ces exercices.

On peut installer la lecture avec un abord aphasiologique, mais il ne s'agit pas d'un apprentissage. La caractéristique de cet abord est l'absence de présentation des correspondances son/graphie par les oppositions habituelles (quelle que soit la méthode, même la méthode globale utilisant un même graphisme retrouvé dans différents mots), l'absence de progression par étapes de plus en plus complexes, l'absence de vérification des acquis par tests de reconnaissance et d'évocation et demande d'autocontrôle. Il est fondé sur la présentation des phonèmes et des graphies qui les expriment à l'écrit, comme étant extraits de la syllabe orale ; la présentation est simple : syllabe orale entière (« pa »), chaque phonème en est extrait grâce à la voyelle d'appel (« pé ») et écrit simultanément par moi, l'enfant ne fait que regarder, puis remis en syllabe avec une voyelle vraie (« pa »), ainsi on dit « pa, pé, a, pa » ; cet abord suffit à installer harmonieusement la correspondance son/graphie. Lorsqu'il n'est pas possible de pratiquer un travail aphasiologique dès ce stade, on se contente de guetter dans l'apprentissage classique (pédagogique ou orthophonique) les éventuelles atypies qui éclaireront les dysfonctionnements sous-jacents.

Lorsque la parole est altérée par un syndrome pseudobulbaire, il est habituel de voir à la suite ou au cours du travail aphasiologique une amélioration indirecte de l'articulation ; dans un second temps, on peut envisager une éventuelle intervention directe sur la motricité bucco-phonatoire (exercices de souffle), puis sur l'articulation – ce qui aura été soigneusement évité au début dans la mesure où le préalable bucco-phonatoire est le plus souvent atteint, c'est-à-dire que l'enfant n'a pas saisi que ses organes bucco-phonatoires peuvent être utilisés pour représenter, pour articuler des phonèmes, pour faire en définitive « du sens ».

En l'absence de syndrome pseudo-bulbaire et de toute atteinte motrice des organes bucco-phonatoires, on peut néanmoins observer des troubles d'articulation très importants, rendant la parole quasi inintelligible ; il n'y a pas d'insuffisance vélaire, les altérations de l'articulation se rapprochent de celles des malentendants (alors qu'il n'y a pas de déficit auditif) ou de celles des jeunes enfants présentant des retards de parole importants, alors qu'il s'agit souvent d'enfants de neuf ans ou même d'adolescents de quinze ans. C'est alors typiquement *une altération de la production orale entraînée par la pathologie de l'écrit qu'elle porte de façon « occulte », par l'anomalie de son potentiel d'écrit.* Ces cas sont peu fréquents, nous en avons répertorié une dizaine ; ils sont parfois assez sévères puisque la parole est quasi incompréhensible ; la normalisation du dysfonctionnement aphasique entraîne aussi une amélioration de la parole ; les enfants que nous voyons sont assez âgés, en raison des errements du diagnostic (troubles attribués à un déficit intellectuel ou à des troubles psychotiques, avec les indications thérapeutiques qui en découlent) ce qui en rend l'abord difficile (atteinte sévère, retard au diagnostic, comportements réactionnels) et nécessite des délais plus longs.

Au moment de l'apprentissage de la lecture

Le diagnostic se pose après un Cours préparatoire normal, un Cours préparatoire d'adaptation ou un redoublement. Dans les écoles averties, en général dans le cadre du secteur psychiatrique et des Centres médico-psychologiques connaissant eux-mêmes les troubles de type aphasique, le diagnostic peut être fait dès le deuxième trimestre du cours préparatoire. Les atypies les plus fréquentes, spécifiquement de type aphasique, sont une absence totale d'acquisition ou une instabilité anormale des acquis – le retour de vacances de Noël ayant par exemple effacé tout ce que l'enfant avait appris –, ou un comportement lexique fixé inhabituel : épellation persistante à la place de la lecture, nécessité de tracer les lettres à l'aide du doigt, écriture en guirlande, etc. Il arrive que ces difficultés soient considérées comme banales – souvent rapportées à un « blocage » ou à une « immaturité » – et qu'on les laisse évoluer, à moins qu'une rééducation orthophonique classique ou une psychothérapie ne soient entreprises.

Dans les cas sévères, il n'y a aucune évolution et on retrouve ces enfants à vingt ans, devenus « analphabètes vrais », recensés par l'Armée (quand ce sont des garçons), incapables d'écrire leur propre nom. Sur quatre cent-vingt mille appelés, on dénombre approximativement trente mille illettrés, soit 7,14 %. Cette population se scinde en trois sous-groupes : *les analphabètes (« incapables d'écrire leur nom ») sont au nombre de mille, soit 3 % des illettrés et 0,23 % des appelés* ; les illettrés dont la situation résulte de problèmes sociaux, au nombre de quinze mille, soit 50 % des illettrés et 3,57 % des appelés ; les jeunes ayant oublié les notions apprises au cours de leur scolarité au nombre de quatorze mille, soit 46,66 % des illettrés et 3,33 % des appelés [2].

Comment faire le diagnostic de gravité en début de scolarité ? Doit-on donner sa chance à l'orthophonie, à la pédagogie adaptée ? La réponse pourrait être positive si l'on donnait une part prépondérante à un des volets de la définition des troubles de type aphasique : pour les identifier, il est nécessaire qu'ils aient résisté à tous les abords bien conduits pendant un temps suffisant. Avec le recul et l'expérience portant sur six cents cas examinés en quatre ans, nous répondrons de façon négative : dès que les atypies sont signalées et qu'elles entrent dans le cadre des troubles de type aphasique, il ne faut rien attendre des abords classiques (même si, à l'évidence et par expérience, dans les cas d'intensité moyenne, des acquisitions se font) et mettre en route le plus tôt possible le travail aphasiologique.

Un des arguments en faveur de cette attitude est l'ampleur des conséquences sur le développement général, induites par le dysfonctionnement linguistique. L'absence d'alimentation linguistique orale et particulièrement écrite dans un monde où l'écrit tient beaucoup de place, est certes importante mais n'est pas l'essentiel. Les réactions psycho-affectives engendrées par les difficultés de communication ou par la situation d'échec ne sont pas non plus les arguments les plus convaincants, bien qu'elles puissent être graves : un enfant de neuf ans, adressé par un pédopsychiatre, souffrait d'une dépression sévère car, arrivé en CE2 sans savoir ni lire ni écrire, il ne pouvait plus supporter la dévalorisation qu'entraînait son échec scolaire. C'est la répercussion sur l'ensemble des fonctions cognitives

---

2. « Le Service national en chiffres 1987 », SIRPA (Service d'information et de relations publiques des Armées).

258 LIRE, C'EST VIVRE

(raisonnement, mémorisation, orientation spatio-temporelle, pensée mathématique, logique, etc.) qui est la plus grave ; rapportons le cas de ce jeune adulte de vingt-deux ans, analphabète, chez qui lecture et transcription ont pu être installées. Dès le début du traitement, en tout cas avant de déchiffrer, il a développé des facultés nouvelles pour lui : possibilité de mémoriser un numéro de téléphone, orientation dans le temps et dans l'espace, autonomie dans les déplacements. On observe aussi des effets sur la psychomotricité (par le biais sans doute des schèmes psychomoteurs : nombreux sont les enfants, porteurs de troubles de type aphasique sévères, chez qui les parents ou les enseignants, voire les thérapeutes, signalent vers la dixième séance de travail aphasiologique, la survenue de possibilités motrices jusque-là inexistantes : grimper ou sauter, nager, tourner une manivelle, descendre un escalier en alternant les pieds, descendre d'un trottoir autrement qu'à pieds joints, éviter les obstacles). Il semble que cette anomalie structurelle du noyau mécanique figurant le fonctionnement linguistique entraîne − indépendamment de l'expression (orale ou écrite) de ce trouble, c'est-à-dire indépendamment de ce langage intérieur décrit par Luria [3] qui sous-tend toutes nos activités même motrices − une véritable *sidération* de tout le fonctionnement cérébral cognitif ou psycho-affectif.

Les journées d'observation en milieu spécialisé, la soumission à des batteries de tests étalonnés peuvent apporter des éléments aux hypothèses ou aux travaux concernant les difficultés de ces enfants, mais jusqu'à présent les conclusions n'ont pas apporté de solution thérapeutique à court, moyen ou long terme.

Quant à nous, grâce à l'arme thérapeutique que nous avons forgée, le fonctionnement linguistique pathologique est explicable et des résultats précis sont obtenus : ne lisait pas/lit,

---

3. Luria A.R., *Les Fonctions corticales supérieures de l'homme*, traduit par N. Heissler et G. Semenon-Ségur, PUF, « Psychologie d'aujourd'hui », Paris, 1988.

ne transcrivait pas/transcrit. C'est pourquoi nous prenons le risque de poser le diagnostic de troubles de type aphasique. Notre abord à la fois théorique et pratique, tire sa rigueur, non pas d'études chiffrées, de tests standardisés, mais de sa soumission au résultat. Les deux approches ne paraissent pas incompatibles et il serait intéressant d'en comparer les résultats. Les épreuves quantifiées ne sont pas les seules fiables, sauf à dire que la médecine n'a ni à soigner ni à guérir...

Après neuf ans

Le diagnostic peut être évoqué devant la persistance de difficultés de lecture et d'orthographe et d'une absence de lecture pour le plaisir ; ces anomalies résistent aux abords thérapeutiques classiques et elles sont atypiques. Les enseignants, la famille, les orthophonistes, les thérapeutes pensent à des problèmes de mémoire, de concentration ou de compréhension ; les acquis sont d'une variabilité et d'une fragilité extrêmes ; les résultats catastrophiques en dictée contrastent avec la bonne compréhension de la grammaire et la bonne résolution des exercices. L'examen aphasiologique à ce stade dispose de tout le déploiement de l'écrit et s'efforce de faire ressortir des dysfonctionnements aphasiques : altération progressive de la lecture avec paralexies (changement quasi total des différents éléments du mot), absence de saisie du « couplage » déchiffrage/sens et usage intempestif – et stérile – de la mémoire, absence d'activité lexique pendant la copie (même si en copiant il y a eu une lecture à voix chuchotée), jargon graphémique et dysgraphique en dictée, résultats meilleurs en texte spontané qu'en dictée, atypies de l'épellation sur alphabet avec « a » – contrastant quelquefois avec une épellation normale sur le texte –, anomalies de la rétention graphique, etc. *L'écrit étant déjà dans l'oral*, l'examen ne consiste pas à relever l'état de la lecture ou de la dictée et de « travailler » l'une ou l'autre, mais à voir en quel point du schéma s'exprime la dysharmonie des fonctions linguistiques. Soyons plus précis : il ne s'agit pas de dire qu'il s'agit d'un déficit de l'oral et que, par suite de la mise en correspondance du graphisme à l'oral – le graphème venant transcrire le phonème –, cette transcription va refléter ou reproduire les anomalies du phonème ; certaines théories prennent en compte le fait que le déficit premier est dans l'oral et soutiennent qu'un abord auditif particulier pourra normaliser la conscience phonétique et la correspondance son/graphie. Nous sommes très loin de cette interprétation en disant qu'**il s'agit de la pathologie du potentiel d'écrit qui est dans l'oral et le conditionne.**

La présence de troubles de l'évocation aux épreuves de dénomination – et même d'un manque du mot* dans la parole spontanée, quelquefois sous l'aspect d'une fluence ponctuée d'hésitations et de « euh, euh » sans aucune apparence pathologique – milite en faveur du diagnostic de troubles de type aphasique. Il s'agit dans ces cas de troubles de faible pénétrance, puisque ayant permis d'atteindre un niveau linguistique non négligeable.

Le diagnostic peut aussi être très vraisemblable devant une absence totale d'apprentissage ou une production très atypique (quelques lettres, une épellation, quelques mots fixés, une description des lettres, une possibilité de correspondance son/graphie sans aucune possibilité de déchiffrage, etc.) ; ces enfants sont souvent en institution (Externat ou Internat médico-pédagogique puis, en grandissant, ils passeront en Internat médico-professionnel) et leurs difficultés rebelles sont souvent interprétées comme un blocage psycho-affectif. Le diagnostic ne s'arrête pas au bilan, il est complété par quelques « séances probatoires », permettant de le confirmer, de faire la part des éventuels troubles psycho-affectifs réactionnels et d'apprécier à la fois l'impact du travail lors des premiers exercices et le comportement de l'enfant – une certaine passivité étant nécessaire.

Chez les adultes

Le diagnostic peut se faire chez des adultes jeunes, entre dix-huit et vingt ans – ce sont ces enfants non-lecteurs devenus grands ; il devrait aussi se faire chez des adultes plus âgés, mais souvent l'absence de famille, la désinsertion sociale, l'involution des fonctions intellectuelles et l'exacerbation des problèmes psycho-affectifs réactionnels les ont fait tomber dans la délinquance, la marginalité ou la dépendance totale ; les autres ont abandonné tout espoir thérapeutique. Le pourcentage de conscrits dépistés à l'Armée et versés dans le cadre des illettrés qui ne peuvent écrire leur nom – correspondant bien à ces analphabètes vrais – donne à penser qu'il s'agit d'un vrai problème social qui pourrait être évité par un dépistage précoce.

Nous avons examiné un certain nombre d'adolescents, déjà avancés dans la scolarité ou dans la vie sociale (en classe de quatrième ou de seconde, dans le monde du travail) qui consultent pour des troubles de la mémoire, des fléchissements imprévisibles de la production linguistique (tant au point de vue de la cohérence et de la conduite du raisonnement que de la correction grammaticale). Ils sont le plus souvent adressés par des psychanalystes informés de l'existence des troubles de type aphasique, surpris par la persistance de ces difficultés linguistiques malgré les bons résultats de la thérapie et qui repèrent aussi quelques atypies dans leur passé scolaire et pré-scolaire ou dans leur comportement linguistique. Dans ces cas, il s'agit de manifestations discrètes d'un dysfonctionnement aphasique qu'il faut s'efforcer de mettre en évidence au cours du bilan.

En voici deux exemples. Une jeune femme de vingt-huit ans, qui n'a pas pu passer son baccalauréat, consulte pour « troubles de la mémoire », difficultés à comprendre et à transmettre les messages, la gênant beaucoup dans son emploi de vendeuse. Le fonctionnement atypique ressortant de son bilan est le suivant : elle dit avoir des difficultés à comprendre et retenir un texte et ne pouvoir le faire que si elle l'écrit. Le travail aphasiologique n'est pas de constater qu'elle est plutôt visuelle et « graphique » qu'auditive (nous faisons allusion à une théorie pédagogique bien connue), mais plutôt de remettre à sa place le secteur écrit et le modèle interne graphique produit par sa propre main ; il a été très efficace dans cette forme de troubles de type aphasique de faible pénétrance.

Une jeune fille de dix-sept ans, en classe de seconde, pendant un commentaire composé écrit, perd le fil de l'exposé, devient incohérente et agrammatique. L'examen fait ressortir d'une part, des troubles de l'évocation entraînant un flou de la pensée très gênant et d'autre part, des anomalies de fonctionnement du noyau mécanique tout à fait typiques des dysfonctionnements aphasiques : incitée à lire sur un livre de niveau CE2 un texte très simple de cinq lignes, elle est incapable d'en redire les deux dernières lignes. Les troubles étaient suffisamment légers pour autoriser une scolarité normale et des performances honnêtes, mais ses moyens de compensation étaient débordés aux deux extrêmes : dans la complexité associée à une limitation dans le temps (devoir sur table de quatre heures) et dans le très simple (texte de quelques mots enfantins).

La conduite thérapeutique

Poser le diagnostic de troubles de type aphasique revient à faire un choix thérapeutique entre trois options : travail aphasiologique, rééducation orthophonique « classique » ou psychothérapie.

Il s'agit de distinguer les troubles de type aphasique, des altérations en rapport avec un retard simple de parole ou de langage (même si la forme est sévère), des anomalies résultant

LE DIAGNOSTIC DES TROUBLES DE TYPE APHASIQUE   263

de handicaps sensoriels ou de difficultés perceptives, spatio-temporelles ou cognitives – dans le cadre des dyslexies et dysorthographies, même sévères. La spécificité des anomalies, l'âge et la persistance des troubles malgré les abords habituels dans ces diagnostics, autorisent une individualisation assez aisée des troubles de type aphasique.

Les enfants étiquetés *dysphasiques* par les équipes donnant à cette appellation une orientation instrumentale et non psychologique – c'est-à-dire considérant qu'il s'agit de troubles sévères du langage d'un type particulier – sont pour nous porteurs de troubles de type aphasique. Pour les pédopsychiatres qui emploient le terme de dysphasie, la définition est beaucoup plus large, donc moins précise : les troubles de type aphasique ne concernent qu'en partie la pathologie recouverte par leur définition, puisqu'ils y incluent des troubles psycho-affectifs. Nous persistons à parler de *troubles de type aphasique* au lieu de dysphasie en raison des implications thérapeutiques de ces définitions : la conséquence immédiate du diagnostic est la mise en œuvre d'un travail aphasiologique ; pour ceux qui portent le diagnostic de dysphasie, l'implication thérapeutique n'a rien de spécifique et n'est nullement l'application des contenus de cette définition – qui reste très théorique, même si elle est fondée sur des études statistiques et sur des batteries de tests étalonnés – : une « rééducation orthophonique intensive et bien faite » est prescrite... Certes il faut que l'orthophoniste connaisse les enfants dysphasiques et sache que le trouble est sévère. Pour ce qui est de la compétence (rééducation « bien faite »), elle ne nous paraît nullement spécifique et ne diffère en rien de celle qui est demandée aux intervenants des autres disciplines ; les techniques appliquées ne diffèrent pas des techniques habituelles même si elles bénéficient d'aménagements, d'amélioration, de voies d'abord privilégiées ou de l'utilisation de l'informatique. En ce qui concerne la fréquence – cette rééducation devrait être intensive –, il nous paraît au contraire que le rythme d'une ou deux fois par semaine, ou éventuellement des séries de quatre jours par semaine tous les mois, est largement suffisant — rappelons qu'il ne s'agit pas de processus d'apprentissage mais de la remise en place et de la mise en route des circuits normaux dans le modèle représentant les fonctions linguistiques.

Doit-on envisager une psychothérapie ? Le diagnostic différentiel est à faire avec les troubles psycho-affectifs. En dehors de l'autisme ou de traits psychotiques sévères entraînant un mutisme — où l'absence de production ne permet pas d'apprécier la coexistence éventuelle de troubles de type aphasique —, nous observons parfois l'intrication des deux pathologies ; l'apport diagnostic complémentaire du pédopsychiatre est capital mais il est aussi capital que le pédopsychiatre connaisse les troubles de type aphasique et ait l'expérience de leur effet inhibiteur sur le développement affectif et cognitif. En dehors de ces atteintes sévères, considérer l'absence ou les difficultés d'apprentissage de l'oral ou de l'écrit comme un symptôme dans le cadre de troubles psycho-affectifs et préconiser une psychothérapie isolée dans cette indication, est une temporisation dangereuse.

Doit-on envisager une rééducation orthophonique classique ? Citons à titre d'exemple la collaboration avec une orthophoniste pour absence d'apprentissage au cours préparatoire, chez un enfant de sept ans ; avec les techniques classiques et sa compétence particulière qui en exploite de façon originale certains aspects (faire regarder l'articulation du locuteur et schématiser les mouvements articulatoires pour faciliter l'évocation des phonèmes qui lui paraît déficiente), elle installe la lecture en six mois ; elle relève néanmoins des atypies dans les modalités d'acquisition et une instabilité anormale des acquis. Une consultation aphasiologique mettra en évidence des troubles de type aphasique — qu'elle suspectait — et rendra compte de la réussite de la technique utilisée : elle mobilisait le préalable bucco-phonatoire, mais uniquement en proposant sa mimique articulatoire à l'enfant — les schémas et l'incitation à se voir articuler dans le miroir paraissant inutiles ; l'abord thérapeutique a pu être modifié.

Une étroite collaboration avec les pédopsychiatres, les psychanalystes et les orthophonistes, permet des échanges précieux pour approcher ou confirmer un diagnostic et décider de l'abord thérapeutique. Nous avons aussi beaucoup appris de nos confrères psychiatres sur les psychotiques « pseudo-débiles » ou « déficitaires » : tableaux pleins d'embûches où un conseil spécialisé et le renouvellement de l'examen permettent de mettre en doute l'authenticité de la production — ce dont il faut toujours s'assurer avant de se livrer à l'analyse et à la recherche de comportements linguistiques explicateurs.

Les associations pathologiques

Les associations pathologiques offrent un vaste champ d'étude car elles rendent le diagnostic, l'évaluation du travail aphasiologique et ses modalités d'application souvent difficiles.

L'association la plus fréquente — et même extrêmement fréquente — est le *syndrome pseudo-bulbaire,* déjà abordé lors du diagnostic positif. La parésie labio-glosso-vélo-pharyngo-laryngée, souvent discrète, est majorée par la coexistence de troubles de type aphasique entraînant une absence quasi-totale de parole. Ces cas sont si nombreux, si invalidants, si lourds de conséquences que les errements diagnostiques sont nocifs pour l'avenir de ces enfants : il est capital de faire le diagnostic le plus tôt possible. Une étude statistique et une recherche spécifique dans le cadre de cette association sont prévues ultérieurement (nous en avons colligé une centaine à ce jour).

La deuxième association pathologique fréquemment rencontrée est *la comitialité (l'épilepsie),* connue et annoncée ou seulement suspectée lors du bilan ou des séances lorsque surviennent des manifestations épileptiques plus ou moins typiques. Le plus souvent, le tableau est celui d'un enfant porteur de troubles de type aphasique et qui, en plus, présente une comitialité. Les variantes sont nombreuses et appellent des attitudes thérapeutiques et des pronostics différents, selon que la comitialité était ou non connue. Si la comitialité est *connue*, traitée et suivie, il peut s'agir d'une épilepsie sévère, quelquefois difficile à équilibrer, les points importants à préciser seront :

— la persistance de crises à type d'absences ou d'automatismes psychomoteurs, survenant au cours des séances et entraînant des ruptures de vigilance avec quelquefois des états post-critiques un peu confus, compromettant le travail aphasiologique ;

— la relation entre la comitialité et le trouble du langage : s'agit-il d'un syndrome de Landau-Kleffner, non étiqueté en raison de l'absence de l'un ou l'autre des critères indispensables au « diagnostic-référence » ? Le facteur le plus souvent retrouvé dans le refus du diagnostic émanant des services spécialisés est l'absence de rupture nette entre un langage jusque-là normal et la survenue de la désintégration aphasique. Nous avons déjà dit la relativité de ce critère ; en effet, le processus désintégrateur — inconnu — peut survenir sur un retard de langage ou de parole banal ou encore sur une impossibilité à parler en rapport avec un syndrome pseudobulbaire majeur — nous en avons vu quelques cas. Même si nous ne parlons que d'un « *syndrome de type Landau-Kleffner* », avancer le diagnostic est important car il entraîne alors une réserve sur le pronostic : il faut prévoir des poussées évolutives, des ruptures dans la progression. Dans certains cas, où même ce diagnostic « atténué » n'avait jamais été avancé, il nous est arrivé de voir surgir brutalement, en cours d'évolution, sous nos yeux, des productions écrites jargonnées contrastant avec la production immédiatement antérieure, avec, sur l'EEG pratiqué dans la semaine suivante, des anomalies mal étiquetées et non retrouvées sur les tracés ultérieurs ; lorsque s'ajoutent à la comitialité un syndrome pseudobulbaire ou d'autres atteintes neurologiques, ces éléments apportent une confirmation de plus à la nature neurologique

LE DIAGNOSTIC DES TROUBLES DE TYPE APHASIQUE 267

des troubles linguistiques : dysfonctionnement aphasique dont le substratum neurologique ne peut être cerné, mais est responsable de la pathologie.

Dans d'autres cas, la comitialité est connue mais l'enfant n'est plus traité car il ne présente plus de crises ; il faut, là aussi, préciser si les troubles linguistiques ont un rapport direct avec la comitialité (absences ou équivalents comitiaux pendant les séances, syndrome de Landau-Kleffner non diagnostiqué, quiescent) et éventuellement s'assurer de la normalité actuelle de l'EEG.

Dans le contexte d'une comitialité sévère, connue, traitée, le patient – un adolescent le plus souvent – est adressé par l'orthophoniste ou l'épileptologue pour un avis sur le trouble du langage concomitant ou persistant malgré la bonne stabilisation de l'épilepsie. Il est possible de mettre en évidence des troubles de type aphasique, mais aussi de placer les troubles du langage dans le cadre des répercussions de la comitialité sur le fonctionnement intellectuel global et sur les longues périodes perturbées par l'activité corticale anormale. Citons le cas de cette patiente de treize ans, ne faisant plus de crises, mais dont l'EEG était toujours perturbé et chez qui on pouvait se demander si une activité comitiale subliminaire n'entraînait pas des ruptures de vigilance ou un niveau de vigilance insuffisant pour assurer un fonctionnement intellectuel normal.

Lorsque la comitialité *n'est pas connue*, l'histoire de l'enfant – avec l'éclairage sur l'installation du langage –, les particularités de la sémiologie linguistique (en particulier le caractère massif des troubles de l'évocation et de l'agrammatisme dans le langage oral) font parfois suspecter un syndrome de Landau-Kleffner. L'EEG, s'il met en évidence des anomalies paroxystiques (pointes ou pointes-ondes), incite à consulter un épileptologue afin de confirmer le diagnostic et de décider de l'opportunité du traitement anti-épileptique. Le traitement aphasiologique sera conduit de la même façon que pour les troubles de type aphasique isolés.

268   LIRE, C'EST VIVRE

Parfois la comitialité n'est pas connue et il n'y a aucun contexte neurologique évident. Cependant, lors du bilan ou en cours de travail aphasiologique, surviennent des épisodes évoquant des absences atypiques, des automatismes psycho-moteurs qui suspendent brièvement le contact ou altèrent brusquement la production — orale ou écrite —, ou entraînent des persévérations ou des stéréotypies verbales ou des inter-ruptions du discours ; on peut aussi observer la survenue de myoclonies ou de mouvements suspects. En dehors de ces manifestations évoquant des équivalents comitiaux, on peut aussi en observer en cours de fonctionnement linguistique (en lecture ou en répétition) ; en lecture, une altération avec ralen-tissement, paralexies, inspirations profondes, errement des yeux peuvent suggérer l'existence d'une activité comitiale déclen-chée par l'activité linguistique. Dans ces cas, un EEG, simple, de vingt-quatre heures, de sieste ou de sommeil et l'avis d'un épileptologue ont été demandés : tantôt les épreuves les plus poussées ne mettent pas en évidence d'anomalies significatives, tantôt des anomalies sont visibles mais difficiles à catégoriser. Une très fructueuse collaboration avec des épileptologues a permis, dans certains cas, de tenter un traitement anti-épilep-tique pour en apprécier l'impact sur les atypies lexiques obser-vées — ces atypies étant bien répertoriées dans le cadre d'une lecture en cours de restauration en travail aphasiologique et bien documentées par ailleurs sur le plan graphique.

Le problème est de savoir si l'activité lexique peut être l'élément déclenchant d'une activité comitiale — et par exten-sion, si l'activité linguistique peut avoir le même effet. Nous avons souvent noté l'effet sensibilisateur de l'épreuve de répé-tition rapide et très incitative des phonèmes en syllabes et surtout des groupes consonantiques : le regard se fait fixe, l'articulation se ramollit, ralentit, la répétition marque des pauses ; il est arrivé qu'un malaise avec vomissements sur-vienne chez un enfant indemne de toute autre pathologie. On pourrait invoquer la dysrégulation pneumique* entraînée par la rapidité saccadée des réponses — qui se rapprocherait de l'épreuve d'hyperpnée à l'EEG* ; mais ceci ne semble pas une explication suffisante. Toute une recherche reste à mener. La collaboration interdisciplinaire, dans le cadre même de la neurologie, entre aphasiologue et épileptologue, est riche d'enseignements et ne fait que commencer.

La troisième association est celle d'autres *handicaps* tels que la surdité, le retard global sans étiologie précise ou en rapport avec un problème neurologique (séquelle de méningite par exemple ou maladie dégénérative) – il devrait en être de même pour la cécité mais nous n'en avons pas rencontré.

Le schéma des fonctions linguistiques s'applique aussi à l'enfant malentendant : le secteur visuel du modèle interne premier oral prend une importance plus grande, la mise en place se fait de façon un peu différente, mais aboutit à la même structure. De nombreux enfants ou adolescents malentendants me sont adressés par des ORL, des orthophonistes ou des institutions spécialisées afin d'avoir un avis sur les difficultés atypiques de la lecture, de la compréhension du texte, de l'acquisition du vocabulaire, des possibilités de transcription, malgré des méthodes pédagogiques adaptées. Dans tous ces cas, nous avons mis en évidence des dysfonctionnements aphasiques sur le schéma des fonctions linguistiques et avons pu élaborer une stratégie thérapeutique « sur mesure ». Le fondement théorique et l'approche thérapeutique sont globalement les mêmes mais il n'est pas impossible que nous dégagions des fonctionnements spécifiques (en particulier un contraste constant entre une répétition ou une production spontanée intelligible et adaptée et une production écrite jargonnée ou aberrante – un mot totalement différent –, alors que la lecture est tout à fait possible ; l'enfant ne prend absolument pas conscience de cette anomalie).

La quatrième association est une *pathologie neurologique* – pouvant entrer pour une part dans la pathologie linguistique ou l'expliquer. Retenons principalement les mouvements anormaux et les éléments dystoniques pouvant interférer avec le graphisme, voire avec un bégaiement ; un syndrome extrapyramidal pouvant expliquer pour une part les anomalies du débit de la parole ou en imposant pour une inhibition psychologique alors qu'il s'agit d'une akinésie (gêne à type d'enraidissement pour l'ensemble des mouvements) et d'une amimie faciale.

L'examen neurologique pratiqué au cours du bilan aphasiologique est très succinct mais il permet de dépister ces associations ou d'autres éléments nécessitant un examen plus approfondi (imagerie par résonance magnétique ou électromyogramme et consultation auprès de confrères neurologues). Tous ces éléments, s'ils sont nécessaires pour le diagnostic différentiel, sont aussi importants pour le pronostic – certaines maladies neurologiques évolutives le rendant évidemment très réservé.

La cinquième association est la *trisomie 21* (mongolisme). Les troubles de type aphasique s'y retrouvent comme chez l'enfant indemne de toute anomalie génétique ; ils sont parfois associés à un syndrome pseudo-bulbaire – à distinguer soigneusement des anomalies de la parole et de la voix en rapport avec l'infiltration des cordes vocales et la macroglossie (grosse langue). L'abord thérapeutique sera le même, compte tenu des limites variables de l'efficicence intellectuelle.

La sixième association se fait avec des troubles de la personnalité, névrotiques ou psychotiques. Il n'est pas impossible de pratiquer un traitement aphasiologique mais en collaboration étroite avec des pédopsychiatres psychanalystes informés de la nature et de la spécificité des troubles de type aphasique. Cette collaboration se fait selon différentes modalités. Nous pouvons recevoir en consultation un enfant mutique chez qui il est impossible de mettre en évidence – avec les moyens dont nous disposons actuellement – un élément en faveur de troubles de type aphasique ; nous proposons alors de le revoir un an plus tard avec la poursuite de la thérapie si elle était en cours ou une prise en charge si rien n'avait été entrepris. Il est parfois possible de diagnostiquer les troubles de type aphasique (ou en avoir une forte suspicion) et les troubles de la personnalité ne semblent pas empêcher l'abord thérapeutique : nous entreprenons un travail conjoint avec le psychanalyste, très souple, interrompant à l'occasion l'une des interventions pour laisser le champ libre à l'autre. Enfin, et surtout pour les troubles névrotiques, il arrive que nous prenions la suite d'une thérapie, au cours de laquelle le psychanalyste avait vu se dégager des éléments en faveur de l'existence de troubles de type aphasique avec, là aussi, un travail en alternance selon le contexte.

Chapitre 11

Lire et écrire

*Où croyant savoir ce que lire veut dire, on découvre
que lire n'est pas ce que l'on croit.*

Les troubles de type aphasique ont été définis selon leurs différentes formes cliniques et replacés dans leur déroulement chronologique, de trois ans à l'âge adulte. Au terme de cette réflexion théorique, confirmée par la pratique thérapeutique avec un instrument de contrôle à court, moyen et long terme, il est maintenant possible de préciser ce que *« lire »* veut dire.

Le cerveau est disposé à syllaber – il est programmé pour la parole ; mais il est aussi prédisposé à écrire – il est aussi programmé pour écrire.

Le cerveau est écrit ; il peut être bien ou mal écrit.

Tout le monde parle alors que tout le monde n'écrit pas. Il faut découvrir l'écriture, l'emprunter ou l'apprendre. Il est donc audacieux de dire que le cerveau est aussi programmé pour écrire. Cette formulation simple recouvre en réalité des éléments forts complexes.

Dire que *le cerveau est écrit* n'a rien à voir avec l'expression écrite, son développement, son explosion dans notre civilisation dite de l'écrit, en passe de devenir civilisation de l'image. Nous explorons un amont plus profond. Les difficultés rencontrées par les adultes analphabètes pour décrypter notre

LIRE, C'EST VIVRE

monde écrit et s'y adapter ne sont rien à côté de l'état de
sidération dans lequel est plongé tout le fonctionnement cérébral lorsque le noyau mécanique sur lequel s'inscrivent nos
fonctions linguistiques est déréglé. Cet amont n'est pas le
langage intérieur décrit par Luria [1], qui sous-tend toutes nos
activités, même motrices ; nous avons affaire à une pathologie
qui *empêche* l'expression de ce langage intérieur.

On comprendra aussi, mais peut-être plus difficilement (nos
recherches ultérieures viendront étayer ces propos), que *l'écriture du cerveau* (c'est-à-dire l'écriture incluse dans le cerveau
et non le cerveau qui écrit) n'a rien à voir avec l'hypothèse
de l'existence d'un « module de l'écriture ». Nous avons dit –
et montré – que la corrélation anatomo-clinique n'est pas
recherchée car les modes de raisonnement ne sont pas les
mêmes. Ils doivent cheminer côte à côte jusqu'à résolution
des problèmes posés dans leur champ respectif en s'attendant,
si nécessaire, pour se répondre.

Bien sûr il existe des aires du langage spécialisées, il y a
une spécialisation hémisphérique, bien sûr des savants
cherchent à préciser si cette spécialisation apparaît au moment
de l'acquisition du langage ou si « nous naissons avec deux
aires du langage, mais l'aire gauche, à cause de propriétés
innées, est prête à prendre le dessus et le fera immédiatement
ou au moins une année après la naissance [2] ». Les hypothèses
selon lesquelles « l'acquisition d'une langue s'accompagne (...)
de spécialisation de certaines zones du cerveau », mettraient
en cause les postulats cognitivistes sur « l'organe du langage ».
En effet, l'apprentissage de la langue spécialise pour l'essentiel
les zones du langage. L'enfant ne naîtrait pas tout équipé
d'un « organe du langage ». Ceci n'interfère en rien avec notre
démarche : notre instrument d'analyse est d'une nature différente et le matériau observé est issu de ce substratum, mais
il a sa vie propre.

---

1. *Op. cit.*
2. Rastier F., *Sémantique et recherches cognitives,* Paris, PUF, 1991.

LIRE ET ÉCRIRE

Dire que le cerveau est disposé à parler et à écrire est fondé au départ sur la première constatation de Broca : l'atteinte du langage à la suite d'une lésion cérébrale ; elle est suffisante dans l'ordre de la corrélation anatomo-clinique pour développer notre raisonnement, analyser la sémiologie pathologique et la traiter. La question à laquelle nous cherchons à répondre se situe au niveau des mécanismes linguistiques que nous « agissons » et qui réduisent le déficit. Quant à rapprocher ce fonctionnement linguistique de celui de l'organe, il n'est pas de notre compétence et les deux démarches n'ont pas à être mêlées. En neurochirurgie, et plus particulièrement en neurochirurgie de l'épilepsie, la jonction doit se faire et la corrélation aura impérativement sa raison d'être. En neuropsychologie, nous n'avons jamais vu d'efficacité thérapeutique fondée sur une corrélation anatomo-clinique ou anatomo-physiologique : faire travailler le cerveau droit ou le cerveau gauche est valable en laboratoire ou lors de l'exploration fondamentale des déficits neuropsychologiques complexes, mais n'est pas un instrument thérapeutique.

Que l'atteinte de certaines zones entraîne des troubles de l'écriture, qu'il y ait une différence entre les aires du langage d'un homme alphabétisé et celles d'un homme analphabète, que chez les Japonais, les lésions, selon leur localisation, entraînent une alexie* dans l'une ou l'autre de leurs sémiotiques graphiques (phonogrammes ou idéogrammes), que l'on suggère une épigénèse du cerveau non seulement par les langues parlées mais par les systèmes d'écriture et enfin, que l'on pose l'hypothèse que l'organe du langage contiendrait un module de l'écriture, tout cela ne rencontre pas exactement notre propos.

Certains pensent que l'apprentissage d'une langue et sa pratique modifient une zone cérébrale et ajoutent qu'il doit en être de même pour l'apprentissage et la pratique d'un système d'écriture – venant aussi modifier le cerveau, indépendamment de l'influence de l'oral. Cette avancée laisse entendre que le cerveau est aussi fait pour écrire – ou que

l'organe du langage produit parole et écriture. Cette hypothèse
– qui se rapproche de notre point de vue – est dangereuse
car elle débouche sur la conception d'une certaine « autonomie » de l'écriture, déjà largement développée par certaines
écoles pédagogiques à la suite de linguistes qui considèrent
l'écrit comme une langue à part entière, réclamant la même
autonomie que l'oral et n'en dépendant pas, alors que les
applications pratiques n'ont pas été concluantes.

Nous ne disons donc pas cela. Le cerveau est fait pour
parler ; l'oral, disons plutôt la voyelle (puisque pouvant être
syllabe par elle-même, elle peut être considérée comme le
signe linguistique type), la voyelle dite, première en chronologie, recèle déjà dans sa structure linguistique intime (qui
ne peut être réduite ni à son aspect neuronal, ni à son aspect
acoustique) une potentialité d'écrit. Nous avons identifié ce
potentiel d'écrit lors de ses manifestations cliniques pathologiques notamment au niveau des « préalables », le préalable
graphique étant cette saisie du potentiel d'écrit inscrit dans
la voyelle. Comment s'exprime l'atteinte du préalable graphique ? Par la « non-expression » du double statut de la
voyelle, c'est-à-dire par l'impossibilité de vider la voyelle de
sa substance pour devenir voyelle d'appel. Nous avons vu ses
manifestations cliniques et les abords thérapeutiques prévus
pour la normaliser.

Il n'est pas nécessaire d'écrire pour dire qu'il y a une
anomalie de la charge d'écrit incluse dans l'oral, car cette
pathologie peut déjà être responsable d'une altération de l'oral
– par exemple la dysarthrie (mauvaise articulation) de certains
patients porteurs de troubles de type aphasique.

Le « circuit suspenseur » marque symboliquement cet appel
d'écrit [3], l'appel à sa réalisation (le secteur syllabe qui lui est
appendu donnera la représentation mentale graphique).

---

3. Il reste à nous assurer qu'il ne s'agit pas d'un circuit réel mais d'un tracé
symbolique ; le doute subsiste car au début de cette recherche, j'ai cru faire parcourir
ce circuit au patient qui, mettant de l'oral dans l'écrit, est arrivé à déchiffrer
oralement.

LIRE ET ÉCRIRE

Lorsque l'écrit potentiel se réalise, il va donner, par le jeu des circuits virtuels, la représentation mentale graphique ; il suffit que ce double statut de la voyelle soit normal et qu'il permette la transcription, sans obligation de l'exprimer – en marquant la seule voyelle vraie : *ainsi ce double statut est présent et normal autant dans une langue sémitique que dans une langue issue du grec.*

De même, lorsque la représentation mentale graphique se crée, elle prend le statut d'objet mental graphique dont le propre est d'avoir une structure spatiale, donc des dimensions. Cette qualité n'a pas non plus besoin de s'exprimer totalement.

Dans certaines circonstances, le déploiement total de toutes les potentialités est peut-être nécessaire au plein développement de la fonction linguistique, c'est-à-dire à la fois *expression du marquage des voyelles à l'écrit* mais aussi du *statut spatial de l'écrit,* se manifestant par la possibilité d'être contourné comme un objet spatial (*cf.* l'écriture en miroir).

Il ne s'agit que d'oral, mais d'un oral exploré jusqu'au potentiel d'écrit qu'il contient sans se manifester avant son déploiement. Si *le cerveau est bien écrit*, il s'agit de cette inscription de l'écrit dans la structure linguistique de l'oral. Il n'est nullement nécessaire de rechercher une zone spécialisée ou une aptitude particulière : qui parle, écrit ; qui est fait pour parler est fait *ipso facto* pour écrire ; s'il y a un organe du langage, il est fait pour parler, donc pour écrire.

Lire, c'est pouvoir faire la correspondance son/graphie et le déchiffrage. « Accrocher », comme disait Simon, associer « naturellement » dans l'enchaînement articulatoire comme dans la méthode phonético-gestuelle (« ssss----a ») en réplique à la production orale ? Non. Déchiffrer, c'est refaire la syllabe après en avoir extrait les phonèmes en les épelant, déchiffrer, c'est rendre oralement de l'écrit.

Dans la complexité et la sévérité de la pathologie linguistique du non-lecteur, faire sentir qu'il y a un « rapport », une « relation » entre ce que l'on dit et ce que l'on écrit (avant même que l'on puisse parler de correspondance son/graphie) est déjà capital. La capacité à saisir cette relation doit être conquise de haute lutte avant de tenter quoi que ce soit d'autre. Son incapacité s'observe même à un âge avancé, chez les jeunes adultes analphabètes, en dépit d'un contact très prolongé avec des supports écrits, sans parler des essais pédagogiques et rééducatifs.

Faire la correspondance son/graphie ne veut pas dire que l'on est assuré de la distinction perceptive et graphique des phonèmes et des graphèmes ; c'est saisir que, de la syllabe orale, on a extrait les phonèmes et que les graphèmes les expriment à l'écrit et reforment la syllabe ; c'est savoir ce qu'est l'épellation, orale avant d'être écrite, la voyelle d'appel convoyant la consonne.

Le but de l'apprentissage de la lecture est certes d'obtenir une correspondance son/graphie correcte, mais dans les cas pathologiques, il est inutile de reprendre, d'expliquer, d'opposer en système phonèmes et graphèmes, de rendre évidents les mouvements des lèvres du locuteur, de les représenter par des schémas : la conscience phonétique ne peut être utilisée que lorsque le fonctionnement d'ensemble est normal, lorsque la disposition à syllaber est saine et vivace, lorsqu'il n'y a pas d'effets inhibiteurs ou bloquants, la voyelle ayant son double statut et les circuits virtuels, une virtualité normale. Les exercices de conscience phonétique pratiqués en orthophonie classique n'ont pas leur place ici.

Lorsqu'en fin de séance de travail aphasiologique, la phrase unique utilisée tout au long peut être lue – même si manifestement ce n'est pas du déchiffrage mais du fixé –, si le doigt suit correctement le déroulement du texte, on peut considérer que « *le lit de la mémoire est fait* ». Cette saisie de la relation entre ce qui est dit et sa transcription est bonne et va bientôt autoriser le déchiffrage.

Au début de l'installation lexique chez l'enfant non-lecteur (mais il en est probablement de même chez l'enfant indemne de toute anomalie), deux éléments important peu : le déchif-

LIRE ET ÉCRIRE

mimi a vu le
joli chat.

toto amène le
cheval.

toto a vu le vélo.

le chat chasse le rat.

mimi a lu le numéro
sur le mur.

la cheminée fume.

Page de syllabaire extrait de *Nounourse et ses amis,* collection l'École et la famille, Éditions E. Robert, Lyon.

frage des graphies complexes (« oin, ou, oi, in, etc. », et les consonnes à double phonétisme « c », « g ») et l'accès au sens. La fixation des graphies complexes obéit à un tout autre type de fonctionnement : mémorisation hors linguistique, intégration de la convention de la langue, orientation temporospatiale ; tant que le noyau mécanique n'est pas normal, ce secteur ne pourra pas être intégré et il ne sert à rien d'en faire l'apprentissage (le moment venu, la fixation se fera quasi instantanément). Ceci explique pourquoi au début de l'installation lexique, des textes en écriture phonétique sont utilisés quelquefois – évitant toutes les transcriptions orthographiques faisant l'objet de l'orthophonie classique (exemple : « le matelo débarc sur le rivaje il lèse lè rame du bato »). Une fois la fixation des graphies complexes obtenue, dans le contexte décrit, c'est la consommation lexique assidue qui permet d'aborder l'orthographe.

Le sens (comme la mémoire) s'installera de lui-même lorsque le noyau mécanique fonctionnera bien – en connaissant tous les dysfonctionnements aphasiques le mettant en défaut : découplage déchiffrage/sens, surdité verbale à sa propre production, etc. Les exercices visent à bien mettre en place ce couplage, en particulier à faire saisir que déchiffrer n'est pas dire des syllabes, mais faire du sens.

Alors seulement, *lire devient déchiffrer et comprendre...* Quant à parler de bon ou de mauvais lecteur, du désir de lire, etc., ceci concerne d'autres domaines, pédagogique, culturel, psycho-affectif et dépend aussi de l'enfant.

Les délais et la qualité des résultats (en dehors des cas décrits qui servent de référence) ne peuvent être évoqués que brièvement. Simon « lisait » au bout de la quarantième séance et les résultats produits se situaient autour de la cent-quarantième séance. Vers la dix-septième séance, le changement de fonctionnement linguistique, contrôlé pas à pas, se manifeste à l'extérieur (meilleurs résultats scolaires, facilité plus grande à lire, acquisitions nouvelles sur le plan psychomoteur). Pour des troubles de pénétrance moyenne, il faut compter soixante séances environ puis une année de consolidation et un suivi ultérieur car même lorsque les résultats sont rapides et complets, les troubles de type aphasique, malgré l'absence de lésion décelable, témoignent d'un dysfonctionnement neurologique et par suite d'une certaine fragilité de la fonction.

Dans certains cas « privilégiés » (ce qui ne veut pas dire bénins, car il s'agit d'un enfant de neuf ans non-lecteur total et d'un adolescent de dix-neuf ans analphabète total), la lecture a été obtenue en une séance pour l'un et cinq séances pour l'autre, ce mécanisme inattendu étant cependant parfaitement explicable.

Dans les cas sévères, quelques années sont nécessaires. L'importance de l'enjeu mérite ce long trajet. Le déroulement de la restauration est contrôlé et permet de déceler rapidement les atypies évoquant l'activité d'un processus désintégrateur comme dans le syndrome de Landau où surviennent des poussées. Même si l'expression finale du travail aphasiologique n'est au début ni nette, ni rapide, vue du « dehors », tout le fonctionnement cérébral, cognitif et psycho-affectif, est remis en marche après une période de véritable sidération dont on ne prend conscience qu'après coup. Ces modifications profondes ne sont pas négligeables même si, dans certains cas, on sait les limites posées par une efficience intellectuelle médiocre.

Épilogue

Nous atteignons le terme. Voilà un de ces enfants emportés dans cette chevauchée. Reconnaissez-vous Jérémie ? Il peut faire du vélo, descendre un escalier, s'habiller à peu près seul, danser la lambada, faire des pliages et des collages. Avant, il ne pouvait pas. À huit ans, il ne pouvait pas écrire, ni même copier. Après vingt-huit séances, il copie et écrit sous dictée.

Voyez encore derrière moi cette cohorte d'enfants, je n'ai pu les empêcher de me suivre... Je les regarde... Les avoir soignés au labeur quotidien, leur avoir fait « du bien dans la tête », comme dit l'un d'eux, cela n'ennoblit pas et ne fait pas sérieux...

Et pourtant...

Et si la raison raisonnante, la médecine soignante forçaient la science scientifique à laisser entrer la liberté exigeante du résultat...

Oui, les résultats sont là dans des cas considérés comme au-delà de toute ressource – et cette « incurabilité » est même pour certains un critère d'inclusion dans leur recherche.

Oui, nous savons raisonner et expérimenter.

Oui, nous savons contrôler les résultats, les reproduire, les expliquer.

Non, nous n'employons pas de tests étalonnés, ni d'études statistiques.

LIRE, C'EST VIVRE

Non, nous ne travaillons pas dans une équipe multidisciplinaire où les tâches sont réparties, les uns sur le terrain, les autres à la synthèse.

Oui, nous formons une équipe pluridisciplinaire d'un autre type regroupant orthophonistes, linguistes, neurologues, psychiatres, pédopsychiatres, psychanalystes.

Oui, notre formule est rapide et économique : le bilan est court, les examens complémentaires limités, le travail aphasiologique entrepris par nous-mêmes ou nos proches, le contrôle rigoureux.

Oui, nous avons des projets de recherche, de formation, de collaboration, de dépistage précoce.

Comprendrez-vous la joie d'un garçon de vingt-deux ans qui, enfin, sera comme les autres ? Et la joie de ses parents ? Il pourra se déplacer seul, choisir un plat sur un menu, ne plus s'isoler de crainte que ses camarades ne découvrent qu'il ne sait pas lire, en bref mener sa vie.

Ce livre est un acte. Un acte thérapeutique. Un acte de foi.

Orta San Giulio, août 1991
Paris, 1992-1993.

Annexe

Quatre exemples tirés de l'ouvrage de André-Roch Lecours et François Lhermitte, *L'Aphasie*, Flammarion et Presses de l'Université de Montréal, Paris, Montréal, 1979, permettent de mettre en évidence :

– la tendance générale à utiliser des aspects *statiques* du comportement aphasique, dans un but de classification ;

– l'assimilation abusive de processus régis par des lois différentes, comme par exemple la mise en corrélation de faits linguistiques et de localisations anatomiques ou neuronales ;

– la primauté de l'explication anatomophysiopathologique et de la classification par rapport à la thérapeutique.

1er exemple : (p. 159) à propos de la *surdité verbale* :

« Que la surdité verbale ne se produise à peu près jamais sans autres troubles du langage tient sans nul doute à ce que les structures responsables de la discrimination auditive des faits de langage articulé sont juxtaposées à des structures qui gouvernent d'autres aspects de la fonction linguistique et à ce que les unes et les autres, appartenant à un même territoire vasculaire (...) sont habituellement lésées de pair. »

Dans ce passage à propos de la surdité verbale, nous avons, après une étude sémiologique très détaillée, un passage à l'aspect anatomophysiologique (siège des lésions, vasculari-

286　　LIRE, C'EST VIVRE

sation), une simple évocation de l'aspect linguistique (deux mots) et un retour immédiat, en tentative explicative, sur la sémiologie, présentée ainsi de façon statique (nous disons « statique » car signaler comment l'aphasie peut évoluer, en préciser le ou les termes ultimes ne nous paraît pas mériter le terme d'étude dynamique ou d'étude évolutive).

2ᵉ exemple : (p. 85) à propos des troubles arthriques et des troubles graphiques chez les aphasiques :

« Ces deux atteintes du *versant expressif*, comme d'ailleurs leurs homologues sur le *versant réceptif, la surdité verbale et la cécité verbale (...)*, soulèvent trois questions dont l'importance théorique est manifeste : doit-on ou non les inclure dans le concept d'*aphasie*? Peuvent-elles exister à l'état strictement isolé, indépendamment de toute autre perturbation neuropsychologique, en particulier de tout (autre) trouble aphasique? Traduisent-elles l'atteinte d'un réseau neuronal spécifique et relativement indépendant, quant à sa fonction, du reste du substrat cérébral de la parole et du langage? »

Analysons ce texte : en premier lieu, sur le plan sémiologique, l'observation est fondée, comme cela est habituel, sur une dichotomie linguistique de base ; ainsi, l'analyse des troubles fait rattacher au versant expressif les troubles arthriques et graphiques et au versant réceptif la surdité verbale et la cécité verbale ; dans un deuxième temps, une explication anatomophysiologique est avancée : c'est l'indépendance du réseau neuronal vecteur qui expliquerait l'autonomie possible de la forme sémiologique.

3ᵉ exemple : (p. 168) à propos de *surdité verbale (quasi) pure* et de *cécité verbale pure,* une explication anatomophysiologique est avancée pour rendre compte de la fréquence d'un certain type de trouble aphasique, d'une certaine forme d'aphasie.

« La surdité verbale (quasi) pure est en revanche beaucoup plus rare que la cécité verbale pure. Ces faits s'expliquent à partir de données anatomiques : les aires auditives impliquées dans le décodage du langage parlé sont contiguës à des aires qui sous-tendent d'autres aspects de la fonction linguistique et partagent avec elles une vascularisation commune (artère cérébrale moyenne gauche) ; certaines des aires visuelles impliquées dans le décodage du langage écrit sont anatomiquement plus individualisées et appartiennent à un territoire artériel différent (artère cérébrale postérieure gauche) (...) »

4e exemple : (p. 125) à propos de *l'agrammatisme* :
« L'agrammatisme n'existe jamais d'emblée chez un aphasique de Broca. C'est un comportement d'évolution. Il est sans doute le témoignage, dans le comportement linguistique, de l'adaptation du cerveau à la présence d'une lésion circonscrite responsable d'une aphasie de type Broca (...) »

Une production linguistique résulterait ainsi de l'adaptation du cerveau à une lésion (il faudrait préciser ce que recouvre exactement ce terme sur le plan de la physiologie et des circuits neuronaux). Au lieu d'expliquer des processus neuropsychologiques pathologiques par des dysfonctionnements neuropsychologiques, sous-tendus par des processus physiologiques au niveau de certaines régions, on explique les anomalies des premiers par des anomalies des seconds, alors que la plus grande difficulté réside précisément dans la nature de leurs rapports et de leur conversion réciproque.

Ainsi, si ce type de démarche, dont nous venons de citer quatre exemples et qui se retrouvent chez tous les auteurs, ne nuit pas aux recherches anatomophysiologiques, il nous paraît cependant préjudiciable à l'analyse psycholinguistique, car cette dernière est rendue statique et l'investigation abandonnée en cours de route, alors que rien n'est résolu. La description sémiologique est aussitôt rattachée à une localisation ou à un fonctionnement physiologique global du cerveau, ou à un ensemble plastique de circuits neuronaux, ce qui la maintient au stade d'analyse minutieuse, détaillée, en une constellation de signes, sans synthèse vraie. Cette localisation est aussitôt utilisée dans son contexte de fonctionnement

288   LIRE, C'EST VIVRE

physiologique pour expliquer le comportement aphasique initial. Cette explication localisationniste et physiologique devient
le but et le terme ultime. L'analyse sémiologique, point de
départ statique, est à nouveau figée par cette explication d'une
autre nature.

Glossaire

Agrammatisme : anomalie du langage qui consiste en un « style télégraphique », productions ne respectant pas la grammaire, consistant en une juxtaposition de mots sans aucun lien grammatical, comme une énumération.

Agraphie : troubles du graphisme dans le cadre de lésions localisées des hémisphères cérébraux. Il faut distinguer les anomalies du tracé graphique proprement dit, c'est-à-dire de l'écriture, et les anomalies de la transcription c'est-à-dire les transformations orthographiques. Les auteurs classiques décrivent principalement une agraphie lexicale et une agraphie phonologique ; elle est le plus souvent intégrée dans un tableau d'aphasie de Wernicke, mais elle peut être isolée – agraphie pure – ou se présenter associée à des troubles de la lecture ; on parle alors d'alexie-agraphie.

Agraphie directionnelle : troubles du graphisme dans le cadre de lésions localisées des hémisphères cérébraux consistant surtout en une inversion directionnelle du sens de l'écriture : le patient écrit de droite à gauche mais les lettres ont leur forme habituelle et conservent leur ordre normal dans le mot ; dans certains cas, cette anomalie est associée à l'écriture en miroir (inversion des lettres comme si elles étaient vues dans un miroir).

Alexie : troubles de la lecture dans le cadre de lésions localisées des hémisphères cérébraux. L'alexie est observée le plus souvent dans le cadre des aphasies (principalement des aphasies de Wernicke, rétrorolandiques) : elle coexiste habituellement avec une altération de la transcription et de l'écriture, de la compréhension orale et écrite, et du langage oral (donnant lieu à de multiples tableaux selon le degré et la proportion des différentes atteintes). Les auteurs classiques parlent d'alexie sans aphasie lorsque les troubles de la lecture ne s'accompagnent pas d'autres altérations du langage : alexie agnosique lorsqu'elle s'observe dans un contexte d'agnosies visuelles (en particulier des couleurs) ou alexie pure. On décrit différents types d'alexies : alexie globale, littérale, verbale, textuelle, visuo-verbale ou phonologique ; pour nous, nous ne retenons pas cette modalité descriptive car, ou bien elle ne rend compte que des manifestations observées *in fine*, ce qui ne laisse préjuger en rien des mécanismes linguistiques sous-jacents tels que nous les étudions, ou bien elles font suite à des corrélations anatomocliniques que nous refusons de faire dans le temps de l'analyse linguistique.

Apraxie : « L'apraxie est un trouble acquis de l'exécution intentionnelle d'un comportement moteur finalisé consécutif à une lésion cérébrale focale » (Signoret J.-L., North P. – *Les Apraxies gestuelles* (apraxie idéatoire, apraxie idéomotrice, apraxie motrice). Rapport de neurologie présenté au Congrès de psychiatrie et de neurologie de langue française, LXXVIIe session – Angers – 25 juin-30 juin 1979. Masson édit. Paris, 1979. *L'apraxie idéatoire* est une anomalie dans la manipulation des objets (ne plus savoir comment utiliser une clé ou un marteau) ; *l'apraxie idéomotrice* est une anomalie dans le mime de certaines actions en l'absence de l'objet (faire semblant de se coiffer ou de verser de l'eau dans un verre – sans peigne, sans verre et sans carafe) ou dans l'exécution de gestes symboliques

GLOSSAIRE 291

(signe d'adieu, salut militaire, etc.) ; *l'apraxie motrice ou mélokinétique* est une anomalie dans la reproduction de postures des mains et des doigts (gestes arbitraires : main sur le front ou sur la tête, pince pouce index ou avec d'autres doigts, etc.).

Apraxie constructive : l'apraxie constructive est une anomalie dans la reproduction de dessins (cube, maison, etc.).

Assyntaxie : anomalie du langage qui consiste en des phrases structurées mais mal construites et incorrectes eu égard à la syntaxe de la langue.

Dysarthrie : déformations de l'articulation des sons de la langue en rapport avec une atteinte neurologique motrice et altérant plus ou moins l'intelligibilité ; on peut décrire principalement la dysarthrie pseudo-bulbaire (insuffisance vélaire avec nasonnement, souffle nasal ; indifférenciation articulatoire pouvant aller jusqu'à une bouillie verbale), la dysarthrie cérébelleuse avec une irrégularité de l'émission tant pour la tenue des phonèmes que pour le débit qui donne une allure scandée et hachée, la dysarthrie extrapyramidale avec une tachyphémie (parole s'accélérant progressivement, les mots « se bousculant ») ; le trouble articulatoire observé dans les aphasies de Broca est souvent appelé anarthrie ou syndrome arthrique aphasique car on l'explique par une « apraxie bucco-phonatoire ». Nous conserverons le terme de dysarthrie, assorti dans l'un ou l'autre cas d'un adjectif le qualifiant et en précisant le contexte (nous ne retenons pas l'origine apraxique du trouble).

Dyscalculie : troubles du calcul en rapport avec des lésions cérébrales.

Dysgraphie : anomalies de la forme du graphisme pouvant associer : un tracé des lettres irrégulier dans leur taille et leur allure, tremblé, non lié, avec ratures et reprises, des lettres mal formées ou totalement informes ; une lenteur de la progression de la ligne (avec souvent une mauvaise tenue du crayon, un mauvais positionnement du corps, de la tête et du bras). Nous n'incluons ici ni l'écriture « en guirlande », ni les troubles de l'écriture en rapport avec une atteinte motrice, ni le contenu de ce graphisme (on ne fera donc pas de distinction entre une dysgraphie atteignant soit les lettres isolées, soit les mots).

Dyslexie : anomalies de l'apprentissage de la lecture chez l'enfant, en l'absence de toute lésion encéphalique, survenant chez un enfant dénué de tout autre handicap (intellectuel, sensoriel, psycho-affectif, socio-familial), sans préjuger des rapports avec un retard de langage antérieur ou une dysorthographie ultérieure, et sans préjuger de l'étiologie (très nombreuses hypothèses d'écoles). Ces anomalies sont du domaine de la conscience phonétique (discrimination auditive des phonèmes), de la discrimination visuelle (les formes graphiques elles-mêmes ou leur déroulement spatial avec effets de contamination par proximité, entraînant des inversions, des assimilations, etc.). Ces difficultés sont d'importance variable mais en général d'intensité moyenne et répondent bien à l'abord orthophonique classique. Les troubles sévères sont à verser dans une autre catégorie : les dysphasies pour certains, les troubles de type aphasique pour nous ; dans ces formes, les troubles sont caractérisés par leur persistance et leur résistance aux abords pédagogique et orthophonique classique.

Dysmorphie : anomalies de la forme d'une partie du corps. La dysmorphologie décrit les enfants atteints de polymalformations. Les petits signes dysmorphiques ou les malformations mineures, surtout lorsqu'elles sont associées, doivent faire rechercher une malformation viscérale (cardiaque, rénale, etc.) ou un syndrome génétique. Au niveau de la tête, on observera des anomalies du crâne (craniosténose, etc.), du faciès (lunaire, triangulaire, d'elfe, à traits gros-

GLOSSAIRE   293

siers, etc.), de l'implantation des oreilles et de l'aspect du
pavillon ; de l'implantation des cheveux, de l'écartement
des yeux (hypertélorisme).

Dysorthographie : troubles de l'apprentissage de l'orthographe
chez l'enfant, en dehors de toute lésion cérébrale et en
dehors de tout autre handicap, malgré une pédagogie adaptée ; elle est caractérisée par le nombre et le type très varié
de fautes (usage, orthographe grammatical, erreurs phonétiques, etc.) ; elle répond assez bien à la rééducation
orthophonique classique ; les formes sévères sont à placer
dans le cadre des troubles de type aphasique, sans préjuger
aucunement d'un rapport éventuel avec la préexistence de
troubles de la parole ou de la lecture.

Dysphasie : troubles sévères du langage et de la parole se
distinguant du retard de parole et de langage, de la dyslexie
et de la dysorthographie, par leur persistance jusqu'à un
âge avancé (neuf ans et plus), par leur importance et par
leur résistance aux abords pédagogique, orthophonique,
psychothérapique adaptés. La définition de ce terme varie
selon les écoles, celle-ci nous paraît la plus « accueillante » ;
pour nous, la plupart des enfants dits dysphasiques sont
porteurs de troubles de type aphasique.

Dysprosodie : anomalie du débit de la parole dans son allure
(recto tono, hachée, scandée, irrégulière) et dans sa rapidité : ralentissement, ou très rapide avec quasi-escamotage
des derniers mots − tachyphémie des parkinsoniens).

Dysrégulation pneumique : mauvaise régulation du souffle
expiratoire qui est le vecteur de la parole (se modulant
dans le larynx et utilisant les caisses de résonance bucco-
naso-pharyngées et les mouvements de la bouche et de la
langue pour donner les traits caractéristiques des phonèmes) : ceci entraîne une baisse de l'intensité de la voix,
des reprises inspiratoires nombreuses et même un véritable
essoufflement.

Dystonie : atteinte neurologique motrice consistant en des contractions toniques, involontaires et incontrôlables, survenant de façon discontinue, sur différents groupes musculaires ; elle peut entraîner des anomalies de l'attitude ou du positionnement, ou encore des mouvements anormaux (tête, mains, doigts, etc.).

Épicanthus : au niveau de l'œil, c'est un repli cutané concave en dehors, masquant l'angle palpébral interne et la caroncule, donnant à la face un type asiatique.

Évocation : une des étapes des processus mnésiques qui constituent la mémoire : saisie de l'information (fixation), stockage de l'information (rétention) et restitution de l'information (évocation). En pathologie, on la teste en relevant le manque du mot dans la parole spontanée (« trous », pause avec recherche du mot que l'on ne trouve pas, emploi de périphrases) et en procédant à des épreuves de dénomination sur objets ou sur images.

Fente palatine : c'est une malformation faciale, anomalie de la cavité buccale survenant dans la vie embryonnaire précoce et atteignant la voûte palatine et le voile du palais (la luette) qui se trouvent comme coupés en deux parties.

Fluence : allure de la parole dans un contexte conversationnel ou dans la lecture ; la fluence est normale lorsqu'il ne faut pas inciter à parler, lorsqu'il n'y a pas de pauses trop nombreuses, d'hésitations, de reprises, lorsque l'intonation est naturelle.

Graphème : la création d'un signe écrit (la lettre), transcrivant le phonème analysé et inventorié dans l'alphabet oral, donne le graphème qui sera à son tour intégré dans le compartiment moyen des représentations mentales et qui s'y reliera à la représentation mentale orale.

Hyperpnée : respiration accélérée et forte demandée au patient pendant la pratique d'un électroencéphalogramme.

GLOSSAIRE 295

Hypertélorisme : la distance entre les bords internes des deux yeux (distance intercanthale interne) est supérieure au tiers de la distance entre les bords externes des deux yeux (distance intercanthale externe), c'est-à-dire qu'il y a un écartement excessif des yeux.

Insuffisance vélaire : ce trouble d'articulation est la conséquence d'un mauvais fonctionnement du voile du palais (et souvent aussi de la paroi du pharynx) ; la fermeture du cavum pour empêcher l'air de passer par le nez dans l'articulation des phonèmes qui n'ont pas de composante nasale, est insuffisante, d'où le terme « insuffisance vélaire ».

IRM : imagerie par résonance magnétique, permettant d'avoir des images radiologiques très performantes du cerveau.

Jargon : production linguistique pathologique – spécifique des aphasiques –, se manifestant soit à l'oral, soit à l'écrit et pouvant être de deux types : *jargon phonémique à l'oral et jargon graphémique à l'écrit,* avec transformation complète des mots ne permettant pas de les identifier (ce ne sont pas des mots de la langue ; il ne s'agit pas des simplifications, assimilations, inversions des retards de parole) ; *jargon sémantique* à l'oral et à l'écrit avec remplacement des mots attendus dans le contexte par des mots de la langue mais totalement incongrus (et ceci souvent sans que le patient en soit conscient).

Kinesthésie : sens des positions et des mouvements de son propre corps (sensibilité proprioceptive).

Logatome : monosyllabe ou association de plusieurs syllabes ne correspondant à aucun mot connu de la langue ; ils sont utilisés dans les tests auditifs ou dans ceux de discrimination phonétique.

Morphème : d'après B. Pottier (*Linguistique générale* – théorie et description, Klincksieck, Paris, 1974), le morphème est le plus petit signe linguistique ; il doit toujours comporter trois éléments : la substance du signifié (plan de la sémantique), la forme du signifié (plan de la syntaxe) et le signifiant (avec ses traits audibles et visibles) ; le morphème est l'unité minimale de signification. Pour nous, le plus petit signe linguistique est la syllabe, il est la première rencontre signifié/signifiant, en amont de la signification.

Phonème : son d'une langue caractérisé par un ensemble de traits phoniques (en rapport avec une modalité articulatoire précise) et dont l'opposition à d'autres sons permet de faire du sens (« p » « l » « s » « r » « m » dans les mots « pas, las, sas, rat » dits oralement). L'aptitude à syllaber permet d'analyser la chaîne parlée et d'y faire ressortir les sons dont la variation entraîne une variation de sens, ce sont les phonèmes ; l'inventaire dressé constituera l'alphabet oral, qui est le premier alphabet.

Praxies : comportements moteurs orientés vers un but pour obtenir un résultat précis (imiter des gestes, mimer des actions, faire des gestes symboliques ou expressifs – adieu, menacer, faire sortir, faire avancer, s'habiller, etc.).

Recto tono (débit) : émission vocale monocorde, perte de la mélodie habituelle de la parole et émission sur le même ton sans aucune variation, sans aucune intonation ; terme de musique se disant de la lecture ou de la récitation rectiligne débitée sur une seule note, sans aucune inflexion d'ordre musical.

Signe linguistique : est constitué de l'association du signifiant et du signifié.

Signifiant : forme physique, orale, que prend le sens (le signifié) dans la parole, puis forme physique visuelle, graphique, lors de la transcription.

Signifié : sens, sémantisme, contenu d'un mot pouvant être traduit en image et emportant avec lui des éléments de classification, de catégorie.

GLOSSAIRE 297

Surdité verbale et cécité verbale : en l'absence de toute lésion de l'appareil auditif ou de l'appareil visuel et en présence de lésions hémisphériques, pour les auteurs classiques, il s'agit d'un trouble de la discrimination et de la reconnaissance des faits auditifs qui constituent le langage oral ou des faits visuels qui constituent le langage écrit. Pour nous, il s'agit du non-accès au sens par l'oral (acceptant ou n'acceptant pas une répétition correcte) et du non-accès au sens par l'écrit.

Syllabaire : livre élémentaire de lecture où les mots sont décomposés en syllabes.

Syndrome cérébelleux : difficultés d'équilibration, de coordination des mouvements en rapport avec une atteinte du cervelet et de ses voies afférentes et efférentes ; il se traduit par une instabilité à la station debout et à la marche, par une difficulté à mesurer les mouvements (retard au déclenchement et à l'arrêt du mouvement), une difficulté à exécuter rapidement des mouvements alternatifs, par des tremblements pouvant entraîner une gêne à l'écriture et par une mauvaise régulation de la phonation et de l'articulation (parole scandée, irrégulière).

Syndrome de Balint : il résulte de lésions pariéto-occipitales bilatérales ; il associe une paralysie psychique du regard, une inattention visuelle et une ataxie optique.

Syndrome extrapyramidal : difficultés motrices résultant de lésions du système extrapyramidal (les noyaux gris centraux, noyau caudé et noyau lenticulaire) et n'intéressant pas la voie pyramidale (voie corticospinale prenant naissance sur les aires motrices du cortex) ; les anomalies qui en résultent sont des troubles du tonus, de la posture ou des mouvements anormaux (syndromes parkinsoniens, athétose, chorée, dystonies, etc.).

Syndrome pseudo-bulbaire : c'est le résultat d'une paralysie des nerfs qui commandent la langue, le pharynx et le larynx ; la lésion se trouve au niveau du faisceau en provenance du cortex cérébral et qui donne les ordres de commande aux noyaux d'où partiront les nerfs ; ces noyaux moteurs se trouvent au niveau du bulbe et lorsqu'ils sont atteints en cet endroit, il s'agit alors d'un syndrome bulbaire. Il se traduit par des troubles de la phonation et de la déglutition.

Table des matières

Préface 11

Avant-propos 15

Chapitre 1. L'enfant non-lecteur 17
Chapitre 2. Un instrument : le schéma des fonctions
    linguistiques 39
Chapitre 3. De l'adulte à l'enfant 57
Chapitre 4. Œil, bouche, geste : la notion de préalables. 83
Chapitre 5. L'aphasie sans lésion 105
Chapitre 6. L'instrument s'affine 113
Chapitre 7. La planète de Le Verrier 147
Chapitre 8. Le double statut de la voyelle 165
Chapitre 9. L'écriture en miroir 221
Chapitre 10. Le diagnostic des troubles de type apha-
    sique 249
Chapitre 11. Lire et écrire 273

Épilogue 283

Annexe 285

Glossaire 289

Dans la même collection

Nouveautés

N° 21 François ROUSTANG :
Comment faire rire un paranoïaque ?
Inédit / Série Sciences humaines

Pourquoi des améliorations notables pendant la cure se dérobent-elles à tout effort d'intelligibilité ? Pourquoi, dans des cas trop nombreux, la cure ne provoque-t-elle aucun bienfait et pourquoi, bien souvent, est-elle le théâtre de détériorations persistantes ? Bref, que se passe-t-il entre un psychanalyste et son patient ? Non pas : qu'est-ce que la théorie en dit ? mais, très concrètement : qu'est-ce que cette relation a de particulier ?

N° 22 Irène THÉRY :
Le Démariage,
Justice et vie privée
Série Sciences humaines

Où en est, aujourd'hui, le divorce en France ? Désormais, le juge ne peut plus invoquer les modèles traditionnels. En l'absence de repères, ce sont les experts, les « psy », qui ménagent leurs conseils et affichent leurs certitudes. Ces difficultés révèlent l'ambiguïté de notre attitude à l'égard du mariage et de l'enfance, et les impasses d'une pensée qui ne voit plus dans la loi commune que l'ennemie de la liberté de chacun.

N° 24 François GODEMENT :
La Renaissance de l'Asie
Nouvelle édition / Série Sciences humaines

Comment expliquer le dynamisme de l'Asie orientale moderne ? La Chine est-elle le premier cas de sortie victorieuse hors du communisme ? Le Japon va-t-il pencher du côté de l'Occident ou bien consolider son avance en dominant l'Asie ? Quel est l'avenir de la démocratie en Asie ? L'une des premières histoires globales de l'Extrême-Orient contemporain, indispensable pour comprendre cette fin de siècle.

N° 25 Jacques NINIO :
L'Empreinte des sens,
Perception, mémoire, langage
Nouvelle édition / Série Sciences

Texture, couleur, analyse des formes et de l'espace ; codage neuronal des mots, circulation de l'information dans le cerveau ; maturation des catégories perceptives et spécificité de l'intelligence humaine – la psychologie cognitive nous permet aujourd'hui de décrire aussi bien le travail souterrain des sens, qui mène à la représentation consciente, que l'organisation de la mémoire.

N° 26 Evelyne PEWZNER :
L'Homme coupable,
La folie et la faute en Occident
Série Sciences humaines

Pourquoi l'obsessionnel a-t-il la souillure en horreur ? Pourquoi le mélancolique recherche-t-il avec acharnement un châtiment rédempteur ? Dans cet essai original, bien documenté et richement illustré d'observations cliniques, Evelyne Pewzner montre de quelle manière, en Occident, le religieux, intimement lié au problème du mal, laisse en chacun de nous une empreinte durable et modèle l'expression de toute détresse.

Déjà parus

N° 1   Claude HAGÈGE :
       Le Souffle de la langue,
       Voies et destins des parlers d'Europe
       Série Sciences humaines

N° 2   Caroline ELIACHEFF :
       A corps et à cris,
       Être psychanalyste avec les tout-petits
       Série Sciences humaines

N° 3   Jean-Didier VINCENT :
       Biologie des passions
       Série Sciences

N° 4   Yves POULIQUEN :
       La Transparence de l'œil
       Série Médecine

N° 5   Édouard ZARIFIAN :
       Les Jardiniers de la folie
       Série Sciences humaines

N° 6   Françoise HÉRITIER, Boris CYRULNIK
       Aldo NAOURI, & al. :
       De l'inceste
       Série Sciences humaines

N° 7   Hervé LE BRAS :
       Les Trois France
       Série Sciences humaines

N° 8   Jacques MEHLER & Emmanuel DUPOUX :
       Naître humain
       Série Sciences humaines

Nº 9   Michel CASSÉ :
Du vide et de la création
Série Sciences

Nº 10   Frans de WAAL :
La Politique du chimpanzé
Série Sciences humaines

Nº 11   Tobie NATHAN :
Psychanalyse païenne
Série Sciences humaines

Nº 12   Jean-Marie BOURRE :
La Diététique du cerveau
Série Sciences

Nº 13   François LELORD :
Les Contes d'un psychiatre ordinaire
Série Sciences humaines

Nº 14   Jacques RUFFIÉ :
Le Sexe et la Mort
Série Sciences

Nº 15   Nathalie ZAJDE :
Enfants de survivants
Série Sciences humaines

Nº 16   Marie-Jo BONNET :
Les Relations amoureuses entre les femmes (XVIᵉ-XXᵉ siècle)
Série Sciences humaines

Nº 17   Marie-Frédérique BACQUÉ :
Le Deuil à vivre
Série Sciences humaines

Nº 18   Claude OLIEVENSTEIN :
Le Non-dit des émotions
Série Sciences humaines

Nº 19 Stephen HAWKING :
       Trous noirs et bébés univers
       Série Sciences

Nº 20 Robert DARNTON :
       La Fin des Lumières
       Série Sciences humaines

N°19 Stephen HAWKING
Trous noirs et bébés univers
Série Sciences

N°20 Robert DARNTON
La Fin des Lumières
Série Sciences humaines

Impression réalisée sur CAMERON *par*
BRODARD ET TAUPIN
La Flèche
en décembre 1995

N° d'impression : 1103N-5
N° d'édition : 7381-0355-1
Dépôt légal : janvier 1996
Imprimé en France

Impression réalisée sur CAMERON par
BRODARD ET TAUPIN
La Flèche
en décembre 1995

N° d'impression : 1729A-5
N° d'édition : 7381-0355-1
Dépôt légal : janvier 1996
Imprimé en France